"十四五"职业教育国家规划教材

"新标准"幼儿保育专业系列教材

i 教育 · 融合创新一体化教材

保育师口语与沟通

微课版

主　编　谢增伦　臧家俊　王达会
副主编　陶　佳　彭春艳　李远祥
　　　　何　静　钟运红　张　源
主　审　马秋武

华东师范大学出版社

·上海·

图书在版编目（CIP）数据

保育师口语与沟通 / 谢增伦，臧家俊，王达会主编.
上海：华东师范大学出版社，2024. -- ISBN 978-7
-5760-5134-6

Ⅰ. H193.2

中国国家版本馆 CIP 数据核字第 2024AD9051 号

保育师口语与沟通

主　　编　谢增伦　臧家俊　王达会
责任编辑　罗　彦
责任校对　时东明
装帧设计　俞　越

出版发行　华东师范大学出版社
社　　址　上海市中山北路3663号　邮编 200062
网　　址　www.ecnupress.com.cn
电　　话　021-60821666　行政传真 021-62572105
客服电话　021-62865537　门市（邮购）电话 021-62869887
地　　址　上海市中山北路3663号华东师范大学校内先锋路口
网　　店　http://hdsdcbs.tmall.com

印 刷 者　上海展强印刷有限公司
开　　本　787毫米×1092毫米　1/16
印　　张　16
字　　数　376千字
版　　次　2024年8月第1版
印　　次　2025年8月第2次
书　　号　ISBN 978-7-5760-5134-6
定　　价　48.60元

出 版 人　王　焰

（如发现本版图书有印订质量问题,请寄回本社客服中心调换或电话021-62865537联系）

前　言

幼儿教育是终身学习的开端，是基础教育的重要组成部分，它不仅关系到幼儿的健康成长，更关乎国家和民族的未来。近年来，随着国家和社会对托幼行业的日趋重视，幼儿保育事业得到了蓬勃发展，同时，社会对幼儿保育从业人员的专业素质也提出了更高的要求。在这一背景下，中职学校作为培养实用型、技能型人才的重要基地，肩负着培育高素质幼儿保育专业技术技能人才的重任。

为适应托幼领域优化升级的新需求，顺应教育数字化、网络化、智能化发展的新趋势，满足托幼机构对保育师岗位人才需求的新变化，本教材依据国家教学标准和职业标准，基于职业教育国家在线精品课程"保育师口语与沟通"的框架和内容体系，采用"校企行"合作开发模式，由职业院校骨干教师、园所专家和行业专家等共同精心编写而成。

一、教材编写理念

第一，有机融入课程思政元素。教材深入贯彻党的二十大精神，落实立德树人根本任务，精心构建内容体系，巧妙融入中华优秀传统文化的精髓、革命传统的光辉篇章、民族团结的和谐乐章以及生态文明建设的绿色理念等教育元素，潜移默化地培育学生耐心细致、吃苦耐劳的职业精神，润物细无声地培养学生热爱幼儿、尊重幼儿的职业道德，有效引领学生树立职业理想、升华职业情感和端正职业态度。教材充分发挥培根铸魂、启智润心的育人作用，引导学生树立正确的世界观、人生观和价值观，形成健康、积极的人生态度和价值追求。

第二，遵循以学生为中心的教育理念。教材坚持"就业与升学并重"原则，紧密对接职业资格考试、普通话水平测试、升学考试等相关要求，合理衔接高等职业教育阶段口语课程内容，让学生就业有能力、升学有优势。教材内容紧密贴合学生的实际需求和学习兴趣，选用生动的案例，并结合实践与实训活动，引导学生主动学习。同时，教材采用进阶式编排方式，根据中职学生的特点和接受能力，按照知识的难易程度逐渐展开，以适应幼儿保育专业人才的成长特点，突出职业教育特色。教材结构清晰，语言简洁易懂，便于学生自主学习和练习。此外，教材还融入了丰富的多媒体资源，并设计了多元化的学习形式，以提升学生的学习体验。

第三，体现"岗课赛证"综合育人理念。教材依据教育部于2022年修订的《职业教育专业简介（幼儿保育）》及相关课程标准构建内容框架，紧密对接《保育师国家职业技能标准》（2021年版），同时参照保育师职业资格考试、幼儿照护职业技能等级考试、普通话水平测试等考证要求，并融入了全国职业院校婴幼儿保育技能大赛的有关内容。教材注重对学生职业素养的培育，旨在培养具有良好的语言表达能力、沟通合作能力以及家园社合作共育能力的高素质专业技术技能人才。

二、教材主要内容

教材基于以上编写理念，按照课程结构模块化、教学过程项目化的思路，设置了基础训练、技能训练、应用训练和拓展训练4个模块，共7个项目。其中，围绕课程目标设计的"普通话语音"项目，旨在为学生打下扎实的普通话语音基础；"朗读"项目注重锻炼学生的语言节奏感和韵律感，能够陶冶情操，获得审美愉悦；"复述"项目侧重于训练学生的听话、理解、概括能力，帮助他们增强记忆力、积累语言素材，培养创造性思维；"交谈"项目致力于指导学生如何在日常生活和工作环境中文明、得体地进行交流，从而建立良好的人际关系。此外，教材还重点设计了"幼儿故事讲述"和"保育师职业用语"项目，旨在让学生掌握一日生活保教用语的技巧，提升与幼儿、家长、教师沟通的能力，以便更好地履行保育师的工作职责，同时增进与幼儿之间的情感联系，促进幼儿的全面发展。另外，《普通话水平测试管理规定》（2021年版）要求："师范类专业、播音与主持艺术专业、影视话剧表演专业以及其他与口语表达密切相关专业的学生应当接受测试。"这为幼儿保育专业学生接受普通话水平测试提供了明确的依据。为此，教材设计了"普通话水平测试指导"项目，为学生普通话水平达到二级乙等及以上提供具体指导。

教材中的每个项目均设有"项目导读""学习目标"等板块，便于学生了解该项目的具体要求和目标；每个任务则设置了"任务导入""学习支持""案例""练一练""知识链接""任务训练"等栏目，以体现理实一体、讲练结合的教学设计理念。此外，教材内容全面反映了托幼行业发展的新进展，确保了教材与行业发展的高度适配性。

三、教材编写特色

教材将价值引领、知识传授和技能训练融为一体，体现出三维功能，具有以下五方面的特色。

1. 易教易学

教材融入大量"立体化"数字教学资源，包括：微课视频70余个，覆盖全部任务及重要知识点和关键技能点，能够满足学生个性化学习和移动学习的需要；范例、案例视（音）频共60余个，围绕关键技能点起示范参考作用；拓展阅读10余篇，帮助学生拓展相关知识与技能；基础知识检测及技能训练题100余道，便于学生检测与练习。此外，教案、课件、试题库等教学资源，可为教师教学以及学生自学、自测提供有力支撑。

2. 体例新颖

教材对接典型工作岗位要求，以保育师口语表达、沟通合作的实际工作为主线，结合学生的学情特点，按照"基础→技能→应用→拓展"四层递进的课程教学思路，设计各项目及任务架构。每个任务设有形式多样的栏目，以体现"知识服务于任务，任务驱动知识和技能的学习"的要求，符合技术技能人才认知规律和技能习得特点。

3. 能力为本

教材紧扣专业课程标准，对接职业技能标准与技能大赛规程，立足岗位能力培养，把语言表达和沟通合作的基本技能项目化、任务化，并通过大量的案例分析、角色扮演、模拟训练等实践活动，让学生在实际操作中掌握保育师职业口语与沟通技能。同时，教材将课程思政、职业规范、职业素养、职业道德等内容贯穿各个模块、项目、任务中，以实现知识、能力与素养的有机融通，引导教师在做中教、学生在做中学，真正做到"教学做"的有机结合。

4. 融合创新

教材紧密对接职业教育国家在线精品课程"保育师口语与沟通"，精心打造智能化"书课融合"新形态教材，展现混合式教学改革的前沿理念与实践成果。教材的融合创新优势具体体现在两个方面：一是创新深度融合的教学模式。教材不仅提供了传统的纸质教材内容、二维码数字资源，而且充分结合了国家智慧教育公共服务平台的优势，构建了线上线下深度融合的教学模式，打破了传统教学的时空限制，提高了学习效率。学生可通过注册账号进入在线课程，随时随地地进行自主学习。同时，线上平台还提供了丰富的互动功能，如在线讨论、作业提交、实时答疑等，使师生之间的交流更加便捷和高效。二是创新多元评价体系。教材通过在线课程建立了多元评价体系，包括在线测试、作业评分、课堂表现等，可全面评估学生的学习成果和能力水平。这种评价体系不仅能够及时反馈学生的学习情况，还有助于教师调整教学策略和方法，提高教学效果。

5. "校企行"深度协作

教材的编写得到了多所高校、教研机构及教学指导委员会的大力支持，这些支持在优化教材内容框架方面起到了指导性作用。同时，教材还引入了香港玖园国际教育集团、重庆市江津区几江幼儿园（重庆市示范园）等托幼机构在保教实践中的大量案例资料，使教材内容能够紧密对接就业场景。此外，教材还收录了由重庆工商学校等全国10余所中职学校提供的"1+X"证书考试、技能大赛训练案例，助力以证导学、以赛促学。通过学校、企业、行业紧密合作，教材的行业性、实践性和直观性得到了显著提升。

四、教材使用建议

教材共有4个模块，7个项目，23个任务，建议总学时为72学时，具体安排如表1所示。

表 1　建议学时

模　块	项　目	建议学时
模块一　基础训练	项目一　普通话语音	17
模块二　技能训练	项目二　朗读	12
	项目三　复述	4
	项目四　交谈	6
模块三　应用训练	项目五　幼儿故事讲述	14
	项目六　保育师职业用语	14
模块四　拓展训练	项目七　普通话水平测试指导	5
合计		72

　　另外，师生可以进入"国家智慧教育公共服务平台"学习本课程。具体操作方法为：① 平台注册；② 进入与本教材配套的"保育师口语与沟通"国家级在线精品课程（谢增伦开课）；③ 点击"现在去学习"，加入课程并开始学习。同时，教师可以基于此平台开展混合式教学。

　　教材的编写团队，除了包含中职学校的骨干教师外，还有高校的专业教师，幼儿园的园长、教师和保育师，以及重庆市职业院校教学研究中心组的专家成员等。他们参与了教材的设计、编写、审稿、校稿、资源制作、教学平台维护等工作。另外，还有 40 余名学生参与了教材的视频资源拍摄制作与示意图绘制，在此表示衷心的感谢。

　　在教材编写的过程中，编者参考了有关学者的研究成果，在此表示诚挚的谢意！然而，由于时间仓促和编者水平有限，教材中可能存在一些不足之处，恳请广大读者提出宝贵意见（邮箱：441576101@qq.com）。

教材编写组
2024 年 6 月

目 录

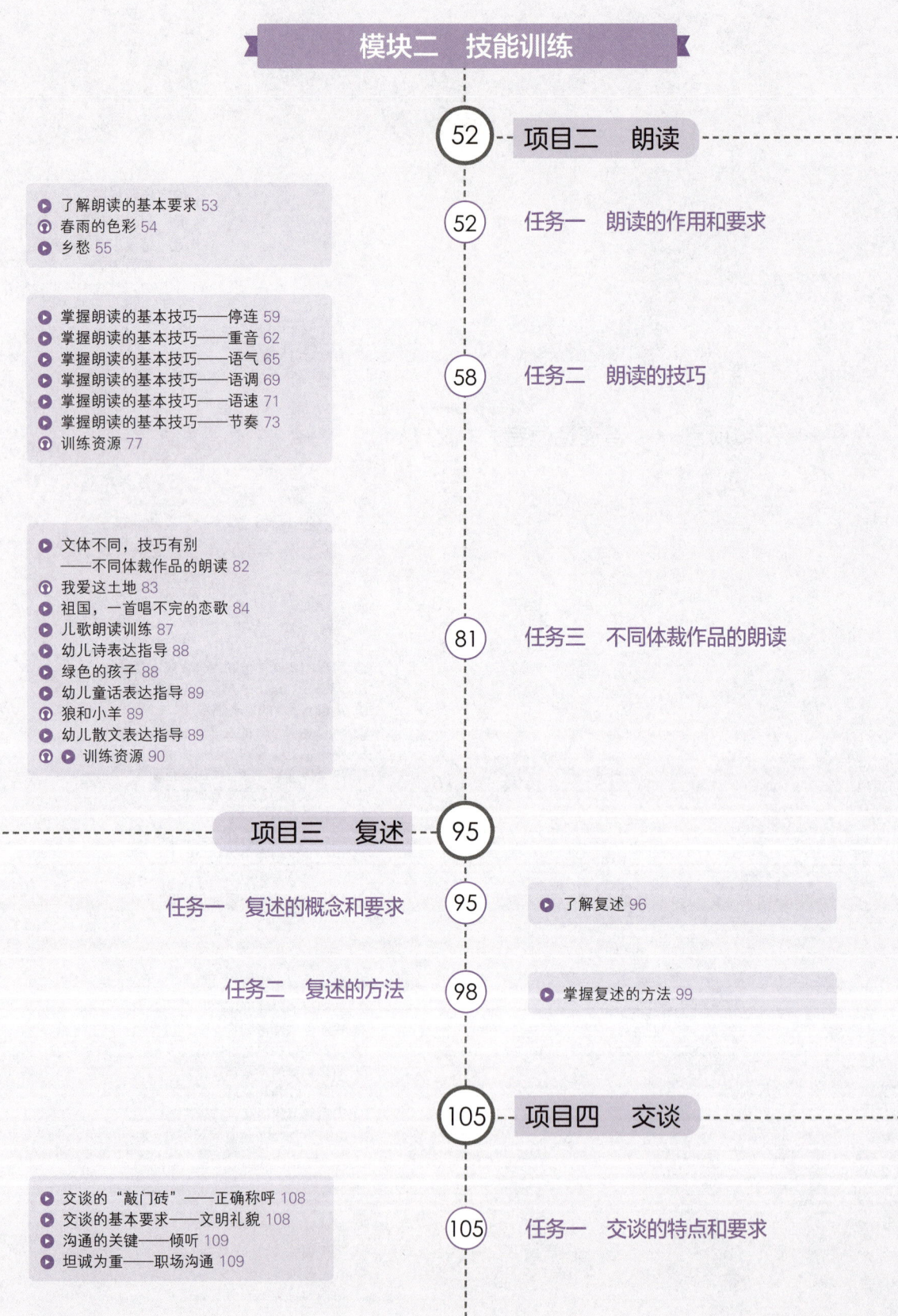

模块三　应用训练

模块四　拓展训练

模块一

基础训练

○ 项目一　普通话语音

项目一　普通话语音

项目导读

　　语言文字是人们表达思想、传递信息的重要交际工具。我国幅员辽阔，是一个统一的多民族国家。语言的统一和规范对社会发展、科技进步和文化教育水平的提高都有重要的意义。

　　本项目的主要内容包括普通话及语音基础知识、声调、声母、韵母和语流音变。这些知识和基础技能是后续学习口语表达、进行普通话水平测试的基础。

学习目标

- 了解普通话，理解保育师学好普通话的重要性。
- 了解普通话及语音基础知识，掌握声调、声母、韵母的发音及辨正方法，以及普通话的语流音变规律。
- 热爱祖国的语言文字，坚定文化自信，铸牢中华民族共同体意识。

任务一　普通话及语音基础知识

任务导入

　　小班幼儿甜甜刚入园就给保育师小莉留下了深刻的印象。因为小莉在与甜甜进行日常沟通的时候，发现她的发音有问题。比如：她把"吃饭"说成"七饭"；凡是有后鼻音"eng"的音，都会发成前鼻音"en"；把"hái"发成"hāi"。

　　小莉在向家长了解情况后才知道，甜甜的奶奶是山西人，甜甜从小就在奶奶的身边长大，所以受奶奶方言的影响比较大。小莉在分析甜甜语音形成的原因后，准备运用自己所学的普通话知识慢慢引导甜甜正确发音。

正如案例中的甜甜一样，一些幼儿因受祖辈方言的影响而无法正确发音。《幼儿园管理条例》规定："幼儿园应当使用全国通用的普通话。"鉴于幼儿正处于语言发展的关键时期，老师对幼儿发音的正确引导和训练，对幼儿语言能力的形成和发展具有至关重要的影响。因此，保育师作为幼儿的启蒙老师，应该学好普通话，并在与幼儿的日常沟通中，成为他们学习语言的典范。

 学习支持

一、认识普通话

《中华人民共和国宪法》第十九条规定："国家推广全国通用的普通话。"《中华人民共和国国家通用语言文字法》明确了普通话和规范汉字作为"国家通用语言文字"的法定地位。因此，学好普通话对我们至关重要。

认识普通话

（一）普通话的定义和特点

普通话是以北京语音为标准音、以北方话为基础方言、以典范的现代白话文著作为语法规范的现代汉民族共同语。从语音上看，普通话以北京语音为标准音。北京语音是指北京的语音系统，即北京话的声、韵、调系统，但不包括北京话中带有地方色彩的语音成分。从词汇上看，普通话以北方话为基础方言。北方话分布的区域很广泛，大致可以包括我国的东北地区、华北地区、西北地区、西南地区和江淮地区。北方话的词汇系统在各地的差异相对较小，适合作为普通话词汇的基础。从语法上看，普通话以典范的现代白话文著作为语法规范。白话与文言相对，用白话写成的文章，其遣词造句的方式和行文风格与人们日常交际所用的口语基本一致，但语法的规范程度比口语更高，以书面的形式存在，更有利于人们学习和掌握。

（二）普通话的由来

普通话是规范化的现代汉语，是中华人民共和国的国家通用语言。普通话是在汉语的历史发展过程中逐步形成的。

在汉语的历史上，曾长期用文言作为统一的书面语。这种古代书面语言最初也是建立在口语的基础上的，但后来与口语的距离越来越远，成了一种脱离口语的书面语言。到唐宋时期，又产生了一种以北方方言为基础、接近口语的书面语言——白话，它是现代汉民族共同语书面形式的主要源头。宋元以来，用白话写作的话本、戏曲、小说等文学作品有很多，如《水浒传》《西游记》《儒林外史》《红楼梦》等。这些白话文学作品的广泛流传，加速了北方方言的推广。

在口语方面，自金朝迁都北京以来，北京一直是全国政治、经济、文化的中心，北京话的影响逐渐扩大，地位日益重要。北京话作为官府的通用语言传播到全国各地，发展成为"官话"。"官话"便逐渐成为各方言区之间共同使用的交际工具。

到了 20 世纪初，特别是"五四运动"时期，民族民主运动的高涨加速了现代汉民族共同语的形成。一方面，掀起了"白话文运动"，动摇了文言文的统治地位，为白话文在书面语上取代文言文创造了条件；另一方面，开展了"国语运动"，在口语方面增强了北京话的代表性，促使北京语音成为汉民族共同语的标准音。这两个"运动"互相推动、互相影响，促使书面语和口语接近起来，形成了现代汉民族共同语。

中华人民共和国成立以后，国务院于1956年2月颁布了《关于推广普通话的指示》，正式将汉民族共同语称为普通话，向全国推广。

（三）推广普通话的意义

大力推行、积极普及全国通用的普通话，有利于克服语言隔阂，促进社会交往，对政治、经济、文化建设具有重要意义；有利于促进人员交流、商品流通和建立统一的市场；有利于增进各民族各地区的交流，维护国家统一，增强中华民族凝聚力，铸牢中华民族共同体意识；有利于弘扬祖国优秀传统文化和爱国主义精神，加强社会主义精神文明建设；有利于推动中文信息处理技术的发展和应用。

汉语是世界上使用人数最多的语言，是联合国六种正式工作语言之一[1]，在国际上具有显著的影响。因此，越来越多的外国人开始学说普通话。普通话在国际交往中发挥着越来越重要的作用。

（四）普通话是保育师的职业语言

《中华人民共和国教育法》规定，学校及其他教育机构应当使用国家通用语言文字进行教育教学。《幼儿园管理条例》规定，幼儿园应当使用全国通用的普通话。作为幼儿的启蒙老师，保育师必须做到以下几点：① 担负起推广语言文字规范化的责任，积极宣传、自觉使用和推广普通话。② 以普通话为职业语言，言传身教，在幼儿语言发展的关键时期，成为幼儿学习普通话的典范。③ 教育幼儿正确使用祖国的语言文字，继承和弘扬中华优秀传统文化，培养幼儿的爱国主义情操。

二、普通话语音基础知识

（一）语音的性质

语音是人类发音器官发出的用以交际的声音，是具有一定意义的声音。语音是语言的物质外壳，语言要通过语音来传递信息和实现交流。

1. 语音的物理性质

语音首先是一种声音，它同自然界的其他声音一样，产生于物体的振动，具有物理性质。语音的物理性质包括四个基本要素：音高、音强、音长、音色。

2. 语音的生理性质

语音是由人的发音器官发出来的，具有生理性质。发音器官及其活动决定语音的区别。发音器官可以分为三个部分：肺和气管、喉头和声带、口腔和鼻腔。各部分的主要

---

① 中华人民共和国教育部．中国语言文字概况［EB/OL］．（2019-03-22）［2024-05-20］．https://www.gov.cn/guoqing/2019-03/22/content_5241528.htm．

发音器官，如图 1-1-1 所示。普通话声母、韵母的发音与口腔形状、舌位状态等有直接联系。

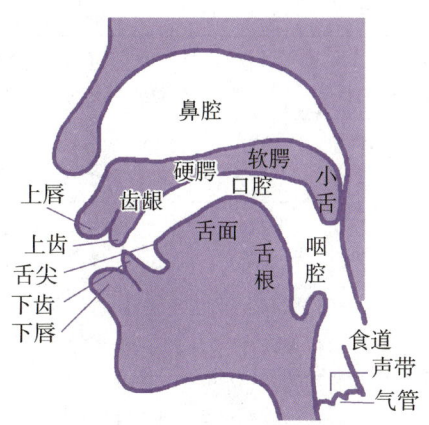

图 1-1-1　主要的发音器官

3. 语音的社会性质

语音是一种社会现象，具有社会性质。语音的社会性是其本质属性，突出地表现在语音和语义的联系上。何种语音表达何种意义，以及何种意义用何种语音表达，它们之间并没有必然的、本质的联系，也并非由个人决定，而是由一定范围内的社会成员在长期的社会生活中"约定俗成"的。

（二）语音的基本概念

1. 音素

音素是最小的语音单位。普通话共有 32 个音素。

2. 元音和辅音

（1）元音指的是气流振动声带，在口腔、咽头不受阻碍而形成的音。普通话中有 10 个元音：a、o、e、ê、i、u、ü、er、-i（前）、-i（后）。

（2）辅音指的是气流在口腔或咽头受到一定程度的阻碍而形成的音。普通话中有 22 个辅音：b、p、m、f、d、t、n、l、g、k、h、j、q、x、zh、ch、sh、r、z、c、s、ng。

3. 音节

音节是组成语音的自然单位。通常，一个汉字的读音就是一个音节。例如，虽然"江（jiāng）"和"激昂（jī'áng）"的音素相同，但"江"是一个音节，而"激昂"则是两个音节。普通话的音节大多由声母、韵母和声调三部分组成。

（三）汉语拼音方案

《汉语拼音方案》（以下简称《方案》）是给汉字注音、拼写汉语普通话语音的方案，是学习普通话语音基础知识的必备工具。《方案》分为字母表、声母表、韵母表、声调符号和隔音符号五个部分。

▶ 汉语拼音方案

1. 字母表

字母:	Aa	Bb	Cc	Dd	Ee	Ff	Gg
名称:	ㄚ	ㄅㄝ	ㄘㄝ	ㄉㄝ	ㄜ	ㄝㄈ	ㄍㄝ
	Hh	Ii	Jj	Kk	Ll	Mm	Nn
	ㄏㄚ	ㄧ	ㄐㄧㄝ	ㄎㄝ	ㄝㄌ	ㄝㄇ	ㄋㄝ
	Oo	Pp	Qq	Rr	Ss	Tt	
	ㄛ	ㄆㄝ	ㄑㄧㄡ	ㄚㄦ	ㄝㄙ	ㄊㄝ	
	Uu	Vv	Ww	Xx	Yy	Zz	
	ㄨ	ㄪㄝ	ㄨㄚ	ㄒㄧ	ㄧㄚ	ㄗㄝ	

V 只用来拼写外来语、少数民族语言和方言。
字母的手写体依照拉丁字母的一般书写习惯。

图 1-1-2 《方案》中的字母表

（1）字母的读法。在字母表中，"字母"所代表的音叫本音，本音是用来拼音的。而"名称"则是字母的"姓名"（下文称其为"名称音"），是为了便于我们称呼的。字母表分为四行，读名称音时，用普通话的阴平声调。用汉语拼音字母标注的名称音如下所示：

a	bê	cê	dê	e	êf	gê
ha	i	jie	kê	êl	êm	nê
o	pê	qiu	ar	ês	tê	
u	vê	wa	xi	ya	zê	

（2）字母的写法。汉语拼音字母采用传统的拉丁字母体式，可分为印刷体和手写体、大写和小写。在我国拼音教学中，通常使用楷体书写字母。此外，因为字母的线条均匀，没有粗细之分，也没有装饰线，所以又称"单线体"。字母（楷体）的笔顺如图 1-1-3 所示。

（a）大写楷体字母的笔顺

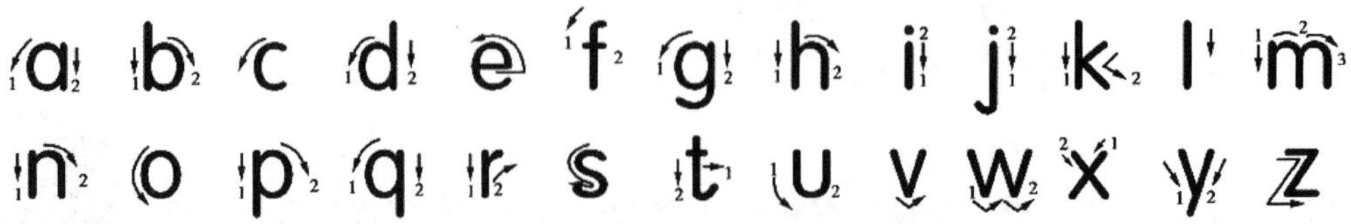

（b）小写楷体字母的笔顺

图 1-1-3　楷体字母的笔顺

汉语拼音字母书写时的占格要求，如图 1-1-4 所示。

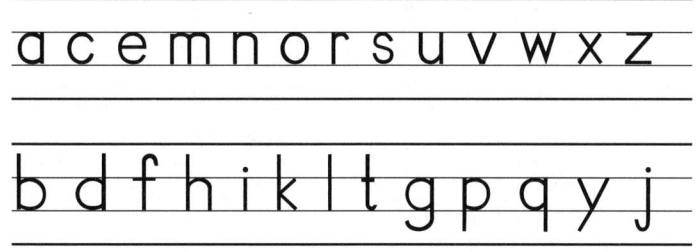

图 1-1-4 汉语拼音字母书写占格要求

2. 声母表

b ㄅ玻	p ㄆ坡	m ㄇ摸	f ㄈ佛	d ㄉ得	t ㄊ特	n ㄋ讷	l ㄌ勒
g ㄍ哥	k ㄎ科	h ㄏ喝		j ㄐ基	q ㄑ欺	x ㄒ希	
zh ㄓ知	ch ㄔ蚩	sh ㄕ诗	r ㄖ日	z ㄗ资	c ㄘ雌	s ㄙ思	
在给汉字注音的时候，为了使拼式简短，zh、ch、sh 可以省作 ẑ、ĉ、ŝ。							

图 1-1-5 《方案》中的声母表

声母表按照辅音的发音部位和发音方法排列出 21 个声母，均标注了注音字母和汉字。对照的汉字既可以取其开头的辅音来代表这个声母的本音，也可以取其整个音节的发音来表示这个声母的呼读音（因为声母的本音发音不响亮，为了称说和教学的需要，《方案》根据注音字母传统的读音，在声母的后面加上了一个响亮的元音来呼读，这就是声母的呼读音）。呼读音并不是辅音和元音的结合，而是用来呼读、称说的，以便开展声母教学。在声母参与音节拼读时，我们必须用声母的本音。21 个声母的呼读音依次为：bo、po、mo、fo、de、te、ne、le、ge、ke、he、ji、qi、xi、zhi、chi、shi、ri、zi、ci、si。在发声母的呼读音时，元音应尽量发得短一些，以区别于音节的发音。

3. 韵母表

（1）"知、蚩、诗、日、资、雌、思"这 7 个音节的韵母用 i，即：知、蚩、诗、日、资、雌、思等字拼作 zhi、chi、shi、ri、zi、ci、si。

（2）韵母"儿"写成 er，用作韵尾的时候写成 r。例如："花儿"拼作 huar。

（3）韵母"ㄝ"在单用的时候写成 ê。

（4）i 行的韵母，前面没有声母的时候，写成 yi（衣）、ya（呀）、ye（耶）、yao（腰）、you（忧）、yan（烟）、yin（因）、yang（央）、ying（英）、yong（雍）。u 行的韵母，前面没有声母的时候，写成 wu（乌）、wa（蛙）、wo（窝）、wai（歪）、wei（威）、wan（弯）、wen（温）、wang（汪）、weng（翁）。ü 行的韵母，前面没有声母的时候，写

	i ㄧ 衣	u ㄨ 乌	ü ㄩ 迂
a ㄚ 啊	ia ㄧㄚ 呀	ua ㄨㄚ 蛙	
o ㄛ 喔		uo ㄨㄛ 窝	
e ㄜ 鹅	ie ㄧㄝ 耶		üe ㄩㄝ 约
ai ㄞ 哀		uai ㄨㄞ 歪	
ei ㄟ 欸		uei ㄨㄟ 威	
ao ㄠ 熬	iao ㄧㄠ 腰		
ou ㄡ 欧	iou ㄧㄡ 忧		
an ㄢ 安	ian ㄧㄢ 烟	uan ㄨㄢ 弯	üan ㄩㄢ 冤
en ㄣ 恩	in ㄧㄣ 因	uen ㄨㄣ 温	ün ㄩㄣ 晕
ang ㄤ 昂	iang ㄧㄤ 央	uang ㄨㄤ 汪	
eng ㄥ 亨的韵母	ing ㄧㄥ 英	ueng ㄨㄥ 翁	
ong （ㄨㄥ）轰的韵母	iong ㄩㄥ 雍		

图 1-1-6 《方案》中的韵母表

成 yu（迂）、yue（约）、yuan（冤）、yun（晕），ü 上两点要省略。ü 行的韵母跟声母 j、q、x 拼的时候，写成 ju（居）、qu（区）、xu（虚），ü 上两点也省略；但当跟声母 n、l 拼的时候，仍然写成 nü（女）、lü（吕）。

（5）iou、uei、uen 前面加声母的时候，写成 iu、ui、un，如 niu（牛）、gui（归）、lun（论）。

（6）在给汉字注音的时候，为了使拼式简短，ng 可以省作 ŋ。

普通话有 39 个韵母，其中韵母表里列出了 35 个，另外还有 4 个，即 ê、er、-i（前）、-i（后）。

4. 声调符号

声调符号简称调号，《方案》采用符号标调法，分别用"ˉ"（阴平）、"ˊ"（阳平）、"ˇ"（上声，上读作 shǎng）、"ˋ"（去声）标记。声调符号标在音节的主要母音上。轻声不标。例如：

妈 mā	麻 má	马 mǎ	骂 mà	吗 ma
（阴平）	（阳平）	（上声）	（去声）	（轻声）

iu、ui、un 是 iou、uei、uen 的省写式，iu、ui 的调号标在后一个元音上，un 的调号标在前一个元音上。

5. 隔音符号

隔音符号是为了词语拼音中的"分词连写"情况而设计的。在拼写多音节时，当以 a、o、e 开头的音节连接在其他音节后面的时候，如果音节的界限发生混淆，则用隔音符号（'）隔开。例如：pi'ao（皮袄）。

任务训练

一、填空题

（1）《中华人民共和国国家通用语言文字法》规定，_____ 和 _____ 是我国的国家通用语言文字。

（2）根据图 1-1-7 中的编号，写出主要发音器官的名称。

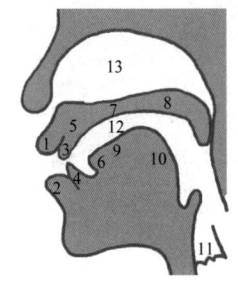

① _____	② _____	③ _____
④ _____	⑤ _____	⑥ _____
⑦ _____	⑧ _____	⑨ _____
⑩ _____	⑪ _____	⑫ _____
⑬ _____		

图 1-1-7　主要发音器官

（3）21 个声母分别是：_____

（4）39 个韵母分别是：_____

_____

（5）请按照《汉语拼音方案》中的规定体式和顺序，分别写出大写和小写的汉语拼音字母。

二、简答题

（1）简要说明普通话的定义。

（2）简要说明普通话的由来。

三、口述题

用名称音的读法背诵字母表。

任务二　声　调

 任务导入

在语言活动中，幼儿正在诵读绕口令："王家有只黄毛猫，偷吃汪家灌汤包，汪家扣下王家的黄毛猫，王家要汪家还黄毛猫，汪家要王家赔灌汤包。"因为有些幼儿的发音受方言影响较大，所以出现了"王家""汪家"分不清的情况。

幼儿普通话声调发音不准确的情况较为普遍，这可能会在一定程度上影响他们的沟通和交流。声调就是普通话的"门面"，学好普通话的重要感知标准就是声调。因此，作为保育师，我们要在读准普通话四个声调调值的基础上学习普通话，明确自己方言的声调与普通话声调的对应关系，培养普通话声调的语感。

学习支持

一、声调的性质和作用

声调是音节的音高变化，也就是音节音调的高低升降变化。一般一个音节对应一个汉字的读音。声调是音节结构中不可缺少的组成部分，它同声母、韵母一样有区别意义的作用。

▶声调训练

二、调类、调形和调值

（一）调类

调类就是声调的种类。普通话有四种调类，分别是阴平、阳平、上声和去声，也叫第一声、第二声、第三声、第四声。

（二）调形

调形是音节的音高变化的形式，也就是声调的高低、升降、曲直、长短的形状。普通话四个声调的调形分别为高平调、中升调、降升调和全降调。普通话的这些调形可以简单地用"ˉ ˊ ˇ ˋ"四种调号来标记。具体地说，阴平就是高平调，用"ˉ"表示；阳平就是中升调，用"ˊ"表示；上声就是降升调，用"ˇ"表示；去声就是全降调，用"ˋ"表示。

（三）调值

调值是声调的实际发音，通常用"五度标记法"来表示。具体方法为：用一条竖线表示音调的高低，分为"低（1）、半低（2）、中（3）、半高（4）、高（5）"五度；竖线的左边分别用横线、斜线、折线来表示声调高低、升降、曲直的变化；高平调、中升调和全降调用两个数字表示，降升调用三个数字表示。根据这种标记法，普通话声调的四种调值可以用如图1-2-1的方式表示出来。

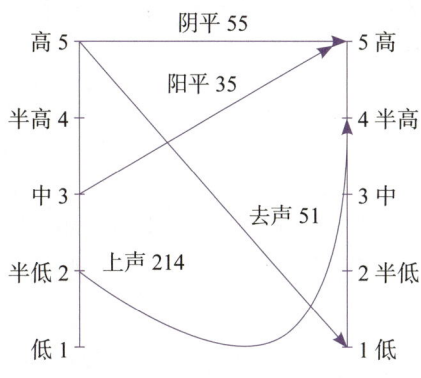

图1-2-1　声调调值示意图

如果把四种声调分开来说明，可以列成表1-2-1。

表1-2-1　普通话的声调

调类	调号	调值	调形	例字
阴平	ˉ	55	高平	妈 mā
阳平	ˊ	35	中升	麻 má
上声	ˇ	214	降升	马 mǎ
去声	ˋ	51	全降	骂 mà

在汉语的6个主要元音中，发音最响亮的是 a，之后依次是 o、e、i、u、ü。标调的规则为：a、o、e、i、u、ü，标调时按顺序；i 上标调要去掉点；i、u 并排标后边。轻声属于变调，不是一个调类，因此轻声音节都不标调号。

三、声调的发音

（一）高平调（55）的发音

发音时，声带始终拉紧，声音高而平，基本没有升降的变化，保持在最高的5度。全调时值比降升调、中升调略短，比全降调稍长。

✏️ 练一练

八 bā　　　坡 pō　　　风 fēng　　　当 dāng　　　突 tū　　　妞 niū
拥军 yōngjūn　　　丰收 fēngshōu　　　香蕉 xiāngjiāo　　　咖啡 kāfēi

（二）中升调（35）的发音

发音时，声带由不松不紧到逐渐拉紧，声音从中高音升到高音，由 3 度升到 5 度；起调略高，发音后逐渐上移，直接上升，没有曲折感，直至达到最高高度。全调时值比全降调、高平调稍长，比降升调略短。

✏️ 练一练

驳 bó　　　闸 zhá　　　国 guó　　　颊 jiá　　　轮 lún　　　驴 lú
学习 xuéxí　　　模型 móxíng　　　集合 jíhé　　　滑翔 huáxiáng

（三）降升调（214）的发音

发音时，声带由较松慢慢转到最松，再很快地拉紧，声音由半低起，先降后升，由 2 度降至 1 度，再升到 4 度；降升变化是平滑的曲线变化，不要有硬拐弯的感觉。全调时值是普通话四个声调中最长的。

✏️ 练一练

叵 pǒ　　　秒 miǎo　　　海 hǎi　　　老 lǎo　　　腿 tuǐ　　　宝 bǎo
改造 gǎizào　　　主要 zhǔyào　　　老师 lǎoshī　　　感激 gǎnjī

（四）全降调（51）的发音

发音时，声带先拉紧，然后放松，声音从最高降到最低，起调要高，下降要迅速、干脆。全调时值是普通话四个声调中最短的。

✏️ 练一练

撞 zhuàng　　　算 suàn　　　令 lìng　　　棍 gùn　　　寸 cùn　　　庆 qìng
纪念 jìniàn　　　大厦 dàshà　　　胜利 shènglì　　　庆贺 qìnghè

综合练习

1. 单音节词声调训练

芳 fāng	卯 mǎo	筒 tǒng	尿 niào	帽 mào	靶 bǎ
放 fàng	第 dì	聊 liáo	通 tōng	牛 niú	请 qǐng
咳 ké	底 dǐ	妞 niū	姑 gū	酣 hān	成 chéng
祥 xiáng	肾 shèn	抛 pāo	猜 cāi	蛙 wā	街 jiē
篓 lǒu	清 qīng	逞 chěng	创 chuàng	随 suí	科 kē

2. 双音节词声调训练

阴—阴：参加 cānjiā	西安 Xī'ān	播音 bōyīn	工兵 gōngbīng
阴—阳：资源 zīyuán	坚决 jiānjué	鲜明 xiānmíng	飘扬 piāoyáng
阴—上：批准 pīzhǔn	发展 fāzhǎn	班长 bānzhǎng	听讲 tīngjiǎng
阴—去：庄重 zhuāngzhòng	播送 bōsòng	音乐 yīnyuè	规范 guīfàn
阳—阴：国歌 guógē	联欢 liánhuān	革新 géxīn	南方 nánfāng
阳—阳：直达 zhídá	滑翔 huáxiáng	儿童 értóng	团结 tuánjié
阳—上：华北 Huáběi	黄海 Huánghǎi	遥远 yáoyuǎn	泉水 quánshuǐ
阳—去：豪迈 háomài	辽阔 liáokuò	模范 mófàn	林业 línyè
上—阴：指标 zhǐbiāo	整装 zhěngzhuāng	转播 zhuǎnbō	北京 Běijīng
上—阳：指南 zhǐnán	普及 pǔjí	反常 fǎncháng	谴责 qiǎnzé
上—上：古典 gǔdiǎn	北海 Běihǎi	领导 lǐngdǎo	鼓掌 gǔzhǎng

3. 阳平与上声对比训练

好麻 má—好马 mǎ	土肥 féi—土匪 fěi	战国 guó—战果 guǒ
小乔 qiáo—小巧 qiǎo	返回 huí—反悔 huǐ	老胡 hú—老虎 hǔ
牧童 tóng—木桶 tǒng	大学 xué—大雪 xuě	菊 jú 花—举 jǔ 花
直 zhí 绳—纸 zhǐ 绳	白 bái 色—百 Bǎi 色	洋 yáng 油—仰 yǎng 游

四、声调辨正

（一）辨别普通话声调和方言声调的差异

普通话与汉语方言的声调种类并不相同。普通话有四个调类，而方言中声调少的只有三类，多的则有十类。就声调的调值和调类的关系来说，方言与普通话之间存在两种情况：一是调值相同但调类不一定相同；二是调类相同但调值不一定相同。例如：普通话的阴平调值是 55，上声调值是 214；而广西桂北官话的阴平调值是 44 或 21，上声调值是 53。因此，辨别本地方言与普通话四个声调的差异及其对应关系，是方言区的人学习普通话声调时应特别注意的地方。一般情况下，方言和普通话在声调上的差异主要包括：调类不同、调值不同，以及入声保留或归并的情况不同。

（二）普通话四声辨正

南方方言区或北方部分方言区的人在说普通话时，要注意克服阴平调值偏低、阳平调值升不上去、上声调值只降难升和去声调值降不下去的问题。有的人即使平时不说方言，但因受方言环境的影响，也会或多或少地出现普通话声调发音缺陷的问题，应注意修正。

1. 阴平的辨正

（1）调值不够高。阴平的调值是 55，但有的方言区会念成 44、33，甚至 11，例如：将"现在开始播音"中的"播音"两个字念成 11 调值，就会带有较明显的方言色彩。

（2）将阴平读成全降调。例如：普通话"生生不息"中的"生生 shēngshēng"本是高平调，而有些地方的人却读成下降的调子，听起来像是"胜胜 shèngshèng"。

（3）将阴平读成降升调。有些方言区的人，读高平调时会拐弯。例如：将"茶杯 chábēi"的"杯"发成类似普通话"北 běi"的音，将"纸张 zhǐzhāng"中的"张"发成类似"掌 zhǎng"的音。

2. 阳平的辨正

（1）将阳平读成高平调。例如：将"方糖 fāngtáng"中的"糖"读成"汤 tāng"，将"去年 qùnián"中的"年"读成"拈 niān"。

（2）将阳平读成全降调。例如：将"学生 xuéshēng"发成类似"穴绳 xuéshéng"的音，将"权力 quánlì"中的"权"发成类似"劝 quàn"的音。还有些地方的人易把阳平读成低升调 13 或 24，而不是中升调 35。

3. 上声的辨正

（1）上声调值不完全。发上声声调时，要前短后长，但有些地区的人往往会读得前长后短，致使声调不完全，或者发成 213 的调值。

（2）将上声读成全降调。例如：将"是你 shìnǐ"中的"你"发成"腻 nì"，将"网上 wǎngshàng"中的"网"发成"旺 wàng"。

（3）将上声读成高平调。例如：将"饭碗 fànwǎn"中的"碗"发成类似"弯 wān"的音，将"营养 yíngyǎng"中的"养"发成类似"秧 yāng"的音。

4. 去声的辨正

将去声读成中升调或高平调。例如：将"四川 sìchuān"中的"四"发成类似"sí"的音，将"报告 bàogào"发成类似"báogáo"的音。

练一练

1. 声调混合训练（阴—阳—上—去）

光明磊落 guāngmíng—lěiluò　　　　风调雨顺 fēngtiáo—yǔshùn

深谋远虑 shēnmóu—yuǎnlǜ　　　　中流砥柱 zhōngliú—dǐzhù

千锤百炼 qiānchuí—bǎiliàn　　　　山明水秀 shānmíng—shuǐxiù

2. 声调混合训练（去—上—阳—阴）

弄巧成拙 nòngqiǎo—chéngzhuō   万马齐喑 wànmǎ—qíyīn

妙手回春 miàoshǒu—huíchūn   万古流芳 wàngǔ—liúfāng

背井离乡 bèijǐng—líxiāng   刻骨铭心 kègǔ—míngxīn

任务训练

一、给以下加点字标出正确的声调，再读一读

匕首　潜力　氛围　处理　质量　思维　复杂　科室　挫折　惩罚

束缚　因为　应届　下载　症结　勾当　绯闻　憎恨　女佣　徇私

二、读下列古诗，注意读准声调

黄鹤楼送孟浩然之广陵

李　白

故人西辞黄鹤楼，

烟花三月下扬州。

孤帆远影碧空尽，

唯见长江天际流。

三、读民歌，注意读准声调

幸福在哪里（民歌）

幸福在哪里，朋友啊，告诉你。她不在柳荫下，也不在温室里。她在辛勤的工作中，她在艰苦的劳动里。啊！幸福就在你晶莹的汗水里。

四、读下面的绕口令，注意读准声调

（1）老罗拉了一车梨，老李拉了一车栗。老罗人称大力罗，老李人称李大力。老罗拉梨做梨酒，老李拉栗去换犁。

（2）蓝衣布履刘兰柳，布履蓝衣柳兰流，兰柳拉犁来犁地，兰流播种来拉耧。

五、朗读幼儿童话片段，注意读准声调

小马过河（节选）

彭文席

小马听了老牛的话，立刻跑到河边，准备蹚过去。突然，从树上跳下一只松鼠，拦住他大叫："小马！别过河，别过河，河水会淹死你的！"小马吃惊地问："水很深吗？"松

鼠认真地说:"当然啦!昨天,我的一个伙伴就是掉在这条河里淹死的!"小马连忙收住脚步,不知道怎么办才好。他叹了口气,说:"唉!还是回家问问妈妈吧!"

小马甩甩尾巴,跑回家去。妈妈问他:"怎么回来啦?"小马难为情地说:"一条河挡住了去路,我……我过不去。"妈妈说:"那条河不是很浅吗?"小马说:"是呀!牛伯伯也这么说。可是松鼠说河水很深,还淹死过他的伙伴呢!"妈妈说:"那么河水到底是深还是浅呢?你仔细想过他们的话吗?"小马低下了头,说:"没……没想过。"妈妈亲切地对小马说:"孩子,光听别人说,自己不动脑筋,不去试试,是不行的。河水是深是浅,你去试一试就知道了。"

小马跑到河边,刚刚抬起前蹄,松鼠又大叫起来:"怎么?你不要命啦!"小马说:"让我试试吧!"他下了河,小心地蹚到了对岸。

原来河水既不像老牛说的那样浅,也不像松鼠说的那样深。老牛那样高大,他看河水当然很浅;松鼠那样矮小,一点儿水就能把他淹死,他当然说深了。做什么事只有自己亲自试过才能知道啊。

任务三　声　母

任务导入

小霄是幼儿保育专业二年级的学生。由于从小受方言的影响,她无法正确发出翘舌音,也分不清声母 f 和 h。每当遇到这类发音时,她就犯难。尽管经过了一年的练习,她仍然未能通过普通话水平测试。她知道自己的主要问题是出在声母发音上,可就是不知道怎样才能纠正过来,小霄为此陷入了迷茫。

其实,像小霄这样的情况并不少见。要解决这样的问题,关键在于掌握正确的发音方法,并在此基础上多加练习,坚持说普通话,从而克服方言的影响。

学习支持

声母就是一个音节开头的辅音,是气流在口腔和咽头受阻碍而形成的音。普通话的声母,除零声母外,其余的 21 个都是由辅音因素充当的,包括:b、p、m、f、d、t、n、l、g、k、h、j、q、x、zh、ch、sh、r、z、c、s。

▶声母的发音部位和发音方法

一、声母的发音部位

发音部位是指发音器官在发辅音时对气流形成阻碍的地方。上唇与下唇、唇与齿、舌面与硬腭、舌根与软腭等发音器官之间，都可以形成对气流的阻碍，从而构成不同的发音部位。按发音部位来划分，普通话声母有以下七类（如图 1-3-1 所示）。

（1）双唇音：b、p、m。

（2）唇齿音：f。

（3）舌尖前音：z、c、s。

（4）舌尖中音：d、t、n、l。

（5）舌尖后音：zh、ch、sh、r。

（6）舌面音（也叫舌面前音）：j、q、x。

（7）舌根音（也叫舌面后音）：g、k、h。

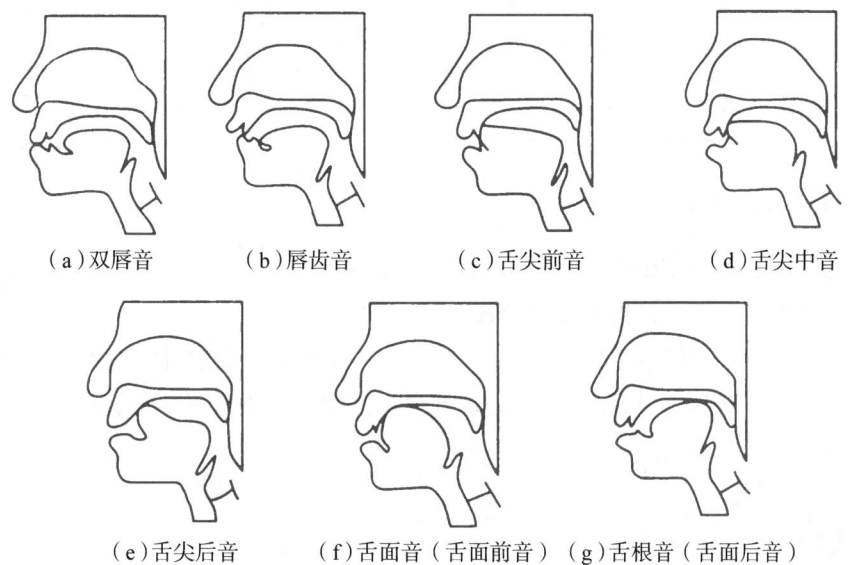

（a）双唇音　　　（b）唇齿音　　　（c）舌尖前音　　　（d）舌尖中音

（e）舌尖后音　　（f）舌面音（舌面前音）（g）舌根音（舌面后音）

图 1-3-1　各类声母的发音示意图

二、声母的发音类型

根据发音时喉头、口腔和鼻腔节制气流的方式和状况，声母的发音可以按以下维度分类。

（1）根据形成阻碍与解除阻碍的方式的不同，声母可以分为五类。① 塞音：b、p、d、t、g、k。② 鼻音：m、n。③ 擦音：f、h、x、sh、s、r（r 也可称为近音）。④ 边音：l。⑤ 塞擦音：j、q、zh、ch、z、c。

（2）根据发音时气流的强弱，塞音和塞擦音可以分为两类。① 送气音：p、t、k、q、ch、c。② 不送气音：b、d、g、j、zh、z。

（3）根据发音时声带是否颤动，声母可以分为两类。① 浊音（发音时声带颤动）：m、n、l、r。② 清音（发音时声带不颤动）：除四个浊音外，其他声母都是清音，包括 b、p、f、d、t、g、k、h、j、q、x、zh、ch、sh、z、c、s。

根据上述分类，可以将 21 个声母归纳如表 1-3-1 所示。

表 1-3-1　声母的发音类型

发音方法 发音部位	塞音 / 清音		塞擦音 / 清音		擦音		鼻音	边音
	不送气音	送气音	不送气音	送气音	清音	浊音	浊音	浊音
双唇音	b	p					m	
唇齿音					f			
舌尖前音			z	c	s			
舌尖中音	d	t					n	l
舌尖后音			zh	ch	sh	r		
舌面音 （舌面前音）			j	q	x			
舌根音 （舌面后音）	g	k			h			

三、声母的发音方法

前文已介绍，普通话声母有两套读音：一套是本音，另一套是呼读音。这里我们说的声母发音，是指声母的本音。

（1）b：双唇、不送气、清、塞音。发音时，双唇紧闭，软腭上升，堵塞鼻腔通路，声带不颤动，让较弱的气流突然冲开双唇的阻碍迸发而出，爆发成声。

▶ 声母 b、p、m、f的发音训练

✎ 练一练

波 bō　　　博 bó　　　跛 bǒ　　　簸 bò　　　彪 biāo　　　宾 bīn

把柄 bǎbǐng　　　爸爸 bàba　　　步兵 bùbīng　　　颁布 bānbù

标榜 biāobǎng　　　卑鄙 bēibǐ　　　褒贬 bāobiǎn　　　辨别 biànbié

半边 bànbiān　　　臂膀 bìbǎng　　　摆布 bǎibù　　　奔波 bēnbō

八百 bābǎi　　　百般 bǎibān　　　包办 bāobàn　　　本部 běnbù

（2）p：双唇、送气、清、塞音。发音时，双唇紧闭，形成阻碍，除阻后有一股较强的气流冲破双唇的阻碍，爆发成声，声带不颤动。

✎ 练一练

婆 pó　　　粕 pò　　　瞥 piē　　　捧 pěng　　　庞 páng　　　滂 pāng

乒乓 pīngpāng　　　匹配 pǐpèi　　　批评 pīpíng　　　澎湃 péngpài

偏僻 piānpì	婆婆 pópo	排炮 páipào	铺排 pūpái
票品 piàopǐn	批判 pīpàn	拼盘 pīnpán	爬坡 pápō
琵琶 pípa	噼啪 pīpā	瓢泼 piáopō	偏旁 piānpáng

（3）m：双唇、浊、鼻音。发音时，双唇紧闭，软腭下降，鼻腔通路打开，气流从鼻腔通过，声带颤动，最后双唇松开，软腭上升。

练一练

摸 mō	酩 mǐng	枚 méi	蔑 miè	娩 miǎn	眸 móu
埋没 máimò	美妙 měimiào	茂密 màomì			眉目 méimù
命脉 mìngmài	弥漫 mímàn	妈妈 māma			麻木 mámù
骂名 màmíng	默默 mòmò	磨灭 mómiè			买卖 mǎimai
麦苗 màimiáo	面貌 miànmào	牧民 mùmín			卖命 màimìng

（4）f：唇齿、清、擦音。发音时，下唇接近上齿，形成窄缝，气流从窄缝中挤出，摩擦成声，声带不颤动。

练一练

佛 fó	甫 fǔ	幡 fān	访 fǎng	酚 fēn	蕃 fān
奋发 fènfā	肺腑 fèifǔ	发奋 fāfèn			发疯 fāfēng
发福 fāfú	发放 fāfàng	非法 fēifǎ			非凡 fēifán
非分 fēifèn	反复 fǎnfù	翻覆 fānfù			吩咐 fēnfù
纷繁 fēnfán	芬芳 fēnfāng	分发 fēnfā			方法 fāngfǎ

（5）d：舌尖中、不送气、清、塞音。发音时，舌尖抵住上齿龈，形成阻碍，较弱的气流冲破阻碍，爆发成声，声带不颤动。

练一练

娣 dì	订 dìng	蹈 dǎo	蹲 dūn	搭 dā	剁 duò
大豆 dàdòu	单调 dāndiào	等待 děngdài		当地 dāngdì
达到 dádào	调动 diàodòng	搭档 dādàng		带动 dàidòng
到底 dàodǐ	道德 dàodé	捣蛋 dǎodàn		待定 dàidìng
斗胆 dǒudǎn	担当 dāndāng	单独 dāndú		当代 dāngdài

（6）t：舌尖中、送气、清、塞音。发音时，舌尖抵住上齿龈，形成阻碍，较强的气流冲破阻碍，爆发成声，声带不颤动。

练一练

獭 tǎ	颓 tuí	骰 tóu	悌 tì	凸 tū	椭 tuǒ
逃脱 táotuō	体贴 tǐtiē		天堂 tiāntáng	跳台 tiàotái
团体 tuántǐ	淘汰 táotài		头痛 tóutòng	谈天 tántiān
探讨 tàntǎo	唐突 tángtū		疼痛 téngtòng	铁塔 tiětǎ
调停 tiáotíng	图腾 túténg		脱逃 tuōtáo	屯田 túntián

（7）n：舌尖中、浊、鼻音。发音时，舌尖抵住上齿龈，形成阻碍，软腭下降，鼻腔通路打开，气流从鼻腔通过，声带颤动。

▶声母n和l
的发音训练

练一练

讷 nè	嫩 nèn	妮 nī	拈 niān	忸 niǔ	酿 niàng
农奴 nóngnú	能耐 néngnai		男女 nánnǚ	喃喃 nánnán
扭捏 niǔnie	袅娜 niǎonuó		南宁 Nánníng	呢喃 nínán
奶奶 nǎinai	奶牛 nǎiniú		恼怒 nǎonù	捏弄 niēnòng
忸怩 niǔní	牛腩 niúnǎn		年年 niánnián	娘娘 niángniang

（8）l：舌尖中、浊、边音。发音时，舌尖轻触上齿龈后部，舌的两边留出空隙；软腭上抬，堵住鼻腔通路，气流从舌的两边及上方流出，声带颤动。

练一练

勒 lè	醪 láo	蕾 lěi	踉 liàng	拎 līn	栌 lú
留恋 liúliàn	联络 liánluò		理论 lǐlùn	拉练 lāliàn
玲珑 línglóng	冷落 lěngluò		流露 liúlù	来历 láilì
露脸 lòuliǎn	褴褛 lánlǚ		嘹亮 liáoliàng	流利 liúlì
淋漓 línlí	罗列 luóliè		伦理 lúnlǐ	勒令 lèlìng

（9）g：舌根（舌面后）、不送气、清、塞音。发音时，舌根抵住软腭，形成阻碍，较弱的气流冲破阻碍，爆发成声，声带不颤动。

▶声母g、k、
h的发音
训练

练一练

戈 gē	冈 gāng	亘 gèn	犷 guǎng	刽 guì	佝 gōu
钢轨 gāngguǐ	梗概 gěnggài	尴尬 gāngà	规格 guīgé
公共 gōnggòng	桂冠 guìguān	故宫 gùgōng	巩固 gǒnggù
改革 gǎigé	高贵 gāoguì	更改 gēnggǎi	古怪 gǔguài
挂钩 guàgōu	国歌 guógē	观光 guānguāng	广告 guǎnggào

（10）k：舌根（舌面后）、送气、清、塞音。发音时，舌根抵住软腭，形成阻碍，较强的气流冲破阻碍，爆发成声，声带不颤动。

练一练

科 kē	恪 kè	慨 kǎi	勘 kān	框 kuàng	傀 kuǐ
可靠 kěkào	困苦 kùnkǔ	慷慨 kāngkǎi	夸口 kuākǒu
苛刻 kēkè	空旷 kōngkuàng	开垦 kāikěn	坎坷 kǎnkě
苦口 kǔkǒu	开阔 kāikuò	亏空 kuīkong	宽旷 kuānkuàng

（11）h：舌根（舌面后）、清、擦音。发音时，舌根接近软腭，形成窄缝，气流从窄缝中挤出，摩擦成声，声带不颤动。

练一练

褐 hè	亨 hēng	黑 hēi	桦 huà	徊 huái	豁 huō
黄河 Huánghé	辉煌 huīhuáng	互惠 hùhuì	黄昏 huánghūn
荷花 héhuā	憨厚 hānhòu	绘画 huìhuà	黑海 Hēihǎi
浩瀚 hàohàn	祸患 huòhuàn	含糊 hánhu	行话 hánghuà
怀恨 huáihèn	缓和 huǎnhé	横祸 hènghuò	欢呼 huānhū

（12）j：舌面（舌面前）、不送气、清、塞擦音。发音时，舌面前部抵住硬腭前部，形成阻碍，较弱的气流将阻碍冲开，形成一道窄缝，气流从窄缝中挤出，摩擦成声，声带不颤动。

▶声母 j、q、x 的发音训练

练一练

羁 jī	绩 jì	缰 jiāng	酵 jiào	浸 jìn	粳 jīng

经济 jīngjì	解决 jiějué	接近 jiējìn	聚集 jùjí
讲究 jiǎngjiu	拒绝 jùjué	艰巨 jiānjù	俊杰 jùnjié
即将 jíjiāng	家具 jiājù	借鉴 jièjiàn	究竟 jiūjìng
坚决 jiānjué	紧急 jǐnjí	讲解 jiǎngjiě	京剧 jīngjù

（13）q：舌面（舌面前）、送气、清、塞擦音。发音时，舌面前部抵住硬腭前部，形成阻碍，较强的气流将阻碍冲开，形成一道窄缝，气流从窄缝中挤出，摩擦成声，声带不颤动。

练一练

戚 qī	畦 qí	杞 qǐ	潜 qián	嵌 qiàn	挈 qiè
亲切 qīnqiè	请求 qǐngqiú	确切 quèqiè	崎岖 qíqū		
齐全 qíquán	牵强 qiānqiǎng	情趣 qíngqù	取巧 qǔqiǎo		
恰巧 qiàqiǎo	窃取 qièqǔ	乔迁 qiáoqiān	蜷曲 quánqū		
秋千 qiūqiān	强求 qiǎngqiú	群情 qúnqíng	亲戚 qīnqi		

（14）x：舌面（舌面前）、清、擦音。发音时，舌面前部接近硬腭前部，形成窄缝，气流从窄缝中挤出，摩擦成声，声带不颤动。

练一练

锡 xī	喜 xǐ	涎 xián	械 xiè	徇 xùn	谑 xuè
学习 xuéxí	现象 xiànxiàng	新鲜 xīnxiān	学校 xuéxiào		
喜讯 xǐxùn	遐想 xiáxiǎng	显现 xiǎnxiàn	嘘唏 xūxī		
休想 xiūxiǎng	宣泄 xuānxiè	雄心 xióngxīn	信息 xìnxī		
形象 xíngxiàng	虚心 xūxīn	下旬 xiàxún	相信 xiāngxìn		

（15）zh：舌尖后、不送气、清、塞擦音。发音时，舌尖上翘，抵住硬腭前部，形成阻碍，较弱的气流将阻碍冲开，形成一道窄缝，气流从窄缝中挤出，摩擦成声，声带不颤动。

声母zh、ch、sh、r的发音训练

练一练

脂 zhī	栉 zhì	召 zhào	拙 zhuō	撞 zhuàng	褶 zhě

主张 zhǔzhāng	珍重 zhēnzhòng	茁壮 zhuózhuàng	制止 zhìzhǐ
战争 zhànzhēng	支柱 zhīzhù	站长 zhànzhǎng	庄重 zhuāngzhòng
扎针 zhāzhēn	褶皱 zhězhòu	债主 zhàizhǔ	中指 zhōngzhǐ
肿胀 zhǒngzhàng	政治 zhèngzhì	招展 zhāozhǎn	壮志 zhuàngzhì

（16）ch：舌尖后、送气、清、塞擦音。发音时，舌尖上翘，抵住硬腭前部，形成阻碍，较强的气流将阻碍冲开，形成一道窄缝，气流从窄缝中挤出，摩擦成声，声带不颤动。

练一练

痴 chī	驰 chí	豉 chǐ	绌 chù	惩 chéng	伥 chāng
车床 chēchuáng	踌躇 chóuchú		出产 chūchǎn		穿插 chuānchā
驰骋 chíchěng	抽查 chōuchá		长城 Chángchéng		拆除 chāichú
赤诚 chìchéng	叉车 chāchē		超产 chāochǎn		乘车 chéngchē
拆穿 chāichuān	出差 chūchāi		船厂 chuánchǎng		春潮 chūncháo

（17）sh：舌尖后、清、擦音。发音时，舌尖上翘，接近硬腭前部，形成窄缝，气流从窄缝中挤出，摩擦成声，声带不颤动。

练一练

湿 shī	室 shì	朔 shuò	娠 shēn	蜃 shèn	甩 shuǎi
闪烁 shǎnshuò	少数 shǎoshù		史诗 shǐshī		手术 shǒushù
神圣 shénshèng	事实 shìshí		设施 shèshī		赏识 shǎngshí
失神 shīshén	射手 shèshǒu		圣水 shèngshuǐ		受伤 shòushāng
杀伤 shāshāng	山水 shānshuǐ		舒适 shūshì		时尚 shíshàng

（18）r：舌尖后、浊、擦（近）音。发音时，舌尖上翘，接近硬腭前部，形成窄缝，气流从窄缝中挤出，摩擦成声，声带颤动。

练一练

日 rì	汝 rǔ	仍 réng	糅 róu	髯 rán	戎 róng
荏苒 rěnrǎn	仍然 réngrán		荣辱 róngrǔ		软弱 ruǎnruò

| 容忍 róngrěn | 闰日 rùnrì | 柔软 róuruǎn | 如若 rúruò |
| 惹人 rěrén | 忍让 rěnràng | 融入 róngrù | 仁人 rénrén |

（19）z：舌尖前、不送气、清、塞擦音。发音时，舌尖平伸，抵住上齿背，形成阻碍，较弱的气流将阻碍冲开，形成一道窄缝，气流从窄缝中挤出，摩擦成声，声带不颤动。

▶ 声母 z、c、s
的发音训练

练一练

资 zī	籽 zǐ	棕 zōng	佐 zuǒ	臧 zāng	遵 zūn
自尊 zìzūn	总则 zǒngzé	造作 zàozuo	在座 zàizuò
走卒 zǒuzú	藏族 Zàngzú	自在 zìzài	遭罪 zāozuì
簪子 zānzi	坐姿 zuòzī	栽赃 zāizāng	祖宗 zǔzong

（20）c：舌尖前、送气、清、塞擦音。发音时，舌尖平伸，抵住上齿背，形成阻碍，较强的气流将阻碍冲开，形成一道窄缝，气流从窄缝中挤出，摩擦成声，声带不颤动。

练一练

辞 cí	刺 cì	惭 cán	岑 cén	糙 cāo	璀 cuǐ
苍翠 cāngcuì	草丛 cǎocóng	仓促 cāngcù	措辞 cuòcí
残存 cáncún	参差 cēncī	层次 céngcì	此次 cǐcì
曹操 Cáo Cāo	摧残 cuīcán	璀璨 cuǐcàn	催促 cuīcù
淙淙 cóngcóng	粗糙 cūcāo	猜测 cāicè	匆匆 cōngcōng

（21）s：舌尖前、清、擦音。发音时，舌尖平伸，接近上齿背，与上齿背间形成窄缝，气流从窄缝中挤出，摩擦成声，声带不颤动。

练一练

私 sī	寺 sì	塑 sù	髓 suǐ	桑 sāng	森 sēn
思索 sīsuǒ	诉讼 sùsòng	洒扫 sǎsǎo	瑟缩 sèsuō
琐碎 suǒsuì	速算 sùsuàn	撕碎 sīsuì	三思 sānsī
色素 sèsù	酥松 sūsōng	松散 sōngsǎn	搜索 sōusuǒ

除以上 21 个辅音声母之外，普通话里还有一些音节没有辅音声母，如"英 ing""昂 ang""欧 ou"等。对于这类音节的声母，语音学上称为零声母。

四、声母辨正

（一）平翘舌音的辨正

在普通话中，平舌音和翘舌音的发音是有明显区别的，然而在有些方言区，翘舌音和平舌音的发音则没有明显的区分。吴方言、闽方言、客家方言和粤方言一般没有翘舌音。例如，在吴方言里，"诗人"和"私人"不分；在闽、粤方言中，会把"诗人"说成"西人"，把"少数"说成"小数"。因此，这些方言区的人在学习普通话时，必须注意辨别这些易错音。

 ▶ 平翘舌音的辨正
 📖 zh—z、ch—c、sh—s 辨音字表
 📖 记忆平舌音常用字顺口溜

练一练

1. z 和 zh 辨音

阻力 zǔlì—主力 zhǔlì　　　　　　宗旨 zōngzhǐ—终止 zhōngzhǐ

资源 zīyuán—支援 zhīyuán　　　　祖父 zǔfù—嘱咐 zhǔfù

仿造 fǎngzào—仿照 fǎngzhào　　　增订 zēngdìng—征订 zhēngdìng

杂技 zájì—札记 zhájì　　　　　　栽花 zāihuā—摘花 zhāihuā

赞歌 zàngē—战歌 zhàngē　　　　　增光 zēngguāng—争光 zhēngguāng

2. c 和 ch 辨音

粗气 cūqì—出气 chūqì　　　　　　鱼刺 yúcì—鱼翅 yúchì

从来 cónglái—重来 chónglái　　　词序 cíxù—持续 chíxù

参加 cānjiā—掺加 chānjiā　　　　推辞 tuīcí—推迟 tuīchí

操纵 cāozòng—超重 chāozhòng　　村庄 cūnzhuāng—春装 chūnzhuāng

短促 duǎncù—短处 duǎnchù　　　　擦车 cāchē—叉车 chāchē

3. s 和 sh 辨音

私语 sīyǔ—施与 shīyǔ　　　　　　俗人 súrén—熟人 shúrén

搜集 sōují—收集 shōují　　　　　散光 sǎnguāng—闪光 shǎnguāng

肃立 sùlì—树立 shùlì　　　　　　桑叶 sāngyè—商业 shāngyè

近似 jìnsì—近视 jìnshì　　　　　散心 sànxīn—善心 shànxīn

司长 sīzhǎng—师长 shīzhǎng　　　塞子 sāizi—筛子 shāizi

4. 混合练习

政策 zhèngcè　　　住所 zhùsuǒ　　　注册 zhùcè　　　准则 zhǔnzé

仲裁 zhòngcái　　转载 zhuǎnzǎi　　沉思 chénsī　　出色 chūsè

传送 chuánsòng	纯粹 chúncuì	上层 shàngcéng	神色 shénsè
生词 shēngcí	收缩 shōusuō	水灾 shuǐzāi	姿势 zīshì
钻石 zuànshí	辞职 cízhí	思潮 sīcháo	算术 suànshù
尊重 zūnzhòng	操场 cāochǎng	素质 sùzhì	促使 cùshǐ
脆弱 cuìruò	磋商 cuōshāng		

（二）鼻音 n 与边音 l 的辨正

在西南官话的大部分地区（如成都、武汉）、江淮官话的部分地区（如扬州、南京）等，人们一般将鼻音 n 读作边音 l，或将边音、鼻音混读。还有些地方的人会将边音、鼻音都发成有鼻音色彩的边音。

在普通话里，鼻音 n 与边音 l 处于对立音位，有明显区别。n 的发音方式是舌尖翘起，抵住上齿龈，同时小舌下垂，气流通过鼻腔流出；l 的发音方式是舌尖翘起，轻触上齿龈后部，同时小舌抬起，堵住鼻腔通路，气流从舌的两边及上方流出。

📖 n—l辨音字表

✏️ 练一练

1. n—l 词语辨音

纳凉 nàliáng	耐劳 nàiláo	奶酪 nǎilào	脑力 nǎolì
内涝 nèilào	内陆 nèilù	内乱 nèiluàn	嫩绿 nènlǜ
能量 néngliàng	尼龙 nílóng	逆流 nìliú	年龄 niánlíng
年历 niánlì	年利 niánlì	年轮 niánlún	凝练 níngliàn
农林 nónglín	女郎 nǚláng	奴隶 núlì	努力 nǔlì

2. l—n 词语辨音

水流—水牛　　　留恋—留念
黄鹂—黄泥　　　无赖—无奈
拦住—难住　　　褴褛—男女

3. 读绕口令，注意读准加点的字

男篮有个兰教练，女篮有个吕教练。
兰教练训练男篮，吕教练训练女篮。

4. 背诵鼻音字顺口溜

男女农奴捏泥妞，哪能南囊拿牛奶。
年内倪聂闹难宁，恼怒挠脑念因懦。

（三）f 和 h 的辨正

在普通话里，f 和 h 的发音是有明显区别的，但在有的方言中，却存在相混淆的情况。湘方言、赣方言、闽方言、粤方言及客家方言大都不能分辨 f 和 h。江淮官话和西南官话也存在 f 与 h 混读的情况。例如：在湖北的恩施、仙桃、洪湖等地，人们会将"飞机"读成"灰鸡"，或把"湖南"说成"服南"。

f 与 h 在发音上的区别是：f 是唇齿清擦音，即上齿碰下唇；h 是舌根（舌面后）清擦音，即气流从舌根、舌面与软腭、硬腭的缝隙中摩擦成声。掌握它们的发音方法和发音部位其实并不难，真正的难点在于要记住常用字的正确发音，纠正方言中容易读错的音。

🎬 f、h 声母代表字类推表

> **练一练**
>
> 翻腾 fānténg—欢腾 huānténg　　　　反话 fǎnhuà—喊话 hǎnhuà
> 防空 fángkōng—航空 hángkōng　　　　魔幻 móhuàn—模范 mófàn
> 复学 fùxué—互学 hùxué

（四）r 的辨正

r 声母的缺失和改读是西南方言区和东南方言区普遍存在的问题。一般是将 r 改读为 l、y，如将"容颜"读成"龙颜"，将"大人"读成"大银"。对于在 r 声母发音上存在问题的人，应注意按照正确的发音方法进行纠正和练习。

> **练一练**
>
> 认真 rènzhēn　　　　燃烧 ránshāo　　　　认定 rèndìng　　　　认可 rènkě

（五）j、q、x 的辨正

在普通话中，舌面音 j、q、x 和舌根音 g、k、h 是两组不同类型的声母。在南方地区的一些方言中，人们会把普通话中某些字的声母 j、q、x 读成 g、k、h，如将"阶级（jiējí）"读成"gāijí"。此外，在还有些方言中，人们常把 j、q、x 发成 z、c、s，如将"进修"读作"zìnsiū"，将"新鲜"读作"sīnsiān"。这三个舌面音的正确发音方法是：舌面前部抵住硬腭前部，形成阻碍，气流将阻碍冲开，形成一道窄缝，气流从窄缝中挤出，摩擦成声，声带不颤动。

> **练一练**
>
> 家禽 jiāqín　　　　紧俏 jǐnqiào　　　　间歇 jiànxiē　　　　惊险 jīngxiǎn

📝 任务训练

一、先进行对比朗读，再说说每一组加点字在发音上的不同之处

字纸—制止　　　阻力—主力　　　粗布—初步　　　三角—山脚

死记—史记　　　私人—诗人　　　六层—六成　　　自立—智力

二、读绕口令，注意读准加点字的声母

（1）我的四位老师是石、斯、施、史。石老师教我大公无私，斯老师给我精神食粮，施老师叫我遇事三思，史老师送我知识钥匙。我感谢石、斯、施、史四位老师。

（2）黄凤凰，灰凤凰，粉红墙上画凤凰。凤凰黄，凤凰灰，粉红墙上凤凰飞。

（3）七加一，七减一，加完减完等于几？七加一，七减一，加完减完还是七。

三、朗读古诗，注意读准加点字的声母

问刘十九

白居易

绿蚁新醅酒，

红泥小火炉。

晚来天欲雪，

能饮一杯无？

四、朗读幼儿诗，注意读准声母

如果我是一片雪花

金　波

如果我是一片雪花，

你猜，我会飘落到

什么地方去呢？

我愿飘到小河里，

变成一滴水，

和小鱼小虾游戏。

我愿飘到广场上，

堆成一个雪人，

望着你笑眯眯。

我更愿飘落在妈妈的脸上，

亲亲她，亲亲她，

然后就快乐地融化。

任务四　韵　母

 任务导入

　　莎莎在参加普通话水平测试的时候，朗读的作品是《"能吞能吐"的森林》。她把作品中的"专、旱、万、生、环、另、温、然、燃、环"等字都读错了，最明显的错误是把带有 an 这个音的字读成有点像 ang，但又不是 ang 的音。

　　除了像莎莎这样在发 an 与 ang 时存在发音问题的同学外，还有很多同学存在其他的韵母发音问题，如韵头发音不准、韵腹不响亮、韵尾归音不到位、前后鼻韵母不分、随意圆唇和展唇等。在托幼机构中，老师的一言一行，都会被幼儿模仿。因此，作为保育师，我们应该注重言传身教，说好普通话，给幼儿做好语言示范。

学习支持

一、韵母的构成

　　韵母是指一个音节中声母后面的部分，如音节 zūnzhòng 中的 un 和 ong。韵母的结构可以分为韵头、韵腹和韵尾三个部分。

　　（1）韵头。韵头是主要元音（韵腹）前面的元音，又叫介音。韵头只有 i、u、ü 三个元音，它们的发音总是轻而短，只表示韵母的起点，如 ia、ua、üe、iao、uan 中的 i、u、ü。

　　（2）韵腹。韵腹是韵母中的主要元音。韵腹比起韵头、韵尾来，声音更清晰、响亮。韵腹是由 a、o、e、ê、i、u、ü、-i（前）、-i（后）、er 充当的。

　　（3）韵尾。韵尾指韵腹后面的音素，由 i、u 或鼻辅音 n、ng 充当。

二、韵母的分类

普通话共有 39 个韵母，可以从两个角度对其进行分类。

▶ 韵母的分类

（一）按照韵母结构成分的不同进行分类

1. 单韵母

单韵母是指由单个元音充当的韵母，又称单元音韵母。普通话中的单韵母共有 10 个，分别为：a、o、e、i、u、ü、ê、-i（前）、-i（后）、er。单韵母可以细分为三个小类。

　　（1）舌面单韵母：a、o、e、i、u、ü、ê。

　　（2）舌尖单韵母：-i（前）、-i（后）。

（3）卷舌单韵母：er。

2. 复韵母

复韵母是复合元音，也就是由 2—3 个子元音构成的韵母，又称复元音韵母。普通话中的复韵母有 13 个，根据主要元音的位置，可以细分为三个小类。

（1）前响复韵母：ai、ei、ao、ou（a、o、e 为主要元音）。

（2）后响复韵母：ia、ie、ua、uo、üe（a、o、e 为主要元音）。

（3）中响复韵母：iao、iou、uai、uei。

3. 鼻韵母

鼻韵母是由一个或两个元音与鼻辅音 n、ng 组合而成的韵母，又称带鼻音韵母。普通话中的鼻韵母有 16 个，根据所带鼻辅音的不同，可以细分为两个小类。

（1）前鼻音韵母：an、en、in、ün、ian、uan、üan、uen。

（2）后鼻音韵母：ang、eng、ong、ing、iang、iong、uang、ueng。

（二）按照韵母开头元音发音口形的不同进行分类

根据韵母开头元音发音口形的不同，可以把 39 个韵母分为：开口呼、齐齿呼、合口呼、撮口呼四类，简称"四呼"。

（1）开口呼：指不是 i、u、ü 或以 i、u、ü 开头的韵母。这类韵母共有 15 个，分别为：a、o、e、ai、ei、ao、ou、an、en、ang、eng、ê、-i（前）、-i（后）、er。

（2）齐齿呼：指 i 或以 i 开头的韵母。这类韵母共有 9 个，分别为：i、ia、ie、iao、iou、in、ian、ing、iang。

（3）合口呼：指 u 或以 u 开头的韵母。这类韵母共有 10 个，分别为：u、ua、uo、uai、uei、uan、uen、uang、ueng、ong。

（4）撮口呼：指 ü 或以 ü 开头的韵母。这类韵母共有 5 个，分别为：ü、üe、ün、üan、iong。

三、韵母的发音方法

（一）单韵母的发音方法

1. 舌面单韵母

舌面单韵母的发音，可以从三个方面来分析。① 舌位的高低：指舌头和上腭的距离。根据舌位的高低，可以把元音分为高元音（如 i、ü、u）、半高元音（如 o、e）、半低元音（如 ê）和低元音（如 a）。② 舌位的前后：指舌头的前伸或后缩。根据舌位的前后，可以把元音分为前元音（如 i、ê、ü）、央元音（如 a）和后元音（如 u、e、o）。③ 唇形的圆展：指发音时嘴唇的形状。根据唇形的圆展，可以把元音分为圆唇元音（如 ü、u、o）和不圆唇元音（如 i、a、e、ê）。舌面单韵母的舌位，如图 1-4-1 所示。

▶ 单韵母的
发音训练

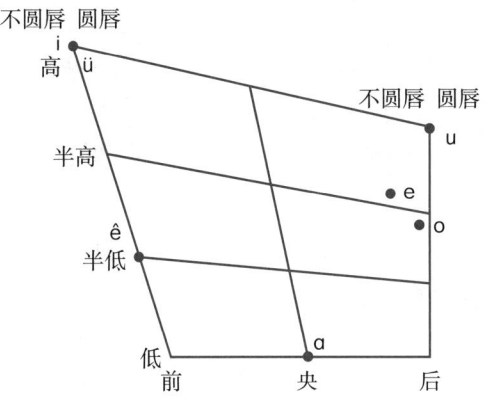

图 1-4-1 普通话舌面单韵母舌位图

（1）a：舌面、央、低、不圆唇元音。发音时，口大开，舌位低，舌尖稍离下齿背，舌面中部微微隆起和硬腭后部相对；声带振动，软腭上升，关闭鼻腔通路。

 练一练

沙 shā	查 chá	辣 là	达 dá	拿 ná	渣 zhā
打靶 dǎbǎ	马达 mǎdá		沙发 shāfā		蛤蟆 háma
耷拉 dāla	拉萨 Lāsà		砝码 fǎmǎ		打岔 dǎchà
刹那 chànà	发达 fādá		喇嘛 lǎma		大厦 dàshà
麻纱 máshā	大法 dàfǎ		大妈 dàmā		哪怕 nǎpà

（2）o：舌面、后、半高、圆唇元音。发音时，上下唇自然拢圆，舌体后缩，舌面后部隆起和软腭相对，舌位介于半高和半低之间；声带振动，软腭上升，关闭鼻腔通路。

练一练

破 pò	摹 mó	波 bō	墨 mò	泊 bó	播 bō
伯伯 bóbo	婆婆 pópo		磨破 mópò		薄弱 bóruò
泼墨 pōmò	勃勃 bóbó		磨墨 mómò		脉脉 mòmò

（3）e：舌面、后、半高、不圆唇元音。发音时，口半闭，舌位半高，舌体后缩，双唇自然展开；声带振动，软腭上升，关闭鼻腔通路。

练一练

课 kè	者 zhě	蛇 shé	策 cè	渴 kě	惹 rě

隔阂 géhé	苛刻 kēkè	合格 hégé	特色 tèsè
割舍 gēshě	车辙 chēzhé	可乐 kělè	特赦 tèshè
隔热 gérè	色泽 sèzé	哥哥 gēge	各色 gèsè

（4）i 舌面、前、高、不圆唇元音。发音时，嘴唇呈扁平状，舌尖前伸抵住下齿背；声带振动，软腭上升，关闭鼻腔通路。

✏️ **练一练**

益 yì	励 lì	米 mǐ	即 jí	厘 lí	激 jī
集体 jítǐ	笔记 bǐjì		机器 jīqì		依稀 yīxī
谜底 mídǐ	意义 yìyì		奇迹 qíjì		地皮 dìpí
习题 xítí	提议 tíyì		鼻涕 bítì		比例 bǐlì
比拟 bǐnǐ	笔迹 bǐjì		脾气 píqi		披靡 pīmǐ

（5）u：舌面、后、高、圆唇元音。发音时，双唇拢圆，略向前突出；舌体后缩，使舌面后部向软腭方向隆起；声带振动，软腭上升，关闭鼻腔通路。

✏️ **练一练**

促 cù	务 wù	图 tú	服 fú	书 shū	督 dū
朴素 pǔsù	芜湖 Wúhú		互助 hùzhù		土布 tǔbù
无故 wúgù	孤独 gūdú		祝福 zhùfú		出租 chūzū
粗鲁 cūlǔ	诉苦 sùkǔ		户主 hùzhǔ		不足 bùzú
部署 bùshǔ	服输 fúshū		付出 fùchū		负数 fùshù

（6）ü：舌面、前、高、圆唇元音。发音时，双唇拢圆，略向前突出，舌尖前伸使舌头抵住下齿背，舌面前部隆起和硬腭前部相对；声带振动，软腭上升，关闭鼻腔通路。

✏️ **练一练**

绿 lǜ	句 jù	语 yǔ	驴 lǘ	虑 lǜ	旭 xù
序曲 xùqǔ	旅居 lǚjū		曲剧 qǔjù		区域 qūyù
语序 yǔxù	聚居 jùjū		雨具 yǔjù		女婿 nǚxu
絮语 xùyǔ	豫剧 yùjù		吕剧 lǚjù		缕缕 lǚlǚ
须臾 xūyú	遇雨 yùyǔ		郁郁 yùyù		语句 yǔjù

（7）ê：舌面、前、半低、不圆唇元音。舌头前伸，舌面前部略微抬高，口腔自然打开；声带颤动，软腭上升，关闭鼻腔通路，嘴角向两边展开。ê的主要用途是与i、ü组成复韵母，如：雪月 xuěyuè。

综合练习

1. 读准下列词语的韵母

沙漠 shāmò	拔河 báhé	巴黎 Bālí	发育 fāyù	波折 bōzhé
蘑菇 mógu	默许 mòxǔ	河马 hémǎ	许可 xǔkě	彻底 chèdǐ
特殊 tèshū	歌剧 gējù	抵达 dǐdá	气魄 qìpò	计策 jìcè
地图 dìtú	碧绿 bìlù	抒发 shūfā	抚摩 fǔmó	读者 dúzhě
除夕 chúxī	富裕 fùyù	拘束 jūshù	曲折 qūzhé	序曲 xùqǔ
法律 fǎlǜ	合资 hézī	录取 lùqǔ	拉车 lāchē	雨衣 yǔyī
薄荷 bòhe	居住 jūzhù	自治 zìzhì	继续 jìxù	实习 shíxí
扎实 zhāshi	歌曲 gēqǔ	破土 pòtǔ	抹杀 mǒshā	惹事 rěshì
坡度 pōdù	乐趣 lèqù	律师 lǜshī		

2. 朗读古诗，注意读准加点字的韵母

早 春

韩 愈

天街小雨润如酥，
草色遥看近却无。
最是一年春好处，
绝胜烟柳满皇都。

2. 舌尖单韵母

（1）-i（前）：舌尖、前、不圆唇元音。发音时，舌尖前伸靠近上齿背，气流通路狭窄，但不发生摩擦，不圆唇；声带颤动，软腭上升，关闭鼻腔通路，嘴唇向两旁展开。例如：字词 zìcí。

（2）-i（后）：舌尖、后、不圆唇元音。发音时，舌体后缩，舌尖翘起靠近前硬腭，气流通路狭窄，但不发生摩擦，不圆唇；声带颤动，软腭上升，关闭鼻腔通路。例如：支持 zhīchí。

3. 卷舌单韵母

er：卷舌、央、中、不圆唇元音。发音时，口形略开，舌位居中，舌的前部、中部上抬，舌尖向后卷，和硬腭前端相对；声带振动，软腭上升，关闭鼻腔通路。er是一个用双字母表示的单韵母，e表示舌位和唇形，r表示卷舌动作。er只能自成音节。

▶ 复韵母的
发音训练

练一练

儿 ér	而 ér	耳 ěr	饵 ěr	尔 ěr	贰 èr
二十 èrshí	而且 érqiě	尔后 ěrhòu	幼儿 yòu'ér	耳朵 ěrduo
木耳 mù'ěr	耳光 ěrguāng	儿歌 érgē	儿科 érkē	耳环 ěrhuán
而已 éryǐ	二胡 èrhú	饵料 ěrliào	洱海 Ěrhǎi	儿子 érzi

（二）复韵母的发音方法

1. 前响复韵母

前响复韵母有 4 个：ɑi、ei、ɑo、ou。发音时，开头的元音音素响亮清晰，收尾的元音音素轻短模糊（表示舌位滑动的方向）。

（1）ɑi：发音时，先是舌位放低，唇形展开，发出 ɑ 的音，紧接着舌面上升，发出接近 i 的音。

练一练

孩 hái	盖 gài	呆 dāi	猜 cāi	麦 mài	矮 ǎi
白菜 báicài		海带 hǎidài		爱戴 àidài	
晒台 shàitái		买卖 mǎimai		彩排 cǎipái	

（2）ei：发音时，从 e 的舌位开始，向 i 的舌位移动。e 音清晰、响亮，i 音轻短、含混。

练一练

被 bèi	赔 péi	梅 méi	魏 Wèi	愧 kuì	味 wèi
蓓蕾 bèilěi		北美 Běiměi		配备 pèibèi	
黑煤 hēiméi		肥美 féiměi		娓娓 wěiwěi	

（3）ɑo：发音时，舌位放低，唇形开而不圆，发出响而长的 ɑ 音，接着舌位逐渐升高，唇形逐渐变圆，发出轻短、含混的 u 音。

练一练

抱 bào	抛 pāo	篙 gāo	烤 kǎo	搔 sāo	凿 záo
草帽 cǎomào		跑道 pǎodào		报告 bàogào	
号召 hàozhào		高潮 gāocháo		操劳 cāoláo	

（4）ou：发音时，先发 o 音，接着舌位向 u 的方向移动，最后发出轻短、含混的 u 音。

练一练

骤 zhòu	兜 dōu	苟 gǒu	镂 lòu	擞 sǒu	凑 còu
欧洲 Ōuzhōu		喉头 hóutóu		抖擞 dǒusǒu	
收购 shōugòu		佝偻 gōulóu		绸缪 chóumóu	

综合练习

白费 báifèi	百草 bǎicǎo	排列 páiliè	悲哀 bēi'āi
肥皂 féizào	北斗 běidǒu	茅台 Máotái	堡垒 bǎolěi
报仇 bàochóu	购买 gòumǎi	守备 shǒubèi	逗号 dòuhào

2. 后响复韵母

（1）ia：发音时，先是舌位高，唇形扁，发出轻短的 i 音，接着舌位降低，发出响而长的 a 音。

练一练

嫁 jià	恰 qià	霞 xiá	掐 qiā	虾 xiā	嘉 jiā
恰恰 qiàqià		加价 jiājià		家鸭 jiāyā	
假牙 jiǎyá		下家 xiàjiā		加压 jiāyā	

（2）ie：发音时，先发出较短的 i 音，接着舌位降到前中位置，发出响而长的 ê 音。

练一练

跌 diē	铁 tiě	洁 jié	怯 qiè	卸 xiè	趔 liè
结业 jiéyè		贴切 tiēqiè		节烈 jiéliè	
趔趄 lièqie		切切 qièqiè		歇业 xiēyè	

（3）ua：发音时，先发 u 音，接着舌位降低，双唇展开，发出响而长的 a 音。

练一练

挖 wā	瓜 guā	垮 kuǎ	刷 shuā	桦 huà	花 huā

挂画 guàhuà	花袜 huāwà	娃娃 wáwa
耍滑 shuǎhuá	花滑 huāhuá	花瓜 huāguā

（4）uo：发音时，先发 u 音，接着舌位降低，发 o 音。

练一练

说 shuō	获 huò	锅 guō	扩 kuò	罗 luó	戳 chuō
骆驼 luòtuo	火锅 huǒguō	错落 cuòluò
阔绰 kuòchuò	硕果 shuòguǒ	国货 guóhuò

（5）üe：发音时，先是双唇撮圆，舌体前伸抬高，发 ü 音，接着双唇逐渐展开，舌位降到前中位置，发 ê 音。

练一练

越 yuè	瘸 qué	倔 juè	靴 xuē	掠 lüè	阙 què
约略 yuēlüè	雀跃 quèyuè	决绝 juéjué
雪月 xuěyuè	绝学 juéxué	月缺 yuèquē

综合练习

佳话 jiāhuà	枷锁 jiāsuǒ	下月 xiàyuè	接洽 jiēqià
鞋袜 xiéwà	结果 jiéguǒ	节约 jiéyuē	华夏 Huáxià
瓦解 wǎjiě	花朵 huāduǒ	化学 huàxué	国家 guójiā
唾液 tuòyè	火花 huǒhuā	活跃 huóyuè	血压 xuèyā
学业 xuéyè	雪花 xuěhuā	确凿 quèzáo	夏夜 xiàyè

3. 中响复韵母

（1）iao：发音时，舌位由 i 降到 a，再由 a 升向接近 u 的位置；也可以先发 i，紧接着发 ao。

练一练

腰 yāo	角 jiǎo	瞧 qiáo	啸 xiào	渺 miǎo	霄 xiāo

小鸟 xiǎoniǎo　　　　　逍遥 xiāoyáo　　　　　巧妙 qiǎomiào
笑料 xiàoliào　　　　　叫嚣 jiàoxiāo　　　　　苗条 miáotiao

（2）iou：发音时，舌位由 i 降到 o，再由 o 升向 u。

✎ 练一练

幼 yòu　　　　羞 xiū　　　　疚 jiù　　　　绣 xiù　　　　拗 niù　　　　榴 liú
优秀 yōuxiù　　　　　悠久 yōujiǔ　　　　　久留 jiǔliú
舅舅 jiùjiu　　　　　牛油 niúyóu　　　　　绣球 xiùqiú

（3）uai：发音时，舌位由 u 降到 a，再由 a 升向 i；也可以先发 u，紧接着发 ai。

✎ 练一练

歪 wāi　　　　徊 huái　　　　拽 zhuài　　　　衰 shuāi　　　　拐 guǎi　　　　揣 chuāi
摔坏 shuāihuài　　　　　怀揣 huáichuāi　　　　　外快 wàikuài
乖乖 guāiguai　　　　　外踝 wàihuái　　　　　外卖 wàimài

（4）uei：发音时，舌位由 u 降到 e，再由后 e 升向 i；也可以先发 u，紧接着发 ei。

✎ 练一练

巍 wēi　　　　蜕 tuì　　　　暌 kuí　　　　晖 huī　　　　缀 zhuì　　　　璀 cuǐ
魁伟 kuíwěi　　　　　归队 guīduì　　　　　摧毁 cuīhuǐ
水位 shuǐwèi　　　　　追随 zhuīsuí　　　　　翠微 cuìwēi

✎ 综合练习

郊游 jiāoyóu　　　　　表率 biǎoshuài　　　　　描绘 miáohuì　　　　　幼苗 yòumiáo
流水 liúshuǐ　　　　　诱拐 yòuguǎi　　　　　怀表 huáibiǎo　　　　　摔跤 shuāijiāo
歪斜 wāixié　　　　　翠鸟 cuìniǎo　　　　　垂柳 chuíliǔ　　　　　毁坏 huǐhuài

（三）鼻韵母的发音方法

1. 前鼻音韵母

（1）an：发音时，舌位先放低，口大开，唇不圆；舌位动程从前、低开始略往上升，最后舌面前部抵住硬腭前部，发鼻音 n。

▶ 前鼻韵母的
发音训练

练一练

鞍 ān	版 bǎn	坛 tán	侃 kǎn	煽 shān	掺 chān
安然 ānrán		灿烂 cànlàn		橄榄 gǎnlǎn	
肝胆 gāndǎn		谈判 tánpàn		汗衫 hànshān	

（2）en：发音时，舌位动程从央元音 e（比单韵母 e 的舌位靠前）开始，舌面逐渐上升，最后舌面前部抵住硬腭前部，发鼻音 n。

练一练

摁 èn	懑 mèn	垦 kěn	圳 zhèn	慎 shèn	怎 zěn
根本 gēnběn		认真 rènzhēn		深沉 shēnchén	
门诊 ménzhěn		振奋 zhènfèn		审慎 shěnshèn	

（3）in：发音时，舌尖抵到下齿背后，舌面抬起接近硬腭，唇扁，舌位动程从前、高、不圆唇元音 i 开始逐渐上升，最后舌面前部抵住硬腭前部，发鼻音 n。

练一练

阴 yīn	聘 pìn	闽 mǐn	您 nín	钦 qīn	馨 xīn
拼音 pīnyīn		濒临 bīnlín		林荫 línyīn	
辛勤 xīnqín		亲近 qīnjìn		民心 mínxīn	

（4）ün：发音时，舌面接近硬腭，唇形撮起，舌位动程从前、高、圆唇元音 ü 开始逐渐上升，最后舌面前部抵住硬腭前部，发鼻音 n。

练一练

云 yún	郡 jùn	裙 qún	旬 xún	勋 xūn	允 yǔn
均匀 jūnyún		军训 jūnxùn		纭纭 yúnyún	
逡巡 qūnxún		菌群 jūnqún		军运 jūnyùn	

（5）ian：发音时，舌位动程从 i 开始逐渐降低，当达到比单韵母 a 略高、略前的位置时，舌面升高，最后舌面前部抵住硬腭前部，发鼻音 n。

练一练

研 yán	编 biān	勉 miǎn	撵 niǎn	乾 qián	弦 xián
简练 jiǎnliàn		眼帘 yǎnlián		惦念 diànniàn	
颠连 diānlián		鲜艳 xiānyàn		连绵 liánmián	

（6）uan：发音时，舌位动程从 u 开始逐渐降低，当达到 a 的位置时，舌面升高，发鼻音 n；也可以先发 u，紧接着再发 an。

练一练

丸 wán	缎 duàn	湍 tuān	暖 nuǎn	撰 zhuàn	闩 shuān
贯穿 guànchuān		婉转 wǎnzhuǎn		专断 zhuānduàn	
万端 wànduān		转换 zhuǎnhuàn		传唤 chuánhuàn	

（7）üan：发音时，舌位动程从 ü 开始逐渐降低，当达到 a 的位置时，舌面升高，发鼻音 n。

练一练

苑 yuàn	捐 juān	拳 quán	轩 xuān	颧 quán	炫 xuàn
源泉 yuánquán		全权 quánquán		轩辕 Xuānyuán	
渊源 yuānyuán		全员 quányuán		圆圈 yuánquān	

（8）uen：发音时，舌位动程从 u 开始逐渐降低，当达到 e 的位置时，舌面升高，发鼻音 n。

练一练

吻 wěn	盾 dùn	臀 tún	荤 hūn	淳 chún	笋 sǔn
昆仑 kūnlún		春笋 chūnsǔn		滚轮 gǔnlún	
温顺 wēnshùn		混沌 hùndùn		馄饨 húntun	

综合练习

甘甜 gāntián	判断 pànduàn	安全 ānquán	版本 bǎnběn

丹心 dānxīn	范文 fànwén	典范 diǎnfàn	变幻 biànhuàn
边缘 biānyuán	坚韧 jiānrèn	鲜嫩 xiānnèn	辩论 biànlùn
完满 wánmǎn	观点 guāndiǎn	缓慢 huǎnmàn	专员 zhuānyuán
传闻 chuánwén	冠军 guànjūn	元旦 Yuándàn	全面 quánmiàn
询问 xúnwèn	园田 yuántián	圆润 yuánrùn	分担 fēndān
选民 xuǎnmín	阵线 zhènxiàn	诊断 zhěnduàn	根源 gēnyuán
森林 sēnlín	频繁 pínfán	沉稳 chénwěn	民间 mínjiān
辛酸 xīnsuān	谨慎 jǐnshèn	辛勤 xīnqín	困难 kùnnan
轮船 lúnchuán	温泉 wēnquán	村镇 cūnzhèn	云南 Yúnnán
训练 xùnliàn	循环 xúnhuán	匀称 yúnchèn	云鬓 yúnbìn

2. 后鼻音韵母

（1）ang：发音时，舌头后缩，口大开，不圆唇；舌位动程从后、低、不圆唇元音 a 开始（比单韵母 a 的舌位靠后），舌面后部逐渐上升，舌根顶住软腭，发鼻音 ng。

▶ 后鼻韵母的
发音训练

练一练

昂 áng	妨 fáng	档 dàng	帐 zhàng	晌 shǎng	沧 cāng
苍茫 cāngmáng		长廊 chángláng		当场 dāngchǎng	
厂房 chǎngfáng		盲肠 mángcháng		螳螂 tángláng	

（2）eng：发音时，先发 e，接着发鼻音 ng。

练一练

迸 bèng	朦 méng	讽 fěng	愣 lèng	恒 héng	憎 zēng
丰盛 fēngshèng		横生 héngshēng		整风 zhěngfēng	
风筝 fēngzheng		更正 gēngzhèng		登程 dēngchéng	

（3）ong：发音时，舌位动程从"松 u"（这里的 o 与单韵母 o 不同，它更接近 u 的音，比 u 舌位稍低，唇形稍开，称为"松 u"）开始，舌面后部逐渐升高，舌根接触软腭，发鼻音 ng。

练一练

董 dǒng	瞳 tóng	浓 nóng	弘 hóng	崇 chóng	怂 sǒng

葱茏 cōnglóng　　　　从容 cóngróng　　　　轰动 hōngdòng
空洞 kōngdòng　　　　工农 gōng–nóng　　　　肿痛 zhǒngtòng

（4）ing：发音时，先发 i，接着舌体后缩，直接发鼻音 ng。需要注意的是，不要加入 e 一类的音。

练一练

莹 yíng　　　　丙 bǐng　　　　酩 mǐng　　　　蜓 tíng　　　　凌 líng　　　　卿 qīng
宁静 níngjìng　　　　评定 píngdìng　　　　明星 míngxīng
姓名 xìngmíng　　　　命令 mìnglìng　　　　倾听 qīngtīng

（5）iang：发音时，先轻轻地发 i，接着发 ang。

练一练

泱 yāng　　　　酿 niàng　　　　踉 liàng　　　　酱 jiàng　　　　腔 qiāng　　　　响 xiǎng
湘江 Xiāngjiāng　　　　想象 xiǎngxiàng　　　　响亮 xiǎngliàng
两样 liǎngyàng　　　　亮相 liàngxiàng　　　　洋姜 yángjiāng

（6）iong：发音时，先发 i，唇稍圆，接着发 ong。

练一练

庸 yōng　　　　炯 jiǒng　　　　琼 qióng　　　　匈 xiōng　　　　拥 yōng　　　　汹 xiōng
汹涌 xiōngyǒng　　　　熊熊 xióngxióng　　　　炯炯 jiǒngjiǒng
穷凶 qióngxiōng　　　　穷窘 qióngjiǒng　　　　拥护 yōnghù

（7）uang：发音时，先发 u，接着发 ang。

练一练

罔 wǎng　　　　逛 guàng　　　　旷 kuàng　　　　荒 huāng　　　　幢 zhuàng　　　　闯 chuǎng
状况 zhuàngkuàng　　　　狂妄 kuángwàng　　　　双簧 shuānghuáng
矿床 kuàngchuáng　　　　装潢 zhuānghuáng　　　　闯荡 chuǎngdàng

（8）ueng：发音时，先发 u，接着发 eng。ueng 这个韵母自成音节，不跟任何声母相拼，可写作 weng。

练一练

翁 wēng	嗡 wēng	滃 wěng	蓊 wěng	瓮 wèng	蕹 wèng

渔翁 yúwēng　　　老翁 lǎowēng　　　蕹菜 wèngcài

蓊郁 wěngyù　　　瓮城 wèngchéng　　　酒瓮 jiǔwèng

综合练习

1. 读下列词语，注意读准后鼻音韵母

方向 fāngxiàng	彷徨 pánghuáng	掌声 zhǎngshēng	刚劲 gāngjìng
朗朗 lánglǎng	香肠 xiāngcháng	帮凶 bāngxiōng	凉爽 liángshuǎng
强硬 qiángyìng	象征 xiàngzhēng	良种 liángzhǒng	亮相 liàngxiàng
矿藏 kuàngcáng	黄杨 huángyáng	旺盛 wàngshèng	装订 zhuāngdìng
锋芒 fēngmáng	铿锵 kēngqiāng	声望 shēngwàng	梦境 mèngjìng
蓬松 péngsōng	明朗 mínglǎng	征用 zhēngyòng	敬仰 jìngyǎng
景况 jǐngkuàng	平等 píngděng	灵通 língtōng	英雄 yīngxióng
东方 dōngfāng	洪亮 hóngliàng	空旷 kōngkuàng	聪明 cōngmíng
忠勇 zhōngyǒng	胸膛 xiōngtáng	熊掌 xióngzhǎng	勇猛 yǒngměng
兄长 xiōngzhǎng	雄壮 xióngzhuàng	用功 yònggōng	

2. 读下列古诗，注意读准含有后鼻音韵母的字

送 友 人
李 白

青山横北郭，白水绕东城。
此地一为别，孤蓬万里征。
浮云游子意，落日故人情。
挥手自兹去，萧萧班马鸣。

四、韵母辨正

同声母一样，我国各地的方言与普通话在韵母发音方面存在很多差异。因此，各方言区的人们在学习普通话时，要认真练习韵母的正确发音，仔细辨析。

▶ en、eng和in、ing的辨正

📖 前后鼻音代表字类推表

📖 en—eng、in—ing辨音字表

（一）注意读准鼻韵母

在普通话中，鼻韵母共有 16 个。然而，不少方言区的人们发不准鼻韵母，这主要表现在两个方面：一是存在着 -n、-ng 混读的现象，多数表现为 en、eng 不分和 in、ing 不分；二是鼻尾音归位不到位，常将普通话前鼻音韵母读成鼻化元音。为了改善此类读音状况，可以从三个方面入手：一是学会普通话 -n、-ng 韵尾的发音，找准其发音部位；二是要多练习，多朗读带鼻韵母的常用汉字，仔细感受正确的发音方法；三是要勤查字典等工具书，记忆韵母是 en、eng 和 in、ing 的字。

（二）注意还原一音带多的韵母

有不少方言区存在将普通话中分属几个韵母的字音发成同一个韵母的现象。例如：将普通话中的 eng、ong 都发成 eng，如将"能"和"农"的音都读作 néng；将普通话中的 ai、i、o、e 都发成韵母 ei 的音。这种情况易造成读音混乱，因此，方言区的人们要多查阅字典或其他有关标准普通话的影像资料，确定常用字的准确发音，将一音带多的韵母还原。

（三）注意读准 o、e、uo

在普通话里，o、e、uo 三个韵母的区别是清晰和明确的，而在一些方言中，它们却是相互混淆、彼此不分的。例如：有的方言区的人们会把普通话中的韵母 o 读成韵母 e，如把"菠菜 bōcài"读成"bēcài"；把普通话中的韵母 e 读成韵母 o，如把"哥哥 gēge"读成"gōgo"；把 o、e、uo 等韵母全都读成 uo。

任务训练

一、朗读儿歌，注意读准含有单韵母的字

（1）燕子仔，尾像叉，年年来我家。不怕冷来不怕沙，四出飞行口呀呀。雌雄出外衔泥花，建筑新巢像人家，就是狂风也不怕。[1]

（2）我家门前有小河，后面有山坡，坡上野花多，野花红似火。河里有白鹅，鹅儿戏绿波。鹅儿真快乐，昂头唱清歌。

（3）小雨点，沙沙沙，落在花池里，花儿乐得张嘴巴。小雨点，沙沙沙，落在鱼池里，鱼儿乐得摇尾巴。小雨点，沙沙沙，落在田野里，苗儿乐得向上拔。

二、朗读词语，注意辨别含有 o、e、uo 韵母的字

科大—扩大	开课—开阔	河水—活水	哦—喔
和平—和面	贺喜—获悉	山坡—山歌	计策—记错

---

[1] 人民教育出版社中学语文室.听话和说话（第一册）[M].北京：人民教育出版社，2013：74.

三、朗读词语，注意区分含有前、后鼻音的字

陈旧 chénjiù—成就 chéngjiù　　　申明 shēnmíng—声明 shēngmíng

木盆 mùpén—木棚 mùpéng　　　清真 qīngzhēn—清蒸 qīngzhēng

绅士 shēnshì—声势 shēngshì　　　人参 rénshēn—人生 rénshēng

诊治 zhěnzhì—整治 zhěngzhì　　　石阵 shízhèn—时政 shízhèng

心境 xīnjìng—行径 xíngjìng　　　亲生 qīnshēng—轻生 qīngshēng

金质 jīnzhì—精致 jīngzhì　　　人民 rénmín—人名 rénmíng

信服 xìnfú—幸福 xìngfú　　　频繁 pínfán—平凡 píngfán

濒危 bīnwēi—病危 bìngwēi　　　平信 píngxìn—平行 píngxíng

基金 jījīn—鸡精 jījīng　　　深思 shēnsī—生丝 shēngsī

审视 shěnshì—省市 shěngshì　　　真挚 zhēnzhì—争执 zhēngzhí

瓜分 guāfēn—刮风 guāfēng　　　公民 gōngmín—功名 gōngmíng

阵势 zhènshì—正式 zhèngshì　　　禁止 jìnzhǐ—静止 jìngzhǐ

四、朗读诗词，注意读准加点字的读音

忆秦娥 · 娄山关

毛泽东

西风烈，长空雁叫霜晨月。

霜晨月，马蹄声碎，喇叭声咽。

雄关漫道真如铁，而今迈步从头越。

从头越，苍山如海，残阳如血。

七律 · 长征

毛泽东

红军不怕远征难，万水千山只等闲。

五岭逶迤腾细浪，乌蒙磅礴走泥丸。

金沙水拍云崖暖，大渡桥横铁索寒。

更喜岷山千里雪，三军过后尽开颜。

五、朗读古诗，注意区分前、后鼻音韵母

嫦　娥

李商隐

云母屏风烛影深，长河渐落晓星沉。

嫦娥应悔偷灵药，碧海青天夜夜心。

任务五 语流音变

 任务导入

读一读下列词语和句子：

埋马—买马　　　　油井—有井　　　急死我—挤死我

我很了解你。

冷水洗脸很好。

你把纸雨伞保管好。

以上声调为上声的字，在词语和句子当中，它们都是读原调吗？显然不是，那它们的声调为什么会发生变化呢？这种语音上的变化，有什么规律吗？

 学习支持

普通话中的音节，在单念或单说时，都有自己相对固定的声、韵、调，因此，单独读准它们的声、韵、调并不难。然而，我们在朗读或说话时，并不是孤立地将音节逐个发出来的，而是将多个音节组合成词或句子，连续地说出来的。为此，音节与音节之间在声、韵、调上，可能会因相互影响而发生一些变化，以适应连贯和流畅的表述需要，这种在语流中的语音变化就是语流音变。普通话中常见的语流音变现象有：变调、轻声、儿化和语气词"啊"的音变。

变调训练

一、变调

普通话的四个声调会受到邻近音节声调的影响而发生变化，这种声调变化现象叫作变调。变化最显著的是上声字及"一""不"两个字。

（一）上声的变调

上声调只在单念或用在词句末尾时念本调，调值为214，而在其他情况则要念变调。

（1）上声在非上声（阴平、阳平、去声、轻声）前，念半上调，即只降不升，调值是21。例如：

　　　　　上声 + 阴平：北京　　首都　　老师　　港湾　　紧张
　　　　　上声 + 阳平：海洋　　满足　　火柴　　准则　　可能
　　　　　上声 + 去声：保证　　反映　　酒店　　美丽　　使用
　　　　　上声 + 轻声：我们　　椅子　　老婆　　耳朵　　姐姐

（2）两个上声相连，前一个上声变成阳平，调值是35。例如：

指导　　理解　　本领　　水果　　女子　　老板　　所以

（3）当三个上声音节相连时，分为两种情况。第一种情况是前两个音节在语法上联系较为紧密，即"双音节＋单音节"结构的词语（也称双单格），前两个上声变阳平。例如：

展览馆　　洗脸水　　手写体　　选举法　　管理组

第二种情况是后两个音节在语法上联系较为紧密，即"单音节＋双音节"结构的词语（也称单双格），第一个音节念半上，第二个音节念阳平，第三个音节不变。例如：

纸老虎　　柳组长　　厂党委　　好领导　　很理想

（二）"一"和"不"的变调

1．"一"的变调

"一"在单念、表序数或用在词句末、年月日中时，念阴平本调，如不管三七二十一、国家的统一、一九九一年一月二十一日、一年级的成绩全校第一等。但是，当遇到以下三种情况时，"一"要变调。

（1）"一"在非去声（阴平、阳平、上声）前变去声。例如：

在阴平前：一天　　一般　　一生　　一家　　一斑　　一瞥　　一心　　一些
在阳平前：一年　　一条　　一直　　一群　　一时　　一鸣　　一齐　　一团
在上声前：一亩　　一起　　一手　　一宿　　一准　　一早　　一举　　一板

（2）"一"在去声前变阳平。例如：

一定　　一切　　一致　　一律　　一共　　一向　　一并

（3）"一"夹在动词中间念轻声。例如：

瞧一瞧　　走一走　　跑一跑　　跳一跳　　试一试

2．"不"的变调

"不"字在单念或用在句末时，念去声本调，如"不，我偏不"；在非去声（阴平、阳平、上声）前也念去声，如不安、不能、不久等。但当遇到以下两种情况时，"不"要变调。

（1）"不"在去声前变阳平。例如：

不用　　不幸　　不会　　不论　　不怕　　不愧　　不坏

（2）"不"夹在动词、形容词或动补结构之间，念轻声。例如：

要不要　　做不做　　行不行　　好不好　　大不大
说不清　　学不会　　读不准　　跑不动　　跳不远

二、轻声

普通话的每个音节都有各自固定的声调，但其中的某些音在词或句子中会失去它们原有的声调，而被读成一种轻短、模糊的调子，甚至声母、韵母也会发生相应的变化，我们将这种现象称为轻声。

（一）轻声的作用

（1）区别词义。例如：

> 兄弟 xiōngdi（弟弟）—兄弟 xiōngdì（哥哥和弟弟）
>
> 地道 dìdao（纯正的）—地道 dìdào（地下通道）
>
> 大意 dàyi（疏忽了）—大意 dàyì（主要意思）
>
> 东西 dōngxi（物件）—东西 dōngxī（东边和西边）

（2）区别词性。例如：

> 利害 lìhai（凶猛，形容词）—利害 lìhài（利益和损害，名词）
>
> 人家 rénjia（别人，代词）—人家 rénjiā（住户，名词）

（二）轻声的规律

普通话中的多数轻声，与词汇、语法有密切联系。

（1）语气词"吗、呢、啊、吧"等读轻声。例如：

> 是吗　　他呢　　看啊　　走吧

（2）助词"着、了、过、的、地、得、们"等读轻声。例如：

> 忙着　　来了　　看过　　我的　　勇敢地　　干得好　　朋友们

（3）名词的后缀"子、头"等读轻声。例如：

> 桌子　　椅子　　木头　　石头

（4）方位词"上、下、里、边"等读轻声，但方位词"内、外"一般不读轻声。例如：

> 墙上　　天上　　地下　　底下　　河里　　那边

（5）对于叠音词和动词的重叠形式，后面的字读轻声。例如：

> 说说　　想想　　奶奶　　谈谈　　跳跳　　商量商量　　了解了解

（6）表示趋向的动词读轻声。例如：

> 出来　　进去　　站起来　　走进来　　取回来

（7）某些常用双音节词的第二个音节会习惯读轻声。例如：

> 明白　暖和　萝卜　玻璃　葡萄　知识　事情　衣服　眼睛　护士

（三）轻声的读法

轻声没有固定的调值，轻声的调值是由它前一个音节的调值决定的。一般来说，轻声的调值可总结为以下四类。

（1）阴平之后为 2 度，如巴掌、冤枉、胳膊、甘蔗、窟窿。

（2）阳平之后为 3 度，如能耐、白净、模糊、门道、累赘。

（3）上声之后为 4 度，如老实、马虎、姐姐、暖和、骨头。

（4）去声之后为 1 度，如认识、骆驼、冒失、嫁妆、厚道。

三、儿化

儿化是指当"儿"字连在别的音节后面作词尾时，失去独立性，和前面的音节融合成一个音节，使前一个音节的韵母带上一个卷舌动作的韵尾，成为卷舌韵母，即儿化韵。虽然儿化音节在文字上用两个汉字表示，但"儿"字只表示在前面音节的韵母加上卷舌动作，其本身不再单独发音。在拼写儿化音时，一律在原音节后面加一个"r"，例如：花儿 huār。儿化音是语言表达的一种手段，词语在儿化后通常会带有细小、亲切、喜爱或轻蔑的意味。

▶ 儿化音训练

（一）儿化的作用

（1）区别词义。例如：

头（脑袋）—头儿（带头的人）　　　眼（眼睛）—眼儿（小窟窿）

（2）区别词性。例如：

画（动词）—画儿（名词）　　　盖（动词）—盖儿（名词）

（3）表达细小、亲切、喜爱的感情色彩。例如：

小球儿　　粉末儿　　虾仁儿　　小孩儿　　金鱼儿　　脸蛋儿　　小鸟儿

（二）儿化的音变规律

（1）韵腹或韵尾是 a、o（包括 iao、ao 中的 o）、e、ê、u 的，韵母直接加卷舌动作。例如：

哪儿 nǎr　　　　　鲜花儿 xiānhuār　　　粉末儿 fěnmòr　　　唱歌儿 chànggēr

半截儿 bànjiér　　　纽扣儿 niǔkòur　　　小鸟儿 xiǎoniǎor　　麦苗儿 màimiáor

（2）韵母是 i、ü 的，后面加卷舌音 er。例如：

小鸡儿 xiǎojīr → jier　　　　　　凑趣儿 còuqùr → quer

（3）韵尾是 i、n 的，丢掉韵尾，韵腹加卷舌动作。例如：

小孩儿 xiǎoh<u>ái</u>r → har　　　　　蛋卷儿 dànju<u>ǎn</u>r → juar

（4）韵尾是 ng 的，丢掉韵尾 ng，韵腹鼻化（即把 ng "化"到韵腹中去，使口腔、鼻腔同时共鸣，称作"鼻化音"，用"~"表示）并卷舌。例如：

蛋黄儿 dànhu<u>áng</u>r → huãr　　　　人影儿 rényǐngr → iẽr

（5）韵母是 -i（前）、-i（后）的，因其卷舌不便，故丢 -i，加 er 卷舌。例如：

瓜子儿 guāz<u>ǐ</u>r → zer　　　　　　树枝儿 shùzh<u>ī</u>r → zher

四、语气词"啊"的音变

当语气词"啊"用在句子末尾的时候，由于受到前面音节末尾音素的影响，读音会发生种种变化。语气词"啊"的音变规律，主要有以下六种。

▶ 语气词"啊"的音变训练

（1）当前一个音节的最后一个音素是 a、o（除 ao、iao 外）、e、ê、i、ü时，"啊"读作"ya"，也可以写作"呀"。例如：

> 你说的就是他啊（呀）！
>
> 快广播啊（呀）！
>
> 给我这么多啊（呀）！
>
> 天气好闷热啊（呀）！
>
> 这可是他毕生的心血啊（呀）！
>
> 小鸟快快飞啊（呀）！
>
> 真有趣啊（呀）！

（2）当前一个音节的最后一个音素是 u、ao、iao 时，"啊"读作"wa"，也可写作"哇"。例如：

> 你在哪儿住啊（哇）？
>
> 房间里布置得真好啊（哇）！
>
> 这种构思真巧妙啊（哇）！

（3）当前一个音节的最后一个音素是 n 时，"啊"读作"na"，也可写作"哪"。例如：

> 多么美丽的黄山啊（哪）！
>
> 来人啊（哪）！
>
> 过马路要小心啊（哪）！
>
> 她的发音真准啊（哪）！

（4）当前一个音节的韵尾是 ng 时，"啊"读作"nga"，仍写作"啊"。例如：

> 姐妹俩长得多像啊！
>
> 千万别出声啊！
>
> 好好听啊！
>
> 礼轻情意重啊！
>
> 他才算是真正的英雄啊！

（5）当前一个音节的韵母是 -i（舌尖前元音）时，"啊"读作"za"，仍写作"啊"。例如：

> 写的是什么字啊！
>
> 用的哪个词啊！
>
> 这可是真丝啊！

（6）当前一个音节的韵母是 -i（舌尖后元音）、卷舌韵母 er，或在儿化音的后面时，"啊"读作"ra"，仍写作"啊"。例如：

多么高贵的品质啊！

随便吃啊！

这是什么事啊！

今天是星期二啊！

多么可爱的小金鱼儿啊！

任务训练

一、朗读下列字词，比较上声原调的调值和变调后的调值在音高上的区别

首—首都—首场	老—老师—老马	酒—酒店—酒水
准—准确—准点	考—考试—考古	免—免费—免洗
省—省会—省长	海—海军—海马	导—导游—导演
请—请客—请柬	整—整齐—整理	洗—洗漱—洗澡

二、读绕口令，读准"一"和"不"的变调

（1）干什么工作都要一心一意，表里如一，言行一致，埋头苦干；情绪不能一高一低，一好一坏，一落千丈，一蹶不振。

（2）不怕不会，就怕不学。一次学不会再来一回，一直到学会，我就不信学不会。

三、读绕口令，注意读准韵脚的轻声音节

天上有个日头，地下有块石头，嘴里有个舌头，手上有五个手指头。不管是天上的热日头，还是地下的硬石头，嘴里的软舌头，手上的手指头，反正都是练舌头。

四、读顺口溜，注意读准儿化音

小哥俩儿，红脸蛋儿，手拉手儿，一块儿玩儿。小哥俩儿，一个班儿，一路上学唱着歌儿。学造句，一串串儿，唱新歌儿，一段段儿，学画画儿，不贪玩儿。画小猫儿，钻圆圈儿，画小狗儿，蹲庙台儿，画只小鸡吃小米儿，画条小鱼儿吐水泡儿。小哥俩儿，对脾气儿，上学念书不费劲儿，真是父母的好宝贝儿。

五、先给"啊"的音变做上标记，再朗读儿歌

一块儿来啊

鸡啊，鸭啊，猫啊，狗啊，一块儿水里游啊！

牛啊，羊啊，马啊，骡啊，一块儿进鸡窝啊！

狼啊，虫啊，虎啊，豹啊，一块儿上街跑啊！

兔啊，鹿啊，鼠啊，孩儿啊，一块儿上窗台儿啊！

模块二

技能训练

朗　读

项目导读

　　朗读可以锻炼人们的语言节奏感和韵律感，能激发人们对文学的热爱和对生活的热情，还可以陶冶情操，使人们获得审美愉悦。朗读在人们的语言学习、人际交往、个人成长等方面都有着不可忽视的重要作用。

　　本项目的主要内容包括朗读的作用和要求、朗读的技巧以及不同体裁作品的朗读等。经常朗读，能够帮助我们更好地在口语表达中灵活、地道地运用语言。

学习目标

- 了解朗读的基本要求。
- 掌握停连、重音等朗读的方法和技巧，能够通过朗读准确地表达作品的内容和情感。
- 掌握不同体裁作品的朗读技巧。
- 通过朗读我国优秀的文学作品，增强国家认同感，坚定制度自信，提升环保意识。

任务一　朗读的作用和要求

 任务导入

　　请试着朗读儿歌：

小小的船

叶圣陶

弯弯的月儿小小的船。

小小的船儿两头尖。

我在小小的船里坐，

只看见闪闪的星星蓝蓝的天。

从这首儿歌中，我们可以感悟到：作者以优美的语言、形象的比喻，描绘出了一幅奇妙的夜景图——月儿是小小的船，"我"正坐在船上看着蓝蓝的夜空和闪闪的星星。作品展现了孩子想飞上月亮遨游太空的美好愿望。朗读时，我们需要准确地理解作品的思想内涵，运用朗读技巧，真切地传达作品的情感。

作为未来的保育师，掌握朗读技能除了能提升自身的语言表达能力和文化修养外，还将在未来的保育岗位上发挥重要作用。通过朗读童谣、儿歌、故事、绘本等，保育师能够为幼儿提供丰富的语言经验，培养他们对早期阅读的兴趣和习惯，促进他们的语言发展[①]，更好地胜任保育工作。

 学习支持

朗读是把书面文字转化为发音规范的有声语言的再创造过程。也就是说，朗读要运用标准的普通话，把书面语言清晰、响亮、富有感情地读出来，将文字的视觉形象转变为听觉形象。朗读要在重视原作的基础上，融入自己的思想感情，运用各种技巧进行语言艺术的再加工。

▶ 了解朗读的
基本要求

一、朗读的作用

第一，朗读可以传播科学文化知识，提高人的修养。

第二，朗读是保育师的基本功之一，是专业能力训练的重要环节。通过朗读幼儿文学作品并结合内心感悟，可以加深对作品的理解，有助于理清作者的创作思路，把握作品主题，学习作品的语言表达技巧，进而提高教育效果。

第三，朗读是进行普通话口语表达训练的重要途径。坚持用普通话朗读各类作品，有利于综合运用声、韵、调、音变等语音知识，巩固语音学习效果；有利于消除方言干扰，促使口语语音规范化；还有利于不断积累语言材料，提高语言表达能力。

二、朗读的基本要求

朗读各类文字作品的基本要求是：用普通话正确、流利、有感情地把文章念出来，从而引起听众的共鸣，使听众受到启迪和教育。那么，怎样做才能实现这个要求呢？

（一）深入理解作品

深入理解作品是朗读成功的基础。只有透彻地理解作品的思想内容、结构层次及写作特点，理清作者的思路，才能运用恰当的朗读技巧完成朗读任务。

---

① 中华人民共和国人力资源和社会保障部. 保育师国家职业技能标准（2021 年版）[EB/OL].（2021-12-02）[2024-04-17].http://www.mohrss.gov.cn/wap/zc/zcwj/202112/W020211227599132267097.pdf.

🔊 春雨的色彩

案 例

春雨的色彩
楼飞甫

春雨，像春姑娘纺出的线，轻轻地落到地上，沙沙沙，沙沙沙……

一群小鸟在屋檐下躲雨，正在争论一个有趣的问题：春雨到底是什么颜色的？

小白鸽说："春雨是无色的。你们伸手接几滴瞧瞧吧。"

小燕子说："不对，春雨是绿色的。你们瞧！春雨落到草地上，草地就绿了。春雨淋在柳树上，柳枝儿绿了……"

麻雀说："不不！春雨是红色的。你们瞧！春雨洒在桃树上，桃花红了！春雨滴在杏树上，杏花红了……"

小黄莺说："不对，不对，春雨是黄色的。不是吗？它落在油菜地里，油菜花黄了；它落在蒲公英上，蒲公英的花儿也黄了……"

春雨听了大家的争论，下得更欢了，沙沙沙，沙沙沙……它好像在说：亲爱的小鸟们，你们的话都对，但都没说全面。我本身是无色的，但能给春天的大地带来万紫千红……

朗读提示：朗读前，我们要深入理解作品，理解春雨的美丽和神奇，以及春雨带来的色彩变化，感受大自然的魅力和春天的气息。散文中的一群小鸟围绕"春雨到底是什么颜色的"这个有趣的话题展开了争论。朗读时，我们要注意区别不同角色的对话，宜用轻松、活泼的语气来表达。

（二）适当展开联想和想象

文学作品往往是作者受现实生活的触动而情怀激荡，然后通过联想和想象构思而成的。在朗读时，我们需要透过字面，设身处地地展开联想和再造想象，构建内心的视觉画面，使作品的每一句话都自然而然地化为具体形象，然后通过声音活灵活现地传达给听众，使听众如临其境、如见其人、如闻其声。例如："天冷极了，下着雪，又快黑了。"这些"冷、雪、黑"等实词刺激着朗读者的视觉、触觉等感官。因此，朗读者不应仅仅将这些字词视为普通文字，而应透过这些表达形象的字词产生视觉想象，仿佛自己"看到"了雪花、天黑，从而"感到"冷极了。

案 例

荷塘月色（节选）
朱自清

层层的叶子中间，零星地点缀着些白花，有袅娜地开着的，有羞涩地打着朵儿的；正如一粒粒的明珠，又如碧天里的星星……微风过处，送来缕缕清香，仿佛远处高楼上渺茫的歌声似的。

朗读提示：在这一段描写中，"层层的叶子""零星地点缀着些白花""袅娜地开着""羞涩地打着朵儿""缕缕清香""渺茫的歌声"等短语刺激着朗读者的视觉、听觉、嗅觉，从而使朗读者产生形象感受，缩短了与这些事物的时空距离，仿佛自己也身处于这荷塘边，看着荷花，听着歌声，嗅着荷香。当朗读者带着这种联想和想象去朗读时，就能形象、生动地再现材料所表现的情和景，从而感染听众。

练一练

▶乡愁

乡　愁
余光中

小时候，
乡愁是一枚小小的邮票，
我在这头，
母亲在那头。

长大后，
乡愁是一张窄窄的船票，
我在这头，
新娘在那头。

后来啊，
乡愁是一方矮矮的坟墓，
我在外头，
母亲在里头。

而现在，
乡愁是一湾浅浅的海峡，
我在这头，
大陆在那头。

朗读提示：这首诗歌情深意切，表达了诗人对故乡的眷恋之情。朗读者要理解诗人期盼同胞团聚、国家统一的情感，展开联想和想象，运用声音呈现出粘贴邮票、坐船远行、母亲坟前祭拜、海边遥望大陆的画面感，在缠绵中表达渴望，在依恋中倾诉忧伤，从而表现出诗人浓厚的思乡之情。

（三）坚持使用普通话

使用普通话朗读，是朗读成功的前提。在准备朗读时，要反复通读作品，字字过关，读准声、韵、调和音变，读好轻重音及语音节律。

（四）讲究运用朗读技巧

为了增强朗读的效果，要讲究运用朗读技巧，在停连、重音、语调、语速等方面对作品做恰如其分的处理。

（五）掌握不同作品的特点

不同类型的作品，如幼儿文学、散文、小说、诗歌等都各有特点。朗读者在朗读时，要因文而异，灵活运用不同的读法，读出作品的特点，以更好地表达作品蕴含的思想感情。

（六）反复练习，精益求精

在进行朗读练习时，应关注时间及控制呼吸，比较每次朗读的时长和节奏，做到吐字清晰、口形自然灵活，以达到流利且准确的朗读效果。此外，还需注意避免漏读、添读、倒读以及读破词、读破句等现象。总之，我们要多读、熟读，在反复实践中提高朗读水平。

案　例

再别康桥
徐志摩

轻轻的我走了，
正如我轻轻的来；
我轻轻的招手，
作别西天的云彩。

那河畔的金柳，
是夕阳中的新娘；
波光里的艳影，
在我的心头荡漾。

软泥上的青荇，
油油的在水底招摇；
在康河的柔波里，
我甘心做一条水草！

那榆荫下的一潭，
不是清泉，是天上虹；

揉碎在浮藻间，
沉淀着彩虹似的梦。

寻梦？撑一支长篙，
向青草更青处漫溯；
满载一船星辉，
在星辉斑斓里放歌。

但我不能放歌，
悄悄是离别的笙箫；
夏虫也为我沉默，
沉默是今晚的康桥！

悄悄的我走了，
正如我悄悄的来；
我挥一挥衣袖，
不带走一片云彩。

朗读提示：这首诗是中国新诗的代表作之一，体现了作者飞动飘逸的艺术风格，字里行间无不饱含着诗人对母校的深情厚爱。作者把这种爱巧妙地融进了别具特色的意象之中：夕阳金柳、波光艳影、潭映彩虹等。朗读时，朗读者要把握情感基调，既要读出作者轻快生动的诗风，也要读出作者笔下秀美的康河风光和那一抹淡淡的离愁别伤，同时展现作者向往和追求美好事物的强烈愿望及积极向上的生活态度。

 知识链接

常用朗读符号说明

（1）|：用于句子中没有标点的地方，表示把词或词组分开，停顿时间很短，不换气。

（2）∧：用于有标点的地方，表示比原标点符号停顿时间再长一些，有时换气，有时不换气，根据具体情况而定。

（3）≪：表示较长时间的停顿，可以换气。

（4）⌣：有标点的地方的连音号，表示缩短停顿的时间，或者不停顿，连起来读，不换气。

（5）·：标注在文字下方，表示重音。

此外，还有一些符号也可以作为朗读标记。例如：

（1）→表示平调，↗表示升调，↘表示降调，∨∧和∧表示曲折调。这四种语调符号一般标记在句子末尾处。

（2）＜表示渐强，＞表示渐弱，∨表示换气，——表示保持音（饱满有力），~~表示波音（颤音），▲表示顿音（短促有力，富有弹跳性）。

（3）下划线：单线表示中速，双线表示快速，波浪线表示慢速。

任务训练

一、简答题

（1）朗读有什么作用？

（2）朗读的基本要求有哪些？

二、综合实践题

根据朗读的基本要求，深入理解作品，展开联想和想象，尝试朗读童话《卖火柴的小女孩（节选）》。

卖火柴的小女孩（节选）

安徒生

她的一双小手|几乎冻僵了。↘啊，哪怕一根小小的火柴，↘对她|也是有好处的！↘她敢从成把的火柴里抽出一小根来，在墙上擦燃了，来暖和暖和她的小手吗？↗她终于抽出了一根。↘哧！火柴燃起来了，冒出火焰来了！她把小手拢在火焰上。多么温暖多么明亮的火焰啊，简直像一支小小的蜡烛。↗这|是一道奇异的火光！小女孩觉得|自己好像坐在一个大火炉前面，火炉装着闪亮的铜脚和铜把手，火烧得旺旺的，暖烘烘的，多么舒

服啊！↘哎，这是怎么回事呢？↗她刚把脚伸出去，想让脚也暖和一下，火柴灭了，火炉不见了。↘她坐在那儿，手里｜只有一根烧过了的｜火柴梗。↘

……

她｜在墙上又擦着了一根火柴。↘这一回，火柴把周围全照亮了。↘奶奶｜出现在亮光里，是那么温和，那么慈爱。↘

"奶奶！"↗小女孩叫起来，"啊！请把我带走吧！我知道，火柴一灭，您就会不见的，像那暖和的火炉，喷香的烤鹅，美丽的圣诞树一样，就会不见的！"↘

她赶紧擦着了一整把火柴，要把奶奶留住。↘这一整把火柴发出强烈的光，照得跟白天一样明亮。奶奶从来没有像现在这样高大，这样美丽。↘她把小女孩抱起来，搂在怀里。↘她俩｜在光明和快乐中｜飞走了，越飞越高，飞到那｜没有寒冷，没有饥饿，也没有痛苦的｜地方｜去了。↘✓↘

……

朗读提示：作品通过对小女孩悲惨遭遇的描述，流露出对贫苦人民的深切同情和对不合理社会制度的批判和控诉。这篇作品的朗读基调应该是低沉而富于启发性的。

对于"小女孩幻想大火炉"这一场景的朗读，声音应上扬、有力，语气、语调多变，语速加快，以表现小女孩对美好幸福生活的向往之情。但要注意的是，声音不要过亮、过高、过响，要符合全篇总体的感情基调，因为这一切毕竟是小女孩的"幻想"，并不是现实。在朗读作品中间的部分时，要强调全、奶奶、温和、慈爱这几个字词，以表现小女孩对奶奶深沉的爱。接着是小女孩发自内心的、悲哀的、最后的呼喊，她在现实中备尝冷漠、歧视、饥饿、寒冷等各种痛苦，是多么渴望得到亲人的温暖、关怀和爱抚啊！因此，小女孩是多么害怕最疼爱她的奶奶也像此前的幻想一样，很快就消失了。在朗读这段时，速度渐快，停顿缩短，声音响亮，音调上扬，语气中充满乞求，可略带颤音甚至哭腔。对于赶紧、一整把、强烈、白天、高大、美丽、抱、搂这些字词，要注意重读。

任务二　朗读的技巧

在幼儿园操场上，当孩子们刚刚结束游戏准备休息时，保育师小张便领着他们一起说唱儿歌《小耗子》。小张在朗读儿歌时，没有抑扬顿挫的声调，没有表情，也没有配合任何动作。孩子们有的东张西望，有的窃窃私语，都没有参与到活动中来。

在这个案例中，保育师小张在朗读儿歌《小耗子》时，未能充分考虑到幼儿的特点和需求。小张的朗读缺乏技巧，没有表情和动作的配合，使得儿歌的韵律和意境难以得到有效传达。幼儿因此无法沉浸其中，也未能积极参与到活动中来，使得整个活动沉闷无趣。幼儿教育应当注重幼儿的感官体验和情感参与，通过生动有趣的方式激发他们的学习兴趣。因此，如果小张能够在合适的时机，恰当地运用朗读技巧，并配以适当的动作和表情，相信幼儿会更加投入，活动也会更加生动有趣。

学习支持

朗读技巧是指朗读者为了准确表达作品的思想内容和感情，对有声语言进行的设计和处理。它是实现朗读目的的必要手段，旨在增强语音的感染力，使朗读者能够更恰当地传情达意。朗读技巧主要包括停连、重音、语气、语调、语速和节奏等方面。

一、停连

停连是指朗读语流中声音的中断和延续。停连得当，情意表达方显清晰。停连既是朗读者调节气息的需要和结果，也是准确、鲜明、生动地表达语言内容的必要技巧。它能够揭示语句脉络，起到强调、突出重点的作用。恰当的停连不仅能够帮助朗读者控制语速，而且可以凸显语句的节奏，营造出抑扬顿挫的韵律美感。此外，停连也是为满足听众的生理和心理需要而使用的一种艺术手段，具体包括停顿和连接两种形式。

▶掌握朗读的基本技巧——停连

（一）停顿

1. 什么是停顿

停顿是指在有声语言的表达过程中，声音的中断和休止。更具体地说，停顿是朗读时段与段、句与句、词语与词语之间出现的语气或声音上的间歇（无标点处用竖线"|"表示）。

停顿不仅是人们生理上的需要——朗读者需要换气，听众也不可能接受无间断的一长串音节，而且也是人们表情达意的需要。例如，当朗读"我看见他笑了"这句话时，停顿的地方不同，表达的语意也就不同。具体如下：

> 我看见他 | 笑了。
> 我看见 | 他笑了。

第一句停在"笑"前面，表示"我"笑了；第二句停在"他"前面，表示"他"笑了。两种停顿、两种结构，表达了两种语意。可见，停顿在朗读中有着重要作用。同时，生理上的换气需求以及听觉上对间歇的期待，都需紧密契合作品的结构布局和语意表达，否则将会割裂语意，影响作品的表达效果。

2. 停顿的类型

停顿一般分为结构停顿和强调停顿。

（1）结构停顿。结构停顿，又称语法停顿。它是按照篇章和句子的语言结构关系来确定的停顿。段与段之间的停顿较长，句群中各句之间的停顿稍短，句子内部成分之间的停顿则更短。对于有标点符号的地方，一般按标点所表示的间歇进行处理。具体要求为：顿号短，逗号稍长，分号、冒号再稍长一些，句号、问号、感叹号、破折号、省略号则更长一些。下面主要介绍句子内部的停顿，主要包括以下几种类型。

① 主谓间的停顿，例如：

她 | 不是鲁镇人。（选自《祝福》）

谁 | 是我们最可爱的人？我们的部队，我们的战士，他们 | 是我们最可爱的人。（选自《谁是最可爱的人》）

② 动宾间的停顿，例如：

烈火在他身上烧了半个多钟头才渐渐熄灭，这个伟大的战士，直到最后一息，也没有挪动 | 一寸地方，没有发出 | 一声呻吟。（选自《我的战友邱少云》）

离它们不远的那颗星，叫 | 北极星。（选自《数星星的孩子》）

③ 动补间的停顿，例如：

小女孩只好赤着脚走路，一双小脚冻得 | 红一块青一块的。（选自《卖火柴的小女孩》）

漓江的水真静啊，静得 | 让你感觉不到它在流动。（选自《桂林山水》）

④ 修饰语与被修饰词间的停顿，例如：

多么温暖 | 多么明亮的 | 火焰啊，简直像一支小小的 | 蜡烛。（选自《卖火柴的小女孩》）

井冈山 | 五百里林海里，最使人难忘的 | 是毛竹。（选自《井冈翠竹》）

⑤ 表示总分关系，分别列举的停顿，例如：

这些石狮子，有的 | 母子相抱，有的 | 交头接耳，有的 | 像倾听水声，千姿百态，惟妙惟肖。（选自《中国石拱桥》）

桥面两侧有石栏，栏板上雕刻着精美的图案：有的 | 刻着两条相互缠绕的龙，嘴里吐出美丽的水花；有的 | 刻着两条飞龙，前爪相互抵着，各自回首遥望；还有的 | 刻着双龙戏珠。（选自《赵州桥》）

⑥ 对举、对偶句式的停顿，例如：

老牛那样 | 高大，他看河水当然很 | 浅；松鼠那样 | 矮小，一点儿水就能把他淹死，他当然说 | 深了。（选自《小马过河》）

黑暗的旧中国，地 | 是黑沉沉的地，天 | 是黑沉沉的天。灾难深重的人民啊，你身上 | 带着沉重的锁链，头上 | 压着三座大山。①

---

① 人民教育出版社中学语文室.现代汉语知识（第一册）[M].北京：人民教育出版社，1999：161.

⑦ 排比句中的停顿，例如：

燕子去了，有再来|的时候；杨柳枯了，有再青|的时候；桃花谢了，有再开|的时候。（选自《匆匆》）

哦，明艳艳的太阳|照耀了，芳香甜蜜的花果|捧来了，五彩斑斓的岁月|拉开了！（选自《家乡的桥》）

（2）强调停顿。强调停顿，又称逻辑停顿或感情停顿。它是句中特殊的间歇，是为了强调某一事物，突出某种语意或情感，或是为了加强语气，而在非结构停顿的位置设置适当的停顿，或者在结构停顿的基础上变更停顿的时长。强调停顿的持续时间往往比结构停顿要长一些；强调停顿的位置也是随表情达意的需要而灵活设定的。强调停顿一般分为前停、后停、前后都停三种。

① 前停。前停是在被强调的字词或结构的前面确定的停顿。它能引起听众的注意并使其产生期待，从而增强朗读的感染力。例如：

这时候，狐狸|突然从窗子跳进来，把蛋糕|抢走了。（选自《第二块蛋糕》）

这就是白杨树，西北极普通的一种树，然而|决不是平凡的树！（选自《白杨礼赞》）

② 后停。后停是在被强调的字词或结构的后面确定的停顿。它能让听众的思绪在此驻足和回味，从而深刻领悟作品的意蕴。例如：

小熊每天孤零零的，谁|也不跟他玩儿。（选自《孤独的小熊》）

到那个时候，我|就是世界上最美丽的女人了。（选自《白雪公主》）

③ 前后都停。前后都停是在被强调的字词或结构的前面和后面都停顿。它能够突出中间部分的语意，强调关键信息，使听众更容易理解并记住关键内容。例如：

森林爷爷|一点儿|也不着慌。（选自《森林爷爷》）

就在狮子灰心丧气不想追的时候，鹿的角|却被树枝|挂住了。（选自《鹿角和鹿腿》）

停顿的实现方法，关键在于合理控制气息的状态，确保强弱急缓、停连延收都处理得恰到好处。同时，应追求停中有连、连中有停，而不读破句意的效果。

（二）连接

连接是指不中断、不休止的地方，特别是有标点符号而不中断、不休止的地方。连接分为直连和曲连两种。

1. 直连

直连一般用于有标点符号而内容又联系得比较紧密的地方。它的特点是顺势连带，不露痕迹。例如：

小蝌蚪一齐游到鸭妈妈身边，问："鸭妈妈，鸭妈妈，您看见我们的妈妈了吗？"（选自《小蝌蚪找妈妈》）

这句话为了表达小蝌蚪找妈妈的焦急心情，在"鸭妈妈，鸭妈妈"中间并未按照常规的逗号进行停顿，而是有意地进行了连读。

……人群里，年长的是大娘、大爷，同年的是大哥、大嫂、兄弟、姐妹，都是亲人。又仿佛队伍同时是群众、群众又同时是队伍，根本分不清。（选自《歌声》）

在这一段文字的字里行间，洋溢着作者和乡亲们兴奋、激动的心情，呈现出亲切、感人的场面。朗读时，语速应较快，衔接要紧，需要做一些连接处理。

2. 曲连

曲连多用于既需连接又需区分的内容处理上，即在连接处有一定空隙，但又给人环环相扣的感觉，形成迂回向前的态势。此外，曲连也适用于没有标点符号而内容又需要有所区分的情况。曲连的感觉是似停非停，形成声断意连、环环紧扣的听觉效果。例如：

我国的汉语共分为七大方言区：北方方言区、吴方言区、湘方言区、赣方言区、客家方言区、粤方言区、闽方言区。

句子中七个方言区之间的顿号处要连起来读，以达到声断意连的效果。

坐着，躺着，打两个滚，踢几脚球，赛几趟跑，捉几回迷藏。（选自《春》）

通过对这句话中六个动作的连读处理，能够生动地表达出孩子在草地上的活泼状态，同时凸显了春草给人们带来的欢乐，使整个画面更加和谐且充满活力。

二、重音

重音是指语句中读得重的字词或结构成分。恰当地确定语句中的重读部分并实现重读，能突出语句的重点和作品的主题，增强语言的节奏感和表现力。

▶ 掌握朗读的基本技巧——重音

（一）重音的分类

1. 并列性重音

并列性重音强调的是作品中词或短语的并列关系。例如：

荆江告急！武汉告急！九江告急！……在这万分危急的关头，几十万解放军官兵日夜兼程，朝着大江挺进。（选自《大江保卫战》）

原来，猪太太生的猪宝宝，三只小黑猪像猪先生，又黑又英俊；四只小白猪像猪太太，又白又漂亮；五只小花猪既像爸爸又像妈妈，真可爱！（选自《猪太太生宝宝》）

有一只小猪，长着圆圆的脑袋，大大的耳朵，小小的眼睛，翘翘的鼻子，胖嘟嘟的身体，真可爱！（选自《小猪爱干净了》）

2. 对比性重音

对比性重音主要是为了凸显两个语意相对或相反的词或短语，以此强化对比观点，深化对比态度，渲染对比气氛。例如：

我可以好好地使用它，也可以白白地糟蹋它。一切全由自己决定，我必须对自己负责。（选自《生命 生命》）

哥儿俩一看，连忙叫起来："不行！不行！一块大，一块小。"（选自《两只笨狗熊》）

这时农夫说："你们看，刚才你们谁也解决不了的问题，现在为什么一下子就解决了呢？其实你们团结在一起的时候，就像这捆细木材一样，谁也别想把你们折断。一旦你们分开了，就像这一根根细木材，很快就被人折断了。"（选自《农夫和他的五个儿子》）

3. 呼应性重音

"呼"指引发注意，"应"指有了着落。呼应性重音常用于问答式的句子。例如：

"什么是永远不会回来呢？"我问着。"所有时间里的事物，都永远不会回来……"（选自《追赶太阳》）

"你饿了吗？你是不是站累了？"痒痒树轻轻地摇摇头。（选自《痒痒树》）

父亲故意问孔融："盘子里那么多的梨，又让你先拿，你为什么不拿大的，却只拿最小的那个呢？"孔融回答："我年纪小，应该拿小的梨，大的应该留给哥哥吃。"（选自《孔融让梨》）

4. 递进性重音

体现递进关系的重音能揭示语言链条的承继性，其中，后一个重音相较于前一个重音，揭示了更深一层的含义。递进性重音一般在递进复句、条件复句、假设复句、反问句等句型中运用，常见的关联词有"不但（不仅）……而且（还）……""只有……才……""……也……""既……也……"等。例如：

天上风筝渐渐多了，地上孩子也多了。城里乡下，家家户户，老老小小，也赶趟似的，一个个都出来了。（选自《春》）

"大家快来看呀，我手上的这块盾牌是用上好的材料做成的，不仅美观，而且特别坚固，任凭你用什么锋利的矛也不可能戳穿它！"（选自《自相矛盾》）

原来河水既不像老牛说的那样浅，也不像松鼠说的那样深。（选自《小马过河》）

5. 转折性重音

转折性重音常用在表示前后语意发生转折的词语上，以揭示相反方向的变化。例如：

在纽约有许多百万富翁，但也有不少贫困的家庭。（选自《课不能停》）

女娲想让这些小人布满大地，但是大地太辽阔了，她工作了许久，还是没有实现她的愿望。（选自《女娲造人》）

肥皂汽车不是冒黑烟，而是冒肥皂泡。（选自《森林里的环保汽车》）

6. 强调性重音

强调性重音并没有固定的规律，而是需要根据语言环境和说话人所要表达的语意或情感来确定。因此，在同样一句话中，如果脱离了特定的上下文或语境，强调性重音的位置可以有所变化。例如：

我知道你会唱歌。（不用问别人）

我知道你会唱歌。（你不要瞒我了）

我知道你会唱歌。（不是别人）

我知道你会唱歌。（你怎么说不会）

我知道你会唱歌。（别的会不会我不知道）

（二）重音的表达方式

在朗读时，我们可以通过声音的强弱、高低、虚实以及语速、停顿等方面的变化来体现重音，这样能使重音更加鲜明，以实现表达目的。常见的重音表达方式有以下几种。

1. 重读

重读是指用加大、加强音量的方法来突出重音，以增强语势。一般用于表达明朗的态度、观点或描述某些特定的新鲜事物。例如：

狮子跳起来，向野猫冲去，大声叫着："不准欺负小白鼠！"（选自《狮子和老鼠》）

兔妈妈在门外的空地上给小白兔堆了个雪孩子。（选自《雪孩子》）

2. 慢读

慢读是指通过有意延长重音音节的方式，来达到强调特定内容的目的。例如：

农夫着急地想：如果小苗能快点长大该多好啊！突然他一拍脑门，想到一个办法。他两手抓住嫩嫩的小苗，一株一株地使劲往上拔。（选自《拔苗助长》）

叶公的故事被大家当成笑话，用以嘲笑那些表面上喜爱某物，实际上对它怕得要命的人。（选自《叶公好龙》）

3. 轻读

轻读是指用降低音高、减轻音量的方法（如用柔声、虚声），将重音低而有力地轻轻吐出。运用这种方式来表现重音，往往比简单地增加音高、加大音量效果更好，一般用于表达复杂深沉、含蓄细腻的感情。例如：

妈妈起床了，很轻很轻。轻轻地穿衣，轻轻地走路，轻轻地开门，轻轻地说话。（选自《轻轻地》）

我呼噜呼噜睡着了，小月亮悄悄地找到我梦里来。（选自《小月亮，笑眯眯》）

4. 停顿

朗读时在重音词的前或后做停顿，也是表达重音的一种常用方法。例如：

蔺相如知道后，尽量避免与廉颇见面，就算在路上远远望见廉颇过来，也会命令车夫 | 悄悄躲开。（选自《将相和》）

是谁救了小白兔？是 | 雪孩子。（选自《雪孩子》）

练一练

丑小鸭（节选）

小鸭觉得自己可以有不同的看法，但是他的这种态度，母鸡却忍受不了。

"你能够生蛋吗？"她问。

　　"不能!"

　　"那么就请你不要发表意见。"

　　于是雄猫说:"你能拱起背,发出咪咪的叫声和迸出火花吗?"

　　"不能!"

　　"那么,当有理智的人在讲话的时候,你就没有发表意见的必要!"

　　小鸭坐在一个墙角里,心情非常不好。这时他想起了新鲜空气和太阳光。他觉得自己有一种奇怪的渴望:他想到水里去游泳。最后他实在忍不住了,就不得不把心事对母鸡说出来。

　　朗读提示:在这段童话中,叙述语言要读得平稳清晰,语速稍慢,语势较低。角色语言要声音稍高,运用重音读出个性。不同的角色可以通过变换音色来表现,语气语调可以适度夸张。比如:骄傲的雄猫的声音要粗一些、霸道一些,爱管闲事的母鸡可以使用尖尖的声音,丑小鸭的声音要用童声。此外,在朗读时,还要注意了解丑小鸭的成长经历,并从中领悟:在面对困难和挫折时,应该积极应对,不退缩、不消沉。

三、语气

　　语气就是说话的口气,是指在思想感情的支配下,语句所呈现的具体的声音形式,是表达语意的重要手段。在朗读时,语气的表达可以从两方面入手:一是语气内在的感情色彩和分量;二是语气外在的快慢、高低、虚实、强弱等声音形式。

掌握朗读的基本技巧——语气

　　(1)语气的感情色彩:指语句所包含的喜、怒、哀、欲、惧、爱、憎等人类的情感色彩,还包括由此所折射出的支持、反对、赞扬、批评、严肃、亲切、坚定、犹豫、热情、冷淡等不同的态度,以及热爱、憎恨、喜悦、悲伤、恐惧、愤怒等不同的情感。

　　(2)语气的分量:指感情色彩的不同程度,即把握好感情色彩的分寸。例如"担忧"这一感情色彩,就包含了担心、忧愁、忧虑、顾虑、顾忌、挂念、惊恐等程度不同的情感。因此,朗读者要从作品的整体内容出发,结合具体语句的语言环境和实际目的,把握语气分量上的差异。

　　(3)语气声音形式的变化:主要是通过气息传送位置的深浅、送气量的多少、送气速度的快慢,声音的高低、强弱、长短、大小、明暗、虚实的精细变化,口腔的松紧、开合,舌位的前后、高低等声音各要素的变化来实现的。

　　常见的语气感情色彩与声音形式主要有以下几种。[1]

---

① 买艳霞.幼儿教师故事讲述训练[M].上海:华东师范大学出版社,2016:45—49.

（一）欢快的感情

朗读时，气息充沛，饱满上扬，发音器官松弛，激情洋溢，声音响亮悦耳，唇舌轻巧弹发，声音跳跃，听起来清脆动听。例如：

"今天的运气真不错！"驴小弟想，"从现在起，我要什么就会有什么了。爸妈也可以想要什么就有什么。我的亲戚、朋友，以及所有的人都可以要什么就有什么啦！"（选自《驴小弟变石头》）

小猫连忙抓住大鱼，他高兴地大喊："我钓到大鱼啦！我钓到大鱼啦！"（选自《小猫钓鱼》）

（二）悲伤的感情

朗读时，气息下沉，声音缓慢，发音器官较紧，气猛而多阻塞，发音断断续续，听起来有伤心的感觉。例如：

羊妈妈死了，小羊没有了妈妈。"咩——咩——"小羊伤心地哭着，"谁来当我的妈妈呢？"（选自《小羊找妈妈》）

"呜呜呜，我要回家……"小鸭子迷路了，哭得好伤心。（选自《迷路的小鸭子》）

（三）自夸的感情

朗读时，气息充足，声音略高，听起来有骄傲和得意的意味。例如：

山雀见百鸟朝拜凤凰，心里很不乐意，便嚷道："抖抖翅膀唱唱歌，那算什么本事！我才是真正的百鸟之王呢！看啦，我明天就要把大海烧干，让大伙开开眼界！"（选自《山雀吹牛》）

狐狸洋洋得意地说："怎么样？你瞧见了吧！谁不怕我？"虎头虎脑的傻老虎连连点头："你的威风真不小啊！"（选自《狐假虎威》）

（四）生气的感情

朗读时，气粗声重，气息下压而充足，发音器官力度加大，唇舌着力硬朗，语势迅猛，听起来要有发火的感觉。例如：

飞蛾对蝴蝶翻了个白眼，生气地说："你哪有资格跟我玩，看你那灰乎乎的大翅膀多难看，别把我的身体弄脏了。"蝴蝶听了，觉得自己很不幸。（选自《小蝴蝶》）

狐狸装作很生气的样子，说："我是老天爷派来当兽王的，你不能吃我！"（选自《狐假虎威》）

（五）夸赞的感情

朗读时，气息充沛，声音甜美柔软，拖长音调，面带愉悦的神色，听起来有赞美的意味。例如：

大黄牛轻轻地从小溪上跨过去，说："哇，多清澈的小溪呀！"（选自《清澈的小溪》）

森林音乐会开始了。第一个上台表演的就是小松鼠。幕布一拉开，台下所有的观众都

惊 呆 了：小松鼠今晚真漂亮！她的两只尖尖的小耳朵上，有两颗绿茵茵的"小星星"！小松鼠从来没有这么漂亮过！（选自《耳朵上的绿星星》）

（六）嘲笑的感情

朗读时，气息略短促，有弹性，声音尖厉，听起来有讽刺的感觉。例如：

船上的人纷纷大笑起来，说："船一直在行进，而你的宝剑却沉入水底不动，你怎么能找得到你的剑呢？"（选自《刻舟求剑》）

兔子醒了，打了一个哈欠，还没看见乌龟，嘲笑说："真慢！"（选自《龟兔赛跑》）

（七）急迫的感情

朗读时，气息短促，声音尖锐，唇舌配合快，吐字弹舌有力，出语间隙停顿短暂，声音急迫，听起来有紧急的感觉。例如：

半夜里，老虎牙痛了，痛得他捂住脸哇哇地叫……老虎忙去找马大夫："快，快把我的痛牙拔掉吧！"（选自《没有牙齿的大老虎》）

鸭妈妈急急忙忙跑来了："啊呀呀，我的鸭宝宝不见了……"（选自《迷路的小鸭子》）

（八）惭愧的感情

朗读时，气息略细弱，声音迟滞，发音时断时续，听起来有不好意思的感觉。例如：

小猴羞愧地低下了头，小声地说："小熊，对……对不起，是我不小心弄坏的，我……我会赔给你的！"（选自《生日里的意外》）

鲁班听了以后，心里很难过，便掏出身上的银子递给那妇女，惭愧地说："大嫂，我就是鲁班，怨只怨我只顾做活不顾同行，害了你丈夫。这点银子是我的一点心意，拿去度日吧，以后有难找我。"（选自《民间故事》）

（九）怀疑的感情

朗读时，气息轻细内收，欲断还连，声音黏柔，唇舌缓动绵软，声音有踌躇之感，吐字夸张，听起来有欲说还休的感觉。例如：

小猴疑惑地问："为什么要让我做你的手下呢？"狮子高傲地说："那还用说吗？因为我是森林之王呀！"（选自《想要自由的小猴》）

张僧繇说："我画龙从来都不点眼睛，因为点上了之后，这些龙会飞走的。""这怎么可能呢？"大家听了都不相信。（选自《画龙点睛》）

（十）害怕的感情

朗读时，气息上提倒吸，声音颤抖而凝滞，唇舌动程缩短，听起来有胆怯的感觉。例如：

狮子睡着了，有只老鼠跳到它身上，狮子猛然站起来，把它抓住，准备吃掉。小老鼠害怕地说："只要你放了我，我就一定会报答你。"（选自《狮子和老鼠》）

猎人拿剪刀把正在酣睡的狼的肚皮剪开。他刚剪了几下，就看到了耀眼的小红帽，再剪几下，小姑娘从里面跳了出来，叫着："<u>啊，吓坏我了，狼肚子里真黑呀！</u>"（选自《小红帽》）

（十一）劝诫的感情

朗读时，气息充足，声音缓慢，发音位置靠后，听起来有语重心长的感觉。例如：

八哥鸟蹲在大树上，伤心地流泪。喜鹊飞过来看见了，说："<u>你知道为什么大家都不理你吗？你会说话这很好，可是你不管什么事情、什么情况，都要插嘴乱说，把事情搞坏，谁还愿意跟你在一起呢？</u>"八哥鸟难为情地连连点头。（选自《多嘴的八哥鸟》）

熊妈妈知道后对小熊说："<u>孩子，吹牛会害了自己的，你一定要记住这个教训呀！</u>"（选自《吹牛的小熊》）

✎ 练一练

吹牛的小熊[①]

一天，小熊来到草地上找小兔玩，他嘴里吃着妈妈刚刚在河里捉的一条鱼。

小熊说："小兔，这条鱼是我在河里捉的，<u>我游泳可棒了！</u>"（自夸）小兔说："是真的吗？真想看看你是怎样捉鱼的！"（怀疑）

小熊一听，十分得意，他知道自己还不会游泳，便在草地上翻起跟头来，边翻边说："<u>就是这样在水里翻来翻去捉鱼的。</u>"（自夸）一不小心，小熊掉进了河里。小兔以为他会游泳，在岸上高兴地拍手，说："<u>小熊，你真厉害，快捉条鱼上来！</u>"（夸赞）

这时，大象伯伯看见了，急忙走到河里，用他长长的鼻子一卷，就把小熊救上来了。小熊浑身都湿了，肚子胀得鼓鼓的，躺在地上直喘大气。

大象伯伯生气地对小兔说："<u>小熊掉进水里，你为什么不呼救，还要他捉鱼？</u>"（生气）小兔委屈地说："我以为小熊会游泳，所以……"

大象伯伯更生气了："<u>小熊什么时候学会游泳的？再晚一会儿，他就淹死了！</u>"（生气）小熊这时抬起头说："<u>大象伯伯，别怪小兔，都怪我吹牛。</u>"（惭愧）

熊妈妈知道后对小熊说："<u>孩子，吹牛会害了自己的，你一定要记住这个教训呀！</u>"（劝诫）从此，小熊再也不吹牛了，跟妈妈也学会了河里捉鱼的本领。

总之，作品中不同的思想感情，会对声音形式有不同的要求；同时，声音形式也能辅助并强化这些思想感情，形成相辅相成的艺术效果。基于不同的思想感情进行分类练习，有助于提升我们的语言表现力。当然，朗读材料中所体现的感情远远不止以上几种，因

---

① 《微型小说选刊》杂志社.妈妈给儿子讲的365夜经典故事［M］南昌：百花洲文艺出版社，2013：144—145.

此，在朗读时，要注意语气的自然流露。

四、语调

语调又称句调，是指朗读者在朗读语句时，声音高低曲直的变化。语调与音高、音强、音长和音色都有关系，其变化主要表现在句子的末尾处。语调与语气密切相关，不同的语调能够表达不同的语气。语调是情感的直接体现，由于情感丰富多样，因此语调也无固定的模式。在朗读时，语调要以符合全句所表达的思想感情为准绳。常用的语调有四种：平调、升调、降调、曲调。

▶掌握朗读的基本技巧——语调

（一）平调

平调即平直调，一般用来表达沉稳的情绪。运用平调朗读的句子，语势平直舒缓，没有显著的高低升降变化。陈述或说明类的句子常采用平直调，以表达庄重、悲痛、冷淡等感情。例如：

狐狸抢走了蛋糕，自己不吃，直往老虎家里跑去。→（陈述一个事实）（选自《第二块蛋糕》）

又过了十来天，老鼠又说："我二姐又要生孩子，请我去吃饭。"猫说："早去早回。"→（冷淡）（选自《猫和老鼠》）

（二）升调

升调即上升调，一般用来表达激昂的情绪。运用升调朗读的句子，语势先低后高，句末的音节或结构稍稍上扬。疑问句、感叹句常用升调，以表达疑问、反诘、号召、惊讶等感情。例如：

可是，蚂蚁仍然继续工作着，一点儿也不休息，说："在夏天里积存食物，才能为严寒的冬天做准备啊！"↗（感叹句）（选自《蚂蚁和蟋蟀》）

小狐狸忍不住地又跳了下来："竹篓，你说你有小人书？"↗（疑问句）（选自《会说话的竹篓》）

（三）降调

降调即降抑调，一般用来表达稳定的情绪。运用降调朗读的句子，语势先高后低，句末的音节或结构低弱而短促，以表达坚决、肯定、赞扬、祝愿、感叹、恳求等感情。例如：

蟋蟀消瘦得不成样子，到处都是雪，一点儿食物都找不到。↘（感叹）（选自《蚂蚁和蟋蟀》）

河马说："嘴大也不丑啊，你看我的嘴巴有多大。"↘（肯定）（选自《河马的烦恼》）

（四）曲调

曲调即曲折调，一般用来表达复杂、激动的情绪。运用曲调朗读的句子，语调的高低要有曲折变化，具体表现为：有的句子，开头和结尾的语调都比较低，中间语调比较高；有的句子，则呈现出"低—高—低—高"式的变化。曲调通常用来表达惊讶、怀疑、讽刺、反语、双关等复杂的感情。例如：

真奇怪，蛤蟆小姐每说一句话，肚子就会小一点儿。╲╱（怀疑）（选自《蛤蟆小姐生气》）

狐狸满脸堆笑地对乌鸦说："哟！乌鸦先生，听说最近要选鸟王啦，像您这样好的条件，难道不去参加吗？"╱╲╱（反语）（选自《乌鸦和狐狸》）

✏ 练一练

小猴卖"〇"
吕祖光

小猴是儿童百货商店的售货员，他很会动脑筋。→

一天，来了五个伙伴，手里都拿着一张纸片，纸片上画着个"〇"。→

"咦，╱╲╱这'〇'是什么意思？"╱小猴摸摸脑袋，有办法了！╲

他问小鸭："你买圆圈圈干什么呀？"╱小鸭说："我要用它学游泳。""知道了。"╲小猴拿了个"〇"给小鸭，小鸭高兴地走了。→

"你呢，小猫，为什么买圆圈圈？"╱小猫说："我想用它照着洗脸、梳头。"╲"知道了。"╲小猴拿了个"〇"卖给了小猫。小猫照了照，满意地走了。→

"小狗，你买圆圈圈有什么用？"╱小狗举起铁钩子说："我就缺个圆圈圈啦！"╲小猴很快就把一个"〇"卖给了小狗。╲

"小老虎，你也要圆圈圈吗？"╱小老虎说："是呀，你瞧，我新球鞋也有了，正等着圆圈圈踢呢。"╲小猴很快拿出一个"〇"丢给了小老虎，小老虎高兴地付了钱。╲

最后轮到小兔，小兔说："妈妈讲，明天早晨，让我用圆圈圈当早点。""哦，是这样。"╲╱小猴用一个干净的口袋，装了几块"〇"递给小兔，小兔也高兴地回家了。╲

五个小伙伴都买到了自己需要的"〇"。你知道他们的"〇"各是什么东西吗？╱

朗读提示：这篇幼儿童话讲述的是小猴在儿童百货商店当售货员时，遇到了五个手持"〇"形纸片的小伙伴。每个小伙伴都希望购买与"〇"相关的商品，最终他们都买到了自己需要的"〇"。故事中，当小猴表达疑问、疑惑或进行反问时，一般采用升调朗读，具体表现为句末的音节或结构稍稍上扬。对于小猴感到明白、确定的叙述部分，一般都用降调朗读，具体表现为句末的音节或结构低弱而短促。此外，其他角色的表达感叹、肯定等情感的对话或叙述部分也多用降调来朗读。

五、语速

语速是指朗读时语流行进的速度。语速的快慢是由内容的表达需要决定的。适当的语速能够准确地表达作者在文章中所寄托的思想感情。

▶ 掌握朗读的基本技巧——语速

（一）语速的分类

语速分为：慢速、中速、快速（分别用"﹏﹏""——""——"符号表示）。一般说来，对于表达沉郁、沉痛、失望等情感，或者气氛庄严、行动迟疑等内容，以及听者较难理解的语句，适宜采用慢速朗读；对于叙述、说明、议论的句子，以及写景、描述人物平静情绪等类型的句子，由于语句感情变化不大，适宜用中速朗读；在情绪紧张、气氛热烈，或表达愉快、兴奋、慌乱、惊惧等情感，以及激昂慷慨、愤怒、反抗、驳斥、申辩等内容时，适宜用快速朗读。但是，对语速慢、中、快的划分并不是绝对的，朗读者需要依据材料内容，适当地调整语速。此外，对于幼儿文学作品中的朗读，有时还需依据角色的个性特点来确定语速。

（二）语速的作用

朗读时对语句缓急快慢的处理，可以更好地烘托作品气氛，突出作品内容的发展变化，区别不同的角色性格，增强作品的口头表达效果，让作品听起来更张弛有力。

1. 烘托气氛

朗读时，当表现作品中快乐、热烈、紧张的部分时，可以选择用快速来表达；当表现作品中沉闷、悲伤、庄重的部分时，比较适合用慢速来表达。例如：

逢蒙见后羿取来了仙药，觉得自己当不上第一射手了，又急又恨。这天，他趁后羿不注意，举起大棒，一下把后羿打死了。他又急忙来到后羿家，逼迫嫦娥交出仙药，还要嫦娥做他的妻子。嫦娥趁逢蒙不注意，一口吞下仙药。顿时，嫦娥的身体变得轻飘飘的，从窗口飞了出去，直往天上飞去。嫦娥在空中高喊，要大家为后羿报仇。人们拿着武器从四面八方赶来，把逢蒙打死了。嫦娥一直飞上了月亮，可她留恋人间。每天晚上她总是站在广寒宫前的桂花树下，凝望着人间。

这是神话传说故事《嫦娥奔月》的片段。故事中，逢蒙打死后羿、嫦娥急吞仙药等一连串的紧急事件适合用稍快的语速来表达，以烘托紧张的故事氛围；而对于嫦娥留恋人间以及对美好生活和爱情的向往部分，则适合用慢速来表达。

2. 突出内容的发展变化

在朗读时，如果能根据文学作品的内容来选择不同的语速，则可以更好地突出情节的发展变化。例如：

咕咚来了①

早晨，湖边寂静无声。三只小兔正在快活地扑蝴蝶。忽然，湖中传来"咕咚"一声，

---

① 朱家雄 . 幼儿园主题式课程教师用书：学前班·春季［M］. 北京：教育科学出版社，2007：32.

这奇怪的声音把小兔们吓了一大跳。刚想去看个究竟，又听到"咕咚"一声，这可把小兔们吓坏了："快跑，咕咚来了，快逃呀！"他们转身就跑。

狐狸正在同小鸟跳舞，与跑来的小兔们撞了个满怀。狐狸一听"咕咚来了"，也紧张起来，跟着就跑。

他们又惊醒了睡觉的小熊和树上的小猴。小熊和小猴也不问青红皂白，跟着他们跑了起来。

大象感到惊讶，拉住狐狸问："出了什么事？"狐狸气喘吁吁地说："咕咚来了，那是个三个脑袋、八条腿的怪物……"

于是，一路上跟着跑的动物越来越多，还有河马、老虎、野猪……

岸上这阵骚乱，让湖中的青蛙感到十分惊奇，他拦住了这群吓蒙了的伙伴们，问："出了什么事？"大家七嘴八舌地形容"咕咚"是个多么可怕的怪物。

青蛙问："谁见到了？"小熊推小猴，小猴推狐狸，狐狸推小兔，结果谁也没有亲眼看见。大家决定回去看明白再说。

他们回到湖边，又听见"咕咚"一声，仔细一看，原来是木瓜掉进湖里发出的声音，动物们不禁大笑起来。

作品中，早晨湖边的景色可以用中速来表达。突然出现的"咕咚"声使故事情节变得紧张、神秘起来，可以用快速来传达这种氛围，使故事的张力得到体现。接下来，大象的问话、狐狸气喘吁吁的回答以及青蛙的疑问可以选择用慢速来表达，使原本紧张的感觉到这里得到舒缓，同时给听众的情绪一个放松的空间。这样的节奏变化不仅能引起听众的注意，还能自然而然地引出听众的疑问："这个神秘的'咕咚'到底是什么？"从朗读这则故事的过程中，我们可以体会到，通过运用不同的语速朗读，可以清楚地传达故事内容的发展变化，同时增强故事的听赏性。

3. 区别不同的角色性格

幼儿文学作品中塑造了众多人物角色，每种角色类型在语言表达上的语速都可以有各自独特的展现。比如：当表现年幼的角色时，语速可略快；当表现开朗活泼、勇敢机智或狡猾奸诈的角色时，语速宜快；当表现年长、有威严或愚昧迟钝的角色时，速度宜慢。例如：

小蜗牛的家（节选）

一只老鼠看见了，问他："你背个大包，是要出去旅行吗？"

蜗牛说："你难道不知道？我背的是我的家呀！"

老鼠觉得很奇怪，"你的家？那么窗户在哪儿？"

"我的家不需要窗户！"蜗牛边说边爬开了。

在这段对话中，朗读者需要根据角色的特点来处理语速：老鼠叫声尖细，所以宜用尖细的声音、较快的语速说话，从而体现出老鼠好奇、机灵的性格；蜗牛走路慢，所以宜用较慢的语速来表现其特点，从而更为贴切地体现出蜗牛沉稳的性格。

 练一练

猫和老鼠（节选）

又过了七八天，老鼠又说："我三姐生孩子，请我吃饭。"猫说："别回来晚了。"

天大黑时，老鼠回来了，一进屋带来一股油味，对猫说："我三姐也生了白胖小子，起名叫见底儿。"

三九天到了，一连下了三四天的大雪。猫说："快过年了，什么食儿也找不到，明天咱把猪油取回来吧。"

第二天一早，老鼠走在前边，猫跟在后边，奔大庙走去。

到了大庙里，猫第一眼就看到过梁上满是老鼠的脚印，坛子像被开过。猫急忙爬上去，打开坛子一看，猪油见底了。猫一下子全明白了，瞪圆双眼大声问："是你给吃见底了？"老鼠刚张口，见猫已经扑过来，就转身跳下地。猫紧追它，老鼠眼看就要被猫追上了，一急眼，钻到砖缝里去了。

后来，老鼠见猫就逃，猫见老鼠就抓。

朗读提示：本片段朗读语速快慢的处理，除了依据内容的发展变化外，还应充分考虑角色的特点。老鼠狡猾，体形较小，所以朗读的语速宜稍快，声音宜稍尖细一点。猫的形象在本作品中是憨厚、迟钝的，所以朗读的语速宜稍慢。对于"到了大庙里"这段，由于情节陡然变化、气氛紧张，所以应加快语速。

六、节奏

节奏是指在朗读的过程中，由思想感情的波澜起伏所引发的，在有声语言表达中所呈现的抑扬顿挫、轻重缓急、回环往复的声音形式。朗读的节奏是由作品所表达的思想内容和感情共同决定的。例如：在那些急促、紧张的情节中，或在兴奋、激动、愤怒、惊慌的情绪下，节奏要快一些；而在庄重、陈述的地方，或在平静、悲哀、思念的情绪下，节奏则要慢一些。

▶掌握朗读的基本技巧——节奏

朗读节奏的表现，不仅需要朗读者具备语言表达技巧，而且还要求朗读者从内心情感出发，随感情变化的起伏跌宕控制节奏，以体现出作品的内在韵律。一般来说，朗读节奏可以分为六种类型。

（1）轻快型：语调多用升调，多扬少抑，语流跳跃、轻快、活泼、欢畅。例如：

柳条儿青，柳条儿长，柳条儿随风在摇荡，摇来了春天，摇来了小鸟，摇得湖水闪闪亮。柳条儿青，柳条儿长，柳条儿随风在摇荡，我做一支柳笛吹起来，嘀哩嘀哩像鸟儿在歌唱。柳条儿青，柳条儿长，柳条儿随风在摇荡，请来春姑娘荡秋千，秋千挂在柳条儿上。（选自《柳条儿青，柳条儿长》）

漂亮的猪太太快要当妈妈了，她经常和猪爸爸一起讨论孩子们会是什么样子的。猪太

太说："我们的孩子一定会像我，是漂亮的小白猪。"猪太太浑身都长着雪白的毛，漂亮极了。（选自《猪太太生宝宝》）

（2）凝重型：语调多抑少扬，顿挫较多，音强而有力。例如：

真的猛士，敢于直面惨淡的人生，敢于正视淋漓的鲜血。这是怎样的哀痛者和幸福者？然而造化又常常为庸人设计，以时间的流逝，来洗涤旧迹，仅使留下淡红的血色和微漠的悲哀。在这淡红的血色和微漠的悲哀中，又给人暂得偷生，维持着这似人非人的世界。我不知道这样的世界何时是一个尽头！（选自《记念刘和珍君》）

月牙儿，像把梳子挂在半空。人们都说月亮是位最善良、最好伤心和最易受感动的姑娘。谁有什么不幸和哀愁，她总是怜悯地注视着你，有时还会流下泪来！想必她这时是不忍心去看那不幸的人们吧？所以才掩住半个脸；但她那朦胧的淡光，还是同情地从窗棂间射进来。黑暗的屋子，也变得灰白起来。（选自《月牙儿》）

（3）低沉型：语调多用降调，少扬多抑，多重少轻，语速缓慢，声音表达形式偏暗淡、语流沉缓。例如：

葬我于高山之上兮，望我大陆；大陆不可见兮，只有痛哭！葬我于高山之上兮，望我故乡；故乡不可见兮，永不能忘！天苍苍，野茫茫；山之上，国有殇。（选自《望大陆》）

河马心情不好，早饭也不想吃。他向野地里走去，躲开朋友们，前面是一条河，河马慢慢走下水，游了过去，爬上一座孤岛。孤岛光秃秃的，没长一棵树，草也很少，岛上静悄悄的，除了自己的呼吸，河马再也听不到其他任何声音。"我这样丑，生活在这里倒挺合适。"河马叹了一口气。（选自《河马的烦恼》）

（4）高亢型：语调上升，语势向高峰逐步推进，声音表达形式明亮、高昂。例如：

当你在积雪初融的高原上走过，看见平坦的大地上傲然挺立这么一株或一排白杨树，难道你就觉得它只是树？难道你就不想到它的朴质，严肃，坚强不屈，至少也象征了北方的农民？难道你竟一点也不联想到，在敌后的广大土地上，到处有坚强不屈，就像这白杨树一样傲然挺立的守卫他们家乡的哨兵？（选自《白杨礼赞》）

嘿，有办法了！狐狸拿着一根线，一头拴在大老虎的牙上，一头拴在大树上。然后，他拿个鞭炮放在老虎耳朵边，一点火，呼——啪！"啊哟！"老虎吓得摔了个大跟头，连最后一颗牙齿也掉下来了！（选自《没有牙齿的大老虎》）

（5）舒缓型：语调平直、舒展自如、气长而稳，语调轻松明亮，声音轻柔，语速徐缓。例如：

那水呢，不但不结冰，反倒在绿藻上冒着点热气。水藻真绿，把终年贮蓄的绿色全拿出来。天儿越晴，水藻越绿，就凭这些绿的精神，水也不忍得冻上；况且那长枝的垂柳还要在水里照个影儿呢。看吧，由澄清的河水慢慢往上看吧，空中，半空中，天上，自上而下全是那么清亮，那么蓝汪汪的，整个的是块空灵的蓝水晶。这块水晶里，包着红屋顶、黄草山，像地毯上的小团花的小灰色树影；这就是冬天的济南。(选自《济南的冬天》)

　　夏天的时候，小狐狸到山上采集好多好多的果子，回到家把它们拿到太阳底下晒成果干，泡茶、当零食，味道甜美可口。秋天的时候，小狐狸到田地里采摘青菜，储存在家里，用采集回来的食物做了好大一桌子的美味青菜，请森林里的好朋友们来品尝。冬天到了，小狐狸到外面的雪地里堆雪人，和好朋友们打雪仗。夜晚，小狐狸回到家里，在温暖的火炉上烤食物，吃饱饭后，爬到温暖的被窝里进入了甜甜的梦乡。瞧，小狐狸嘴角挂着一个甜甜的微笑，那是幸福的微笑。(选自《幸福的小狐狸》)

　　(6)紧张型：语调多用升调，语速快，气息急促。例如：

　　我的狗慢慢向它靠近。忽然，从附近一棵树上飞下一只黑胸脯的老麻雀，像一颗石子似的落到狗的跟前。老麻雀全身倒竖着羽毛，惊恐万状，发出绝望、凄惨的叫声，接着向露出牙齿、大张着的狗嘴扑去。(选自《麻雀》)

　　大灰狼来到草房前，叫小猪呼呼开门。呼呼不肯开。大灰狼轻轻地吹了一下，草房就倒了。呼呼急忙逃出草房，边跑边喊："大灰狼来了！大灰狼来了！"木房里的噜噜听见了，连忙打开门，让呼呼进来，又把门紧紧地关上。大灰狼来到木房前，叫小猪噜噜开门。噜噜不肯开。大灰狼用力撞了一下，小木房摇一摇。大灰狼又用力撞了一下，木房就倒了，呼呼和噜噜急忙逃出木房，边跑边喊："大灰狼来了！大灰狼来了！"砖房里的嘟嘟听了，连忙打开门，让呼呼和噜噜进来，又紧紧地把门关上。(选自《三只小猪盖房子》)

　　朗读的节奏类型主要是针对作品整体来说的。一部作品一般不止一种节奏，在朗读时要注意根据内容和情节的变化而变化。

练一练

微　笑
李　想

　　小鸟说："我愿意为朋友们唱歌，让他们高兴。"

　　大象说："我愿意为朋友们干活，让他们高兴。"

　　小兔说："我愿意为朋友们送信，让他们高兴。"

　　小蜗牛好着急，他能为朋友们做什么呢？

　　一天，一群小蚂蚁正在忙着搬东西，他们从小蜗牛身边走过时，小蜗牛向他们友好地微笑。

　　一只小蚂蚁说："小蜗牛，你的微笑真甜呀！"

　　小蜗牛想：对呀，我可以把微笑送给朋友们，让他们高兴呀！小蜗牛就画了好多张图片，上面一只小蜗牛正在甜甜地微笑。朋友们看到这张图片，也高兴地笑了！

朗读提示：这篇幼儿散文的朗读节奏总体上属于欢快型，应当用活泼、轻快的语气朗读。朗读的时候可用笑脸暖声，以表达出互助友爱的感情。此外，不同角色的音色要略有变化。例如：小鸟用活泼的语气，说得较跳跃；大象用憨厚的语气，说得较平稳；小兔用甜美的语气，说得较愉快。反复出现的句子"我愿意为朋友们……让他们高兴"，表现出了小动物们助人为乐的美德，因此在朗读时，要体现他们互助友爱的美好心灵。

知识链接

态 势 语

态势语也是重要的朗读技巧。它是一种通过表情、手势、姿态等方式来表情达意的无声语言，是有声语言的辅助性手段，也称体态语。

1. 态势语的作用

态势语作为有声语言的重要补充，同样也可以起到表达思想、沟通情感的作用。态势语所表达的情感信息往往具有强调、暗示、掩饰的作用。说话者或听话者可以有意识地通过身姿、手势、表情、目光等手段传递、交流信息，这些态势语能够调动或影响沟通对象的情绪。

2. 态势语运用的要求

态势语必须运用得当，其基本要求是准确、自然、协调和适度。

3. 态势语的主要内容

态势语主要包括身姿语、手势语和表情语。

（1）身姿语：包括站姿、坐姿、走姿等，是构成沟通交流中说话者或听话者整体形象的重要因素。

（2）手势语：主要指口语交际中臂、手的动作。手势语一般可分为以下几种：① 情意手势，主要用来表达说话者的情感；② 指示手势，用来指明要说的人、事物、方向等；③ 象形手势，用来描摹人或物的形貌；④ 象征手势，用来表达抽象概念。

（3）表情语：指人的面部肌肉、眼神、眉、嘴等的变化。表情是心灵的屏幕，也是感情的晴雨表，通过面部表情的不同变化可以反映说话者不同的内心活动。在态势语中，表情语最丰富，也最富有表现力，它能迅速、灵敏、准确、充分地反映人的各种感情，如喜爱、高兴、兴奋、赞许、悲哀、怨恨、惧怕、愤怒、失望、怀疑、忧虑、轻蔑等。

身姿语、手势语和表情语，三者要协调配合，力求自然大方，这样才能达到理想的效果。

训练资源

任务训练

一、根据朗读符号，读好下列句子的停连

（1）狼不想再争辩了，龇着牙，逼近小羊，大声嚷道："你这个小坏蛋！说我坏话的 | 不是你 | 就是你爸爸，反正都一样。"说着 | 就往小羊身上 | 扑去……（选自《狼和小羊》）

（2）桃树、杏树、梨树，| 你不让我，我不让你，| 都开满了花赶趟儿。（选自《春》）

（3）母亲 | 要走大路，大路平顺；我的儿子 | 要走小路，小路有意思。（选自《散步》）

（4）可爱的小鸟憔悴了，给水，不喝！喂肉，不吃！油亮的羽毛 | 失去了光泽。（选自《可爱的小鸟》）

（5）是怨？是恨？是悲？是愤？天 | 没有回答，地 | 没有作声，只有三江之上 | 昂奋的号子声，在 | 天地间 | 震荡。

（6）老刘听到一声似乎是树倒的声音。| 不好，有人偷树了。他大声喊："谁，站住！" 一边喊，一边追了上去。

（7）就像笑是多种多样的，可以是 | 会心的笑，纵情的 | 笑，甜蜜的 | 笑，心酸的 | 笑……

（8）王后听说 | 白雪公主 | 还活着，气得直咬牙齿："哼，哼！谁 | 比我美丽，我就得害死谁！"（选自《白雪公主》）

二、按要求朗读故事

先试读幼儿故事《勤小马和懒小猪》，做停连设计并画上朗读符号，然后再朗读。🎧[①]

勤小马和懒小猪

刘嘉玥

第二天一大早，天刚蒙蒙亮，小马就起床了。他来到西瓜地里，拿起大锄头用力地刨着，"嘿哟嘿哟"，不一会儿就累得气喘吁吁，汗流浃背了。他想休息，可是想到小猪会乘机追上他，于是，又咬紧牙关，鼓起勇气站起来继续工作。他轻轻地把种子一颗一颗地放进土里，小心地埋好，细心地浇水，就像慈爱的妈妈照看自己心爱的宝宝一样。

而小猪呢？他呀，只有三分钟热情，跑到地里胡乱地把种子撒到土里，就回家睡大觉了。好多天也不去西瓜地，朋友们都劝他去照看一下，小猪却说："不用急！不用急！老天会保佑我的，到时候肯定会收到很多大西瓜！"说完就继续做他的白日梦了！

小马则细心地呵护着他的西瓜地，每天除草、浇水、施肥。几天后，西瓜地给他一个巨大的惊喜——西瓜种子发出了嫩芽！他高兴极了，更加细心地帮西瓜苗捉虫、更加均匀地培土、更加精心地照看。

---

① 说明："任务训练"中若标有 🎧 ▶图标，则表示该练习配有音频或视频资源，扫描"训练资源"二维码即可播放。

三、理解内容，找出重音并判断重音形式，然后朗读

（1）说对了，我就赏他一块；说错了，我可要惩罚他！（选自《猴吃西瓜》）

（2）骆驼很高，羊很矮，骆驼说："长得高多好啊！"羊说："不对，长得矮才好呢！"（选自《骆驼和羊》）

（3）一个看客上前拿起一支矛，又拿起一面盾牌问道："如果我用你的矛来戳你的盾，结果会是怎样呢？"这个人听了，顿时哑口无言。（选自《自相矛盾》）

（4）路人替他着急，拉住他的马阻止他说："方向错了，你的马再快也到不了楚国啊！"（选自《南辕北辙》）

（5）大森林里有个湖，是个梦湖，在梦湖里翻腾嬉戏的不是鱼虾，而是梦。（选自《梦湖》）

（6）猫小弟说："我知道啦，原来一心一意才能钓到鱼！"（选自《小猫钓鱼》）

（7）神农是为了拯救人们而牺牲的，有人称他为"药王菩萨"。（选自《神农尝百草》）

四、按照句子中的重音提示，思考采用何种表达方法更为合适，然后朗读

（1）"阿嚏——"老爷爷觉得鼻孔痒痒的，打了一个大大的喷嚏，吓得大耗子连滚带爬，一口气跑到门口，对它的伙伴说："快跑，快跑！"（选自《会打喷嚏的帽子》）

（2）小鸡和小兔一起美美地吃起来。

（3）于是，小猴偷偷地溜下山去。

（4）谁的萝卜丢在这儿了？

五、理解内容，找出重音，结合停连等技巧朗读故事 ⓢ

鸡妈妈的新房子
钱欣葆

鸡妈妈的新房子造好了，既漂亮又牢固。

鹅大哥说："房子造得不错，如果在墙上开个窗就更好了。"鸡妈妈听了，很不高兴。

夏天到了，鸡妈妈的房子里又闷又热。鸡娃娃都生病了，鸡妈妈这才想到鹅大哥的建议。她赶紧在墙上开了个窗。清新的空气进来了，屋里凉快多了，鸡娃娃的病也慢慢好了。鸡妈妈很高兴，她想，以后一定要多听别人的意见。

狐狸对鸡妈妈说："你家的窗子再开大一点儿就更好了。"

鸡妈妈听了狐狸的话，就把窗子开得大大的。

一天，鸡妈妈从外面回到家，发现少了一只鸡娃娃，她到处找也没找到。忽然，她在窗台上发现了狐狸的脚印。鸡妈妈一下子明白了，自己上了狐狸的当。原来，不是谁的意见都得听。她赶紧把窗子改小。从此，鸡娃娃再也没少过。

六、分析下列句子中下划线部分的感情，并运用恰当的语气朗读

（1）新王后以为白雪公主已经死了，有一天她又问魔镜说："<u>魔镜，魔镜，谁是世界上最美丽的人呢？</u>"（选自《白雪公主》）

（2）亮亮摇摇头，抹一下眼泪说："我爸爸和妈妈在吵架，过节一点儿也不开心。"（选自《过年的争吵》）

（3）张老师迎面走过来听见了，说："丽丽，对老师和长辈说话要用'您'。"丽丽站住脚，羞红了脸，垂着头弄着辫梢，低声答应："是。"（选自《含羞草》）

（4）老虎说："好吃！好吃！小狐狸，你从哪里弄来的？"狐狸一听真高兴，就吹起牛皮来："我做的，我做的。"（选自《第二块蛋糕》）

（5）狮子嘲笑道："真是笑话，本大王力大无比，还会需要你的帮助？"（选自《狮子和老鼠》）

（6）小老鼠看到狮子生气的样子很害怕，就战战兢兢地说："虽然我长得小，不能和您比，但我有我自己的长处，说不定什么时候我还可以为您效劳呢！"（选自《狮子和老鼠》）

（7）妈妈说："孩子，光听别人说，自己不动脑筋，不去试试，是不行的。"（选自《小马过河》）

（8）兔子醒了，打了一个哈欠，还没看见乌龟，嘲笑说："真慢！"（选自《龟兔赛跑》）

七、朗读下面的幼儿童话，体会基于不同情感的朗读语气 🔊

大公鸡和漏嘴巴（节选）

姚正平

一只大公鸡在院子里走来走去，这里啄啄，那里啄啄，找不到虫子吃，急得咕咕咕咕叫。

小弟弟捧着饭碗，坐在院子里吃饭。他一边吃，一边瞧着花蝴蝶飞来飞去。饭粒撒了一身，撒了一地。

大公鸡看见了，可高兴啦！它连飞带跑地奔了过去，嘴里嚷着："好运气，好运气！今天碰到一个漏嘴巴的小弟弟。"

大公鸡跑到小弟弟身边，啄起地上的饭粒来，笃、笃、笃、笃，啄得可快呢。真好玩！小弟弟越看越高兴，连吃饭也忘了。

一会儿，大公鸡把撒在地上的饭粒吃光了。它还没吃饱呢。大公鸡抬起头来看了看，好咪，小弟弟的裤子上也有饭粒，就来啄小弟弟的裤子了。

小弟弟说："大公鸡，大公鸡，你怎么啄我呀！"

大公鸡说："小弟弟，小弟弟，我不是啄你，我是啄饭粒呀！"

……

小弟弟吓得哭了起来："奶奶来呀，奶奶来呀！"

奶奶来了，小弟弟问奶奶："奶奶，奶奶，您给我瞧瞧，我的嘴巴漏吗？"

奶奶说："傻孩子，哪儿有漏嘴巴呀。是你吃饭的时候，东看看，西瞧瞧，把饭撒了。"

八、标出下列句子的语调，再读一读

（1）这时，天边飞来了一只鹦鹉："猎人来了，猎人来了，快跑，快跑。"大伙儿赶紧躲起来。（选自《森林里的怪东西》）

（2）小白鸽说："春雨是无色的。你们伸手接几滴瞧瞧吧。"麻雀说："不不！春雨是红色的。"（选自《春雨的色彩》）

九、分析并试着读一读下文，分别画出用慢速和快速朗读的句子 🔊

雪孩子

嵇 鸿

雪，下个不停，一连下了好几天。

这天早上，天晴了，兔妈妈要出门去。小白兔嚷着："妈妈，我也要去！"

兔妈妈说："好孩子，妈妈有事，你不能跟了去。"兔妈妈在门外的空地上给小白兔堆了个雪孩子。小白兔有了小伙伴，就不跟妈妈去了。

小白兔跳舞给雪孩子看，唱歌给雪孩子听。他玩累了，就回家去睡午觉。"屋子里真冷，赶快往火堆里添把柴吧！"

小白兔添了柴，把火烧得旺旺的，屋子里渐渐暖和了。他躺在床上，合上眼睛，一会儿就睡着了。

火越烧越旺。哎呀，火把旁边的柴堆烧着了。可是小白兔睡得正甜，他一点儿也不知道。

"不好啦，小白兔家着火了！"雪孩子看见小白兔家的窗子里冒出黑烟，蹿出火星，他一边喊，一边向小白兔家奔去。

"小白兔，小白兔！你在哪里？"雪孩子冲进屋里，冒着呛人的烟、烫人的火，找哇找哇，找到小白兔了，他连忙把小白兔抱起来，跑到屋外。

小白兔得救了，可是雪孩子融化了，浑身水淋淋的。

这时候，树林里的小猴子、小刺猬都赶来救火了，不一会儿，就把火扑灭了。

兔妈妈回来了，激动地说："谢谢大家来救火，谢谢大家！"

小猴子、小刺猬他们说："咦，是谁救了小白兔？真得谢谢他呢！"

是谁救了小白兔？是雪孩子。可是雪孩子不见了，他已经化成水了。

不，雪孩子还在呢！瞧，太阳晒着晒着，他变成了很轻很轻的水汽，飞呀，飞呀，飞上天空，变成了一朵白云，一朵美丽的白云。

十、分析以下幼儿故事的结构层次，确定朗读的节奏类型，然后朗读 🔊

熊妈妈变开心了[①]

熊妈妈家有两个孩子：大熊和二熊。人家都说，熊妈妈的两个孩子长相有点呆头呆脑的，但熊妈妈却觉得自己的孩子很聪明。

大熊和二熊长大了，熊妈妈要让孩子开店做生意，这样会更聪明。她叫大熊开了一家凉帽店，叫二熊开了一家雨伞店。

熊妈妈有个脾气，什么事情都要自己操心。她每天都要跑到大熊的凉帽店去看看，生意做得怎样？再跑到二熊的雨伞店去瞧瞧，来买雨伞的顾客多不多？然后才放心地回去烧菜做饭，等两个孩子回来吃饭。

一天早晨，太阳出来了，熊妈妈发愁了：卖雨伞的二熊要没生意了。下午，忽然下雨了，熊妈妈又发愁了：卖凉帽的大熊赚不到钱了。这样一来，熊妈妈老是开心不起来。熊妈妈老想着凉帽店和雨伞店，整天愁眉苦脸的。太阳出来，她要愁；天下雨了，她又要

---

① 董胜.新世纪版365夜故事（下）[M].天津：天津人民美术出版社，2004：157.

愁。山羊公公知道了，特意跑来劝她："你应当这样想才对：太阳出来了，卖凉帽的大熊生意来了；下雨了，卖雨伞的二熊生意好了。这么一想，就没愁了！"

熊妈妈觉得山羊公公的话有道理。大晴天，熊妈妈跑到大熊的凉帽店，看到生意真好，笑得真开心！下雨了，熊妈妈跑到二熊的雨伞店，看到生意忙不过来，乐得合不拢嘴！开心的熊妈妈，不管天晴下雨，总是乐呵呵的，这样多好！

十一、试读以下童话，先做停连、重音、语调、语速等朗读标记，再运用恰当的语气朗读 🎧

白雪公主（节选）
安徒生

新王后以为白雪公主已经死了，有一天她又问魔镜说："魔镜，魔镜，谁是世界上最美丽的人呢？"魔镜回答王后说："王后，你很美丽，可是白雪公主比你更美丽，她现在在森林中和七个小矮人过着快乐幸福的生活。"

王后听了这个回答之后，才知道白雪公主并没有死，她感到很愤怒。

"真是可恶极了，一定要让白雪公主从世界上消失！"

坏心肠的王后想到了一个办法，她在鲜红的苹果外面，涂上了她调配的毒药，准备去毒死白雪公主。

"嘿！嘿！白雪公主只要吃一口这个有毒的苹果，就一定会死去。到那个时候，我就是世界上最美丽的女人了。"

然后，王后就打扮成老太婆的模样，提着一篮苹果到森林里去了。坏王后提着一篮苹果来到了小矮人的小木屋前。

"可爱的小姑娘，你要不要买一个又红又香的苹果呀！我送一个给你吃吧，相信你一定会喜欢的。"

本来就很喜欢吃苹果的白雪公主，看到又红又大的苹果，便高兴地说："哇！这红红的苹果多么地可爱呀！一定很好吃的。"于是，白雪公主就伸手接过那个苹果。

结果，白雪公主才咬了一口，就马上倒在地上，昏死过去了。

坏心肠的王后看到她倒在地上，大笑着说："哈！哈！白雪公主从此以后就从这个世界上消失了。"

任务三　不同体裁作品的朗读

任务导入

在大班幼儿午餐前，负责保育工作的秦老师为了让幼儿了解蔬菜的营养，激发幼儿的食欲，理解营养全面的必要性，以及养成健康的饮食习惯，便组织幼儿一起诵读、表演儿歌《蔬菜歌》。

蔬菜歌

蔬菜营养多又多，小朋友们听我歌。

绿色蔬菜叶酸富，红黄蔬果维 C 多。

紫色茄子抗氧化，白色萝卜助消化。

餐餐蔬菜不可少，健康成长笑呵呵。

这首儿歌简洁明快，既说明了蔬菜含有多种营养，又强调了蔬菜在健康成长中的重要性。同时，这首儿歌富有节奏感，容易被幼儿记住并吟诵。保育师在吟诵这首儿歌时，应充分表现出儿歌的节奏感，并适当运用手势、动作等进行夸张的表演，从而让幼儿获得美的熏陶。

学习支持

朗读时，朗读者要注意激发听者的感情，要在感受和分析作品的基础上产生鲜明的态度，并通过富有感染力的声音，运用恰当的朗读技巧，生动地再现作品的思想感情。

▶ 文体不同,技巧有别——不同体裁作品的朗读

不同体裁作品的内容结构有不同的特点，对朗读也有不同的要求。对于童话、寓言、小说等记叙性的作品，要着重表现情节和人物性格；对于抒情性的作品，要以声传情，传递音韵美、意境美、情趣美；对于说明性的作品，要把握对事物性质、功用的介绍，抓住说明的次序和方法；对于议论性的作品，要表达清晰的观点和严密的逻辑关系，传递人生哲理。对于与幼儿关系最为紧密的儿童文学作品，朗读时应从幼儿的接受心理出发，适度地儿童化、口语化，以体现作品的教育意义和启迪作用。

一、记叙性作品的朗读

记叙性作品是以叙述、描写为主要表达方式，以记人、叙事、写景、状物为主要内容的文学形式。它不是对客观事物的抽象概括，而是对其进行具体、形象的刻画，给人以如见其人、如临其境、如观其景、如察其物的真切感受。

因此，对于记人、叙事类作品的朗读，要注意通过各种朗读技巧，表现出不同人物的个性，尤其要读好人物的语言，要符合人物的地位、身份、年龄、性格等。对于写景类文章的朗读，一般应采用舒缓的节奏，注意语调流畅。对于状物类文章的朗读，应把有关词语、句子加以强调、突出，将状写的对象表现得鲜明而深刻。

练一练

县委书记的榜样——焦裕禄（节选）

这一天，焦裕禄没烤群众一把火，没喝群众一口水。风雪中，他在九个村子，访问了几十户生活困难的老贫农。在许楼，他走进一个低矮的柴门。这里住的是一双无依无靠的老人。老大爷有病躺在床上，老大娘是个盲人。焦裕禄一进屋，就坐在老人的床头，问寒问饥。老大爷问他是谁，他说："我是您的儿子。"老人问他大雪天来干啥，他说："毛主席叫我来看望您老人家。"老大娘感动得不知说什么才好，用颤抖的双手上上下下摸着焦裕禄。老大爷眼里噙着泪说："以前，大雪封门，地主来逼租，撵得我串人家的房檐，住人家的牛屋。"焦裕禄安慰老人说："如今印把子抓在咱手里，兰考受灾受穷的面貌一定能够改过来。"

朗读提示：在这篇记人、叙事类作品的片段中，出现的人物有焦裕禄、老大爷和老大娘。朗读时，要对这些人物的语言做不同的处理。在朗读焦裕禄的话时，应提升音量，饱含深情，语速稍慢，以表现焦裕禄亲民爱民的形象，以及把党的温暖送到每一个需要帮助的兰考人的心中的行为，生动地体现出焦裕禄作为一位中国共产党党员的优秀品质。在朗读老大爷的话时，声音要压低，语速稍慢，断断续续，听起来有伤心的感觉，以表现出老大爷对焦裕禄的感激之情和对旧社会的愤恨，以及对社会主义制度的坚信。

二、抒情性作品的朗读

抒情性作品以表现作者个人主观情感为主，偏重审美价值，主要包括抒情诗和抒情散文。在朗读这类作品时，要把握住情感基调，如是高亢的、低沉的、哀婉的、缠绵的等，然后在此基础上，恰当地运用朗读技巧，以达到较好的朗读效果。

（一）抒情诗朗读

诗歌具有抒情性，正如托尔斯泰说的，"诗是人们心里燃烧起来的火焰"。因此，在朗读诗歌时，首先要关注其抒情性的艺术特征，深入感受并准确把握诗歌所表达的情感，然后将自己的情感体验转化为生动的有声语言，从而传达给听众并感染听众，进而实现诗人、朗读者、听众之间的情感共鸣和心灵沟通。

在朗读的过程中，朗读者要富有意蕴地表达诗中的意象，将听众带入诗歌的意境之中，共同感悟诗的情趣、理趣和妙趣；要确保节奏清晰，押住韵脚，形成和谐动听、朗朗上口的律动美感；要注意诗歌外在声音的抑扬顿挫与内在情感的波动起伏的一致性，以体现出诗歌的音乐美和情感美，同时还要注意语音的适当内敛和富有内涵，忌直白浅露。

 练一练

🔊 我爱这土地

我爱这土地

艾　青

假如我是一只鸟，

我也应该用嘶哑的喉咙歌唱：

这被暴风雨所打击着的土地，

这永远汹涌着我们的悲愤的河流，

这无止息地吹刮着的激怒的风，

和那来自林间的无比温柔的黎明……

——然后我死了，

连羽毛也腐烂在土地里面。

为什么我的眼里常含泪水？

因为我对这土地爱得深沉……

朗读提示：这首诗歌写于 1938 年，当时日本侵略军连续攻占了我国的华北、华东、华南地区，在所到之处疯狂肆虐，妄图摧毁中国人民的抵抗意志。中国人民奋起反抗，进行了不屈不挠的斗争。在国土沦丧、民族危亡的关头，诗人满怀对祖国深沉的爱和对侵略者切齿的恨，写下了这首诗。诗人目睹山河破碎、生民涂炭的现实，对祖国爱得越深，心中的痛苦也越强烈。我们在朗读这首诗歌时，若要理解诗人的这种情感，就要了解诗歌的写作背景，要深刻体会在那个苦难的时代背景下，诗人内心所承受的极大痛苦以及对祖国炽热的爱。

（二）抒情散文朗读

抒情散文以抒发感情为核心，它通常承载着作者对现实生活的感受、激情和意愿。抒情散文的情是借助于对特定人物、事件或景物的记叙及描写来表现的，以实现托物言志、寄情于物的目的。

抒情散文的朗读，从总体上来说应追求细腻、真实、质朴，重在传递作者内心的感受和情感。朗读者的用声不宜太强、太高、太实，语言应舒展、亲切，声音松弛、轻柔，气息绵长，似溪水流淌、好友交心，循着散文优美、生动的语言，展现散文的情致和意境。

 练一练

祖国，一首唱不完的恋歌（节选）

张　锲

祖国，一首唱不完的恋歌

我曾经不止一次地想过，祖国，到底是什么？我想啊，想啊，每当我想起"祖国"这两个字，我的血管里便奔腾着一股股热血，眼里便涌起一片片晶莹的泪花，我的心中便泛起一阵温柔的浪波……

祖国是什么？它是山，是海，是森林，是草地，是城市，是乡村，是茫茫无垠的沙漠，是绵延起伏的丘陵。

祖国是什么？它是炊烟，是鸽哨，是端午的龙舟，是中秋的火把，是情人在木栅栏后热情的亲吻，是婴儿在摇篮里的咿咿呀呀的呼唤，是母亲在平底锅上烙出的煎饼，是父亲在远行时的殷殷叮咛。

祖国是什么？它是孔子、老子、庄子的思考，是屈原、李白、陆游的诗，是韩愈、柳宗元、苏轼的散文，是李煜、李清照、辛弃疾的词，是八大山人、郑板桥、齐白石的画，是米芾、黄山谷、林散之的书法，是我们先辈中那些最智慧的人的创造，是我最尊崇的那些大师们的劳绩。

祖国是什么？它是一次次的屈辱，一次次的抗争，一次次的失败，又一次次的奋起。它是战士手中的枪，志士颈上的血，是胜利后的狂欢，是史书上那一页页不朽的篇章。

世界上有很多美丽的地方。但是，那里有黄山吗？有黄河吗？有长江吗？有长城吗？有母亲生育我时的衣胞吗？有我一步步艰难跋涉过来的足印吗？有我和我的亲友们早已习惯了的那些难以尽说的民风民俗吗？有我一开口哼唱就觉得荡气回肠的乡音黄梅戏吗？

没有，既然这些都没有，那么，祖国就是一个不可替代的地方。

祖国，它是一首唱不完的恋歌，一篇写不尽的美文。它是我们的祖先和祖先的祖先赖以生息繁衍的地方，也是我们的子孙和子孙的子孙赖以生存和发展的地方。

让我们更多地了解祖国的昨天，也更加努力地建设祖国的今天和明天。未来属于中国，中国的未来属于青年。

（本文入选时有改动）

朗读提示：这首祖国颂歌，深情地表达了作者对祖国的热爱和依恋。文章大气磅礴、情感真挚，语言规整且凝练，读来朗朗上口。作者通过细腻的描绘，将祖国比喻为各种美好的事物，展现了祖国在人们心中的不可替代性。朗读时，语气要柔和、亲切，以表现出作者对祖国的深深眷恋之情；语速要适中，注意停顿和重音的运用，以便让听众更好地感受作者的情感；情感要饱满，通过对祖国声情并茂的描绘，让听众感受到作者对祖国的热爱和依恋之情，以及那份对祖国的坚定认同感和强烈的民族自豪感。

三、说明性作品的朗读

说明性作品以说明为主要表达方式，旨在解说事物、阐明事理。这类作品语言多平实，注重准确精当，缺乏引人入胜的情感因素和趣味性（文艺性说明文除外）。因而在朗读时，要确定朗读的方向和基调，突出其说明性、知识性、科学性、准确性，尤其是作品中关键性的词语、句子，要运用停连、重音等方式加以突出强调。

✎ 练一练

赵州桥|非常雄伟，全长 50.82 米。桥的设计|完全合乎科学原理，施工技术|更是巧妙绝伦。全桥|只有一个大拱，长达 37.4 米，在当时|可算是世界上|最长的石

拱。桥洞 | 不是普通半圆形，而是 | 像一张弓，因而 | 大拱上面的道路 | 没有陡坡，便于车马上下。大拱的两肩上，各有 | 两个小拱。（选自《中国石拱桥》）

　　朗读提示：这段话是对赵州桥的说明性描述，因此在朗读时，应该注重准确性，以突出其说明性、知识性和科学性。具体来说，朗读时的注意事项有：突出强调关键性的词语和句子，如"赵州桥非常雄伟""全长 50.82 米""桥的设计完全合乎科学原理""施工技术更是巧妙绝伦"等；对于数字和度量单位，应该特别重读，以确保听众能够准确理解；在描述桥的结构和特点时，可以使用停连和重音来加强语气，提升表达的清晰度，如"全桥只有一个大拱，长达 37.4 米""桥洞不是普通半圆形，而是像一张弓"等。通过这些朗读处理，可以让听众更加准确地了解赵州桥的特点和价值，理解古代劳动人民的智慧，提升民族自豪感。

四、议论性作品的朗读

　　议论性作品的特点是：作者常用精辟的理论和明白的事实，以及严密的逻辑和凝练的语言来阐述个人主张，以达到就事论理、以理服人的目的。在朗读议论性作品时，要把握文章内在的逻辑关系，理清作者论述事理的思路、层次，体现"提出问题—分析问题—解决问题"的论证过程，且要读得从容、肯定、自然、平实；常用逻辑停顿、逻辑重音等朗读技巧，语气要果断，语势要平和；段与段之间的停顿要稍长于散文朗读，以显示出清晰的层次关系和逻辑关系。

✎ 练一练

　　人 | 总是要死的，但死的意义不同。中国古时候 | 有个文学家叫作司马迁的说过：人固有一死，或重于泰山，或轻于鸿毛。为人民利益而死，就比泰山还重；替法西斯卖力，替剥削人民和压迫人民的人去死，就比鸿毛还轻。张思德同志 | 是为人民利益而死的，他的死 | 是比泰山还要重的。（选自《为人民服务》）

　　朗读提示：这段话是一段议论性作品，作者通过引用司马迁的名言，提出了关于死的意义的观点，并进一步阐述了为人民利益而死的重要性。这段话的朗读基调应该是严肃、庄重的，以体现出作者对死的意义的认真思考和对为人民利益而死的崇高评价。

　　朗读时，首先要突出关键性的词语和句子，如"人固有一死，或重于泰山，或轻于鸿毛""为人民利益而死，就比泰山还重""替法西斯卖力，替剥削人民和压迫人民的人去死，就比鸿毛还轻"等。这些词语和句子是作者观点的重要支撑，应该通过重读和强调来突出其重要性。其次，要注意体现作者论述事理的思路和层次。这段话的论述过程是清晰的，即从引用名言到阐述为人民利益而死的意义，再到具体例子（张思德同志），最后得出结论。因此，在朗读时应该通过逻辑停顿和重音来体现这个过程。最后，朗读的语气应当果断、肯定，语势需保持平和，以体现论述的理性和客观性。

五、儿童文学作品的朗读

儿童文学作品往往内容浅显、语言精练有趣，具有鲜明的教育意义和启迪作用。朗读时，应从儿童的接受心理出发做儿童化处理，语调张扬且适度夸张，同时注意运用多样化的音色和语气。这里主要介绍儿歌、幼儿诗、幼儿童话和幼儿散文的朗读。

（一）儿歌

儿歌是适合幼儿听赏念唱的简短的歌谣体诗歌，又称"童谣"，是人一生中较早接触且易于接受的一种文学形式。儿歌以口耳相传的形式传播，能够给幼儿带来无穷乐趣。儿歌具有篇幅短小、内容纯真、语言通俗易懂、富有情趣、节奏鲜明等特点。例如：

▶ 儿歌朗读训练

宝石光光

星星，月亮，抬头望望，
摘来点灯，宝石光光，
借来梳头，照我模样。

这首儿歌采用押"ang"韵的方式，使得整首儿歌听起来响亮悦耳。同时，叠音词"望望、光光"的使用，为儿歌增添了和谐动听的乐感，读来十分顺口，便于幼儿口头传诵。儿歌可以分为摇篮曲、数数歌、问答歌、绕口令、连锁调、颠倒歌、谜语歌、字头歌、游戏歌等类型。儿歌精致的韵律、明快的节奏、优美的音乐性，使其更适合吟诵。在吟诵时，要注意有节奏感，同时可以适当地运用手势、动作等进行夸张的表演。

练一练

比 尾 巴

程宏明

谁的尾巴长？　　　　　　　（双手食指相对，从中间向两侧拉开）
谁的尾巴短？　　　　　　　（与上一句"长"相反）
谁的尾巴好像一把伞？　．　（双手做伞形）
猴子的尾巴长。　　　　　　（双手食指相对，从中间向两侧拉开）
兔子的尾巴短。　　　　　　（与上一句"长"相反）
松鼠的尾巴好像一把伞。　　（双手做伞形）

谁的尾巴弯？　　　　　　　（右手食指画弧形）

谁的尾巴扁？	（两手掌合在一起）
谁的尾巴最好看？	（竖起拇指）
公鸡的尾巴弯。	（右手食指画弧形）
鸭子的尾巴扁。	（两手掌合在一起）
孔雀的尾巴最好看。	（竖起拇指）

朗读提示：《比尾巴》是一首问答歌，通过三问三答的形式告诉幼儿六种动物尾巴的特征。整首儿歌明快流畅、意境优美、语言清新、音乐性强，极富儿童情趣。在吟诵时，要注意节奏感，读准韵脚。

（二）幼儿诗

幼儿诗是幼儿文学中文学性最强的类型之一。幼儿诗符合幼儿的心理和审美特点，能够表现幼儿的情感和体验。幼儿诗无不透露着幼儿活泼的天性、丰富的想象，以及成长中的各种情绪。这些诗歌往往蕴含着天真烂漫的想象，构思巧妙且富有情趣，语言优美而生动，音韵和谐且流畅，适合年龄稍大的幼儿欣赏和诵读。

幼儿诗表达指导

绿色的孩子

胡木仁

树儿，绿色的扫帚，
把天空，扫得湛蓝湛蓝。

树儿，绿色的掸子，
把云朵，掸得洁白洁白。

树儿，绿色的抹布，
把星星，擦得闪亮闪亮……

树儿，绿色的孩子，
把地球，打扮得多漂亮！

绿色的孩子

朗读提示：这首意境优美的幼儿抒情诗由四个小节组成，它运用了精当的比喻，将树分别描绘成绿色的扫帚、绿色的掸子、绿色的抹布和绿色的孩子。在美丽的画面中，渗透着作者对绿色环境的赞美和感激之情。诵读时，需注意四个小节之间的情感的细微变化，通过对重音、节奏的把控将作品诵读得情真意切，从而激发幼儿热爱地球母亲的美好情感。

（三）幼儿童话

幼儿童话是适合幼儿听赏的内容浅显、情节单纯的童话，是幼儿喜欢的一种文学体裁。作者运用充满幻想的笔触以及夸张、拟人的手法，为幼儿展现了一幅幅神奇的画卷。

▶幼儿童话
表达指导

在朗读童话时，要准确把握童话的立意，对人物形象、动作、语言进行合理的设计。朗读时，要分清事件的叙述语言、人物的对话语言和议论性语言。在叙事时，语言表达要形象、生动、鲜明，更具动感；在朗读人物对话时，语言要夸张，注意用不同的声音表现不同人物的性格、身份、年龄等。例如，对于《没有牙齿的大老虎》中的狐狸，可设计略带鼻音、音调较高、嗓音较细、拿腔拿调的声音效果，从而淋漓尽致地表现出狐狸的狡猾和聪明。

✎ 练一练

🔊 狼和小羊

狼和小羊

狼来到小溪边，看见小羊正在那儿喝水。→

狼非常想吃小羊，就故意找碴儿，说："你把我喝的水弄脏了！↘你安的什么心？"↗↘

小羊吃了一惊，温和地说："我怎么会把您喝的水 | 弄脏呢？↗您 | 站在上游，水是从您那儿 | 流到我这儿来的，不是从我这儿 | 流到您那儿去的。"↘

狼气冲冲地说："就算这样吧，你总是个坏家伙！我听说，去年 | 你在背地里说我的坏话！"↘

可怜的小羊喊道："啊，↗亲爱的狼先生，那是不会有的事，去年 | 我还没有生下来哪！"↘

狼不想再争辩了，龇着牙，逼近小羊，大声嚷道：↘"你这个小坏蛋！说我坏话的 | 不是你 | 就是你爸爸，反正都一样。"↘↗说着 | 就往小羊身上 | 扑去……

人们要想做坏事，是不难找到借口的。

朗读提示：童话中的狼和小羊都人格化了，它们的动作、语言及内心活动都跃然纸上，活灵活现。朗读时，可参考朗读标记，读出这一正一反两个"人物"的个性特征，以充分揭示它们的不同品性。最后一段要读得字字铿锵，以给人哲理性启迪。

（四）幼儿散文

幼儿散文是适合幼儿欣赏的篇幅短小、知识性强、写法自由、情文并茂的一类文章。幼儿散文用优美的语言感染幼儿，以温馨、真诚的情感打动幼儿，给幼儿带来愉悦和美感。幼儿散文的欣赏对象主要是大班的幼儿。

▶幼儿散文
表达指导

幼儿散文的朗读应有生活化的口语感，情真意切。朗读者应以舒缓的语气、轻柔的声音、适中的语速，富有想象力地表达出散文优美的意境。

闹 元 宵
李慰宜

　　元宵节到了，幼儿园里闹花灯。天黑了，点灯了，一闪一亮真好看。平平说："我们排着队儿走。"灯儿变成一条龙。芳芳说："我们围着圈儿走。"灯儿变成一朵花。明明说："我们背靠背儿转着走。"灯儿变成大车轮。你看见的灯有这么美吗？请把它画出来。

　　朗读提示：这篇充满童趣的散文描述了元宵节上闹元宵的习俗。散文以通俗易懂的语言，为我们勾勒出一幅生动的幼儿生活图画。幼儿园里的幼儿提着花灯玩耍的场景，展现了幼儿纯真、快乐的情感。幼儿充满想象的思维，为我们生动地描绘出了一场热闹多变的元宵灯会。朗读时，要用舒缓的语气、轻柔的声音，读出语言中所蕴含的丰富形象和画面，字字含情，让幼儿在欣赏中获得美感。

任务训练

一、参考朗读提示，运用正确的技巧朗读记叙性作品

　　那是 1961 年 7 月的一天，下课铃声响过之后，袁隆平拍去身上的粉笔灰尘，掖着讲义夹，匆匆来到校园外的早稻试验田。采用常规法培育出来的早稻常规品种正在勾头散籽，呈现一派丰收景象。袁隆平把讲义夹放在田埂上，走下稻田一行行地观察起来。突然，他那敏锐的目光停留在一蔸形态特异、鹤立鸡群的水稻植株上。他屏气静神地伸出双手，欣喜地抚摸着那可爱的稻穗，激动得几乎要喊出声来！（选自《喜看稻菽千重浪——记首届国家最高科学技术奖获得者袁隆平》）

　　朗读提示：这段话描述的是 1961 年 7 月的一天，下课铃声响过之后，袁隆平来到校园外的早稻试验田，观察并发现了一株形态特异、鹤立鸡群的水稻植株的场景。这段话的情感基调是欣喜和激动，因此在朗读时，语气要欢快、兴奋，以表现出袁隆平发现这株水稻植株时的喜悦和激动之情。

二、根据提示朗读抒情性作品，深入体会作品所表达的情感 ⊙

面朝大海，春暖花开
海　子

从 | 明天起，做一个 | 幸福的人
喂马，劈柴，周游世界——
从 | 明天起，关心粮食 | 和蔬菜

我有一所房子，面朝 | 大海，春暖花开——

从 | 明天起，和 | 每一个亲人 | 通信 ↘
告诉他们 | 我的幸福——
那 | 幸福的闪电 | 告诉我的
我将 | 告诉每一个人——

给 | 每一条河每一座山 | 取一个 | 温暖的名字——
陌生人，我也为你 | 祝福
愿你 | 有一个灿烂的前程 ↗
愿你 | 有情人终成眷属 ↗
愿你 | 在尘世获得幸福——
我 | 只愿 | 面朝大海，春暖花开——

朗读提示：这首诗体现了作者质朴的心灵及对美好生活的向往，作者把"喂马、劈柴、通信"等生活中的小事写得如诗如画，给我们一种心灵的震撼，让我们从对世俗理想的追求中猛地清醒，重新去体会平淡生活的美好与纯洁。朗读时，主要基调应是清新、积极向上的，但在表面快乐的祝福中也应有一丝苦笑，从喜中透出悲伤。

三、朗读议论性作品

论 美

培 根

美德好比宝石，它在朴素背景的衬托下反而更华丽。同样，一个打扮并不华贵却端庄严肃而有美德的人，是令人肃然起敬的。

美貌的人并不都有其他方面的才能。因为造物主是吝啬的，他给了此就不再予彼。所以许多容颜俊秀的人却一无所为，他们过于追求外形美而放弃了内在美。但这话也不全对，因为奥古斯都、菲斯帕斯、腓力普王、爱德华四世、阿尔西巴底斯、伊斯梅尔等，都既是大丈夫，又是美男子。

仔细考究起来，形体之美要胜于颜色之美，而优雅行为之美又胜于形体之美。最高的美是画家所无法表现的，因为它是难于直观的。这是一种奇妙的美。曾经有两位画家——阿皮雷斯和丢勒滑稽地认为，可以按照几何比例，或者通过摄取不同人身上最美的特点，作画合成一张最完美的人像。其实像这样画出来的美人，恐怕只有画家本人喜欢。美是不能制定规范的，创造它的常常是机遇，而不是公式。有许多脸型，就它的部分看并不优美，但作为整体却非常动人。

有些老人显得很可爱，因为他们的作风优雅而美。拉丁谚语说过："晚秋的景色是最美好的。"而尽管有的年轻人具有美貌，却由于缺乏优美的修养而不配得到赞美。

美犹如盛夏的水果，是容易腐烂而难以保持的。世上有许多美人，他们有过放荡的青春，却迎受着愧悔的晚年。因此，把美的形貌与美的德行结合起来吧。只有这样，美才会放射出真正的光辉。

朗读提示：这篇议论文是关于美的探讨，强调了内在美的重要性，以及美与德行的结合。在朗读时，语气要严肃、庄重，同时也要保持一定的节奏感。在表达内在美的部分，可以适当地加深情感，让听众更好地感受到作者对内在美的推崇和呼吁。

四、吟诵以下儿歌，注意要有节奏感，并适当运用态势语进行表演 ▶

雁雁排成队

庞增智

雁——雁，

排成队，

后头 / 跟个 / 雁妹妹，

雁哥哥，慢点儿飞，

雁妹妹，快点儿追，

一起 / 往南飞，

谁也 / 不掉队。

朗读提示：练习时，应注重从儿歌的内容入手来安排节奏和重音，特别是起句的停连运用，可以形成独特的节奏美感。结尾处应紧扣儿歌的主题，以重音表达对"团结友爱"精神的理解。同时，在朗读儿歌的过程中可配以动作，使朗读的效果更具动感和节奏感。

五、参考朗读提示，朗读幼儿诗 ▶

小弟和小猫

柯 岩

我家有个小弟弟，

聪明又淘气，

每天爬高又爬低，

满头满脸都是泥。

妈妈叫他来洗澡，

装没听见他就跑；

爸爸拿镜子把他照，

他闭上眼睛咯咯地笑。

姐姐抱来小花猫，

拍拍爪子舔舔毛，

两眼一眯："妙，妙，妙，

谁跟我玩，谁把我抱？"

弟弟伸出小黑手，
小猫连忙往后跳。
胡子一撅头一摇：
"不妙，不妙，太脏太脏我不要！"

姐姐听见哈哈笑，
爸爸妈妈皱眉毛。
小弟听了真害臊：
"妈！妈！快快给我洗个澡！"

　　朗读提示："满头满脸都是泥"的小弟不爱清洁，妈妈叫他洗澡时，他装作听不见，爸爸拿镜子照他时，他又闭上眼睛咯咯地笑，大家都对这"聪明又淘气"的小弟无可奈何。小弟转变的契机是姐姐抱来了小花猫，而这只小花猫在作者的笔下成了既有人的思想又有人的语言的家庭一员，以它的爱清洁与小弟的不爱清洁做对比，最后引发了小弟的羞愧心理，使洗不洗澡的矛盾得到了解决。作者将这一儿童心理变化的过程写得合情合理。拟人化的手法在诗中得到了巧妙的运用，使这首儿童生活小诗带上了童话的色彩，富有儿童情趣。朗读时，我们要注意体会优美的语言和流畅的音韵，读出"我"的心理、"小花猫"的可爱以及小弟想改正缺点的迫切心情。

六、参考朗读提示，朗读幼儿童话 🔊

萝卜回来了
方轶群

　　雪这么大，天气这么冷，地里、山上都盖满了雪。小白兔没有东西吃了，饿得很。他跑出门去找。

　　小白兔一面找一面想：雪这么大，天气这么冷，小猴在家里，一定也很饿。我找到了东西，去和他一起吃。

　　小白兔扒开雪，嘿，雪底下有两个萝卜。他多高兴呀！

　　小白兔抱着萝卜，跑到小猴家，敲敲门，没人答应。小白兔把门推开，屋里一个人没有。原来小猴不在家，也去找东西吃了。

　　小白兔就吃掉了小萝卜，把大萝卜放在桌子上。

　　这时候，小猴在雪地里找呀找，他一面找一面想：雪这么大，天气这么冷，小鹿在家里，一定也很饿。我找到了东西，去和他一起吃。

　　小猴扒开雪，嘿，雪底下有几颗花生。他多高兴呀！

　　小猴带着花生，向小鹿家跑去，跑过自己的家，看见门开着。他想：谁来过啦？

　　他走进屋子，看见萝卜，很奇怪，说："这是哪来的？"他想了想，知道是好朋友送来的，就说："把萝卜也带去，和小鹿一起吃！"

小猴跑到小鹿家，门关得紧紧的。他跳上窗台一看，屋子里一个人也没有。原来小鹿不在家，也去找东西吃了。

小猴就把萝卜放在窗台上。

这时候，小鹿在雪地里找呀找，他一面找一面想：雪这么大，天气这么冷，小熊在家里，一定也很饿。我找到了东西，去和他一起吃。

小鹿扒开雪，嘿，雪底下有一棵青菜。他多高兴呀！

小鹿提着青菜，向小熊家跑去，跑过自己的家，看见雪地上有许多脚印，他想：谁来过啦？

他走近屋子，看见窗台上有个萝卜，很奇怪，说："这是从哪来的？"他想了想，知道是好朋友送来给他吃的，就说："把萝卜也带去，和小熊一起吃！"

小鹿跑到小熊家，在门外叫："开门！开门！"屋子里没有人答应。原来小熊不在家，也去找东西吃了。

小鹿就把萝卜放在门口。

这时候，小熊在雪地里找呀找，他一面找一面想：雪这么大，天气这么冷，小白兔在家里，一定也很饿。我找到了东西，去和他一起吃。

小熊扒开雪，嘿，雪底下有一只白薯。他多高兴呀！

小熊拿着白薯，向小白兔家跑去，跑过自己的家，看见门口有个萝卜，他很奇怪，说："这是从哪儿来的？"他想了想，知道是好朋友送来给他吃的，就说："把萝卜也带去，和小白兔一起吃！"

小熊跑到小白兔家，轻轻推开门。这时候，小白兔吃饱了，睡得正甜哩。小熊不愿吵醒他，把萝卜轻轻放在小白兔的床边。

小白兔醒来，睁开眼睛一看："咦！萝卜回来了！"他想了想，说："我知道了，是好朋友送来给我吃的。"

朗读提示：这是一篇讲述小动物们相互关心的童话故事。童话采用循环式结构。作品中小兔子送出的萝卜，在好朋友小猴、小鹿、小熊那里转了一圈，最后又回到了自己这里。这是因为好朋友们自己舍不得吃，都想着小伙伴。朗读时，我们要读出好朋友之间深厚的友谊——只有为别人着想，才能收获真正的友谊。故事情节不复杂，但充满了童趣，能够让幼儿体验到帮助别人的快乐。

复　述

项目导读

　　复述是一项重要的综合性训练，能够帮助我们提高口语表达能力和记忆力，积累丰富的语言素材，同时还可以培养创造性思维。

　　本项目的主要内容包括复述的概念和要求、复述的方法。通过学习本项目，我们能够有效提升将文字材料转换成口头语言的能力。

学习目标

- 了解复述的概念和要求。
- 掌握详细复述、简缩复述、扩展复述的方法和技巧，能够运用清晰、流畅、规范的语言进行复述。
- 培养创造性思维，崇尚工匠精神。

任务一　复述的概念和要求

　　有家长对幼儿说："我们与别人交同样多的餐费，分点心的时候就不要拿小的。"针对这一现象，胡老师给幼儿讲述了《孔融让梨》的故事，教育幼儿学会谦让。[1]

　　在这个案例中，为了达到故事的教育效果，胡老师可以采用复述的方式给幼儿讲故事。那么，你对复述这种口语表达方式了解吗？复述不仅常用于幼儿语言教学，而且还可用于托幼机构的保育活动。因此，复述是托幼机构保育师的必备技能之一。

---

[1] 引自全国职业院校技能大赛（中职组）婴幼儿保育赛项竞赛样题。

学习支持

一、复述的概念

复述就是把看过的、听过的书面或口头材料，在理解记忆或加工整理的基础上，用有声语言或详细完整或简明扼要地重复出来的一种口头表达方式。它是口语表达的基础，对培养语感、熟悉语脉、养成良好的语言习惯，以及提高表达的条理性等方面，均有着不可忽视的作用。

二、复述的要求

复述是一种复杂的语言信息处理和转换过程，需要复述者具有良好的阅读能力、记忆能力以及较强的想象能力和思维能力。具体而言，复述的要求包括以下三点。

（一）准确全面

复述应当忠于原材料的内容和要点，把文字材料的内容用自己的话说出来，不能凭空地增加原文中没有的内容，也不可以根据自己的喜好随意减少原文中应有的内容。

（二）恰当灵活

复述强调用自己的语言进行陈说和叙述，即将自己看过的、听过的书面或口头材料转换成口头语言。在复述的过程中，复述者应根据表达需要，对原材料进行恰当的调整和改编，灵活地再现文字材料，而不是背诵。

（三）清晰连贯

复述是一种再创作活动，它要求复述者运用自己的思维深入理解和分析文字材料或口头材料的内容，然后将其转换成清晰的、有条理的口头语言，并最终连贯地表达给听者。复述者不仅应具有思维分析能力，而且还要具备良好的口头表达能力，这样才能将要表达的内容流畅地表达出来。

三、复述的技巧

（一）把握训练程序

复述者要想掌握复述这种口头表达方式，使复述顺利进行，就要从训练程序入手，即按照"理解→记忆→加工→复述"的程序进行复述。也就是说，复述者首先要对原材料的思想内容和艺术风格有较深刻的认识，然后在整体理解的基础上，对构成原材料的诸多要素进行强化记忆，继而按照复述要求对记忆的信息进行重新组织，最后达到思维与表达的同步，从而流畅、准确地完成复述。

（二）理清材料脉络

虽然复述的原材料体裁多样，但是无论是哪一种体裁的文字材料，都需要理清脉络，这样才便于复述。对于记叙性体裁的材料，一定要弄清记叙文的六要素，即什么时间、有什么人、在什么地方、发生了什么事情、经过如何、最后结果怎样。对于说明性和议论性体裁的材料，复述的技巧在于弄清事理，表明观点主张，让听者了解说明的对象和议论的观点。例如，对童话《慢性子裁缝和急性子顾客》的脉络梳理如下：

第一天，急性子顾客的要求是"尽早地做出新棉袄"，慢性子裁缝的反应是"劝说顾客明年冬天来取衣服"。

第二天，急性子顾客的要求是"把棉袄里的棉花拽掉，改成夹袄"，慢性子裁缝的反应是"爽快答应，一心为顾客服务"。

第三天，急性子顾客的要求是"将夹袄的袖子剪去一截儿，改成短袖衬衫"，慢性子裁缝的反应是"同意剪掉袖子"。

又过了一天，急性子顾客的要求是"把剪下来的袖子接上去，改成春装"，慢性子裁缝的反应是"不同意接袖子，但仍能做出漂亮的春装"。

通过这样的脉络梳理，能把每一次对话的时间、顾客的要求、裁缝的反应等都清晰地呈现出来。

（三）善用口语表达技巧

在复述的过程中，复述者可通过巧妙地运用重音、停连、语气、节奏等口语表达技巧，对原材料中的重点内容进行强化，从而准确地表达出原材料所蕴含的情感，并使语言富有音韵美的节奏感。

（四）配合恰当的态势语

在复述的过程中，复述者可以根据表达的内容，选择恰当的态势语以辅助陈述。适当的表情语和手势语的运用，对复述能起到画龙点睛的作用，增强表达效果。

> ### 📌 知识链接
>
> ### 描　述
>
> 在复述时，我们可以适当采用描述的方式。描述是一种用生动、形象的语言，具体、细致地描绘人、事、物、景等具体事物的形态特征或再现某种场景的口语表达方式。通过这种方式，可以使听者获得鲜明的印象和深刻的感受，产生如临其境、如闻其声、如见其人的感觉。
>
> 描述有多种维度的分类方法：从描述的角度来划分，可以分为直接描述和间接描述；从描述的详略程度来划分，可以分为细致描述和简要描述。
>
> 直接描述是指对描述对象进行直接的、不加修饰的叙述，即说话人把观察到和感受到的内容直截了当地说出来；而间接描述则是通过描述与描述对象相关联的其他人、事等，或是引用他人的评价来间接地达到描述对象的目的。
>
> 细致描述是对描述对象的突出方面进行精细、周密的描述，旨在为听者呈现一个极其鲜明、生动的形象；而简要描述则是以简单、质朴的方式对描述对象进行勾勒，为听者提供一个大致的轮廓。
>
> 描述应做到内容真实、详略得当、抓住特征、形象传神、合理修辞和语言生动。

 **任务训练**

一、思考题

（1）什么是复述？

（2）复述的要求有哪些？

（3）复述的技巧有哪些？

二、按照复述的要求对以下故事进行复述

铁棒磨成针

周　伟　沈晨光

李白是我国唐朝一位大诗人，他的诗句千古传诵，直至今日。但是，李白刚上学的时候，并不是个好学生，他总觉得学习是件苦事，玩是最快活的。

一天，李白坐在书房里，没念几页书就厌倦了。他瞅着桌上的一大摞书，发起愁来："这么多书，什么时候才能读完呢？"李白越想越没劲，索性把书合上，溜出了书房。

离开了书房，李白就像飞出笼子的小鸟，蹦蹦跳跳，显得非常开心。他走着、跑着、看着，尽情地享受着这份自由。一抬头，他忽然发现不远处的小溪边蹲着一位老奶奶，不知在干什么。李白走上前一看，原来她手里拿着一根铁棒，在一块大石板上"嚓嚓嚓"起劲地磨着，磨着。

李白觉得很稀奇，就躬身向老奶奶行了个礼，问："老奶奶，您磨这铁棒干什么？"老奶奶听见有人问话，并不停下手中的活儿，只是抬头看看身边这个提问的小孩，笑着说："好孩子，我要把它磨成针呀！"

李白听了，大吃一惊，用小手指指铁棒，又忙比画着问："铁棒这么粗，什么时候才能……"

老奶奶好像知道李白要说什么，便打断了他的话，回答说："小家伙，铁棒虽然粗，但是它经得起天天磨吗？我今天磨，明天磨，日子久了，还怕它磨不成绣花针吗？"

听了老奶奶的话，李白很受启发，心想：做什么事都要有恒心，只要努力去做，没有做不好的，念书认字不也是一样吗？

李白想了想，立刻转身往回走，来到书房重新打开书本，专心地读了起来。从此，他常用老奶奶的话鼓励自己，开始发愤读书、刻苦学习，并最终写下了千百首诗篇，被人们誉为"诗仙"。

任务二　复述的方法

任务导入

假期快结束了，保育师张莉要返校上课，可是奶奶却在这个时候生病了。她带奶

奶去医院检查并配了药。回来后，她给奶奶吃了药，并为不识字的奶奶读了药品的使用说明书。奶奶笑着说："孙女，这上面那些话，我大半都听不懂。"

第二天早晨临走时，张莉再三叮嘱奶奶要按时吃药。为了让奶奶记住，张莉用通俗易懂的语言，将药品使用说明书的相关内容为奶奶复述了一遍。这次，奶奶听懂了，也记住了。

同样的说明书，为什么奶奶第一次听不大懂，而第二次却听懂了？张莉用了什么方法？其实，这就是"复述"语言表达方式的巧妙之处。请你尝试一下，为家中的奶奶、爷爷或弟弟、妹妹复述一段有趣的新闻。

学习支持

复述富有创造性，能把记忆、思考、表达三者有机地结合起来，使之融为一体。要进行有效的复述，首先需要认真阅读和深入理解原材料，然后运用记忆的技巧（既要有框架记忆，又要有细节记忆，还要留意能够提示记忆的重点语句）对材料进行记忆，同时还要考虑不同复述方式的特点和要求。

▶ 掌握复述
的方法

复述一般分为详细复述、简缩复述和扩展复述三种。

一、详细复述

详细复述又称一般性复述，是指用自己的话，基本按照原材料的内容、结构和顺序，进行准确且完整的述说的一种复述方式。详细复述要求保留文章的主要内容、主要观点和主要情节。但是，复述不同于背诵。为使复述清晰、易懂、易记，可将书面语适当地改成口头语，把复杂的长句改成简单的短句，把典雅的文言词语改为通俗的白话词语。详细复述的要领包括以下几个方面。

（一）理清结构

在复述前，应认真阅读全部材料，明确主题，理解主旨思想，并理清结构，形成对原材料的总体印象。同时，建议列出复述提纲，以更清晰地组织复述的内容。

练一练

阿拉伯民间故事：找骆驼

从前有个商人走失了一只骆驼。他找了很多地方都没找到，心里很着急。这时候，他看见一位老人在前面走，就赶上去问："老人家，您看见一只骆驼了吗？"

老人说："你问的那只骆驼，是不是左脚有点跛？"

"是的。"

"是不是左边驮着蜜，右边驮着米？"

"不错。"

"是不是缺了一颗牙齿？"

"对极了！您看到它往哪儿去了？"

老人说："那我可不知道。"

商人愤愤地说："别哄我了，一定是你把我的骆驼藏起来了。要不，你怎么会知道得这样详细？"

老人不紧不慢地说："干吗生气呢，听我说嘛。刚才我看见路上有骆驼的脚印，右边深，左边浅，就知道骆驼的左脚有点跛。我又看见路的左边有一些蜜，右边有一些米，我想骆驼驮的一定是这两样东西。我还看见骆驼啃过的树叶，上面留下了牙齿印，所以知道它缺了一颗牙齿。至于骆驼究竟往哪儿去了，应该顺着骆驼的脚印去找。"

商人听了，照着老人的指点一路找去，果然找到了走失的骆驼。

提示：根据复述的要求，可以在原作品的基础上拟出提纲，列出关键词，以便我们准确地将故事复述出来。这则故事的提纲可分为两个方面：一是情节，即商人丢骆驼→找骆驼→问老人→老人答→商人质疑→老人释疑→商人找到骆驼。二是骆驼的特点，即左脚有点跛，左边驮着蜜，右边驮着米，缺了一颗牙。

（二）突出中心

在进行复述时，应当创造性地钻研原材料，并展开合理而丰富的想象，发挥口语表达的直观性、有声性优势，将原材料条理分明、中心突出、感情真挚、气势连贯、声情并茂地复述出来。

（三）区分体裁

在进行详细复述时，要注意区分不同的文章体裁。在复述记叙性材料时，叙述要生动，让听者如闻其声、如见其人、如临其境。在复述说明性材料时，要讲清原理或说明的要点。在复述议论性材料时，要讲清观点及论证过程。

📋 案 例

牛郎织女（开头部分）

在古代，有一个名叫牛郎的放牛娃。他是个没爹没娘，又常受哥嫂虐待的苦孩子。但牛郎放的那头牛却和他很亲密，常用温情的眼神看着他，还伸出舌头，轻轻地舔他的手。

详细复述：古时候，有一个放牛娃，名叫牛郎。他小时候可苦了，没有爹娘，哥哥嫂嫂常常打骂他。好在牛郎放的那头牛和他很亲，常用眼睛温情地看着他，还伸出舌头，轻轻舔他的手。

二、简缩复述

简缩复述又称概要复述，是在理解原材料的基础上抓住主要内容，用简洁的语言准确概括材料的一种复述方式。复述时，要保留原材料的主干，按照原来的结构和逻辑顺序，以及原来的人称和口气进行复述，不能增加自己的认识、体会和评论。这种复述训练，有助于提高复述者的语言概括能力，以及归纳、抽象等思维能力。简缩复述的要领主要有以下几个方面。

（一）把握整体

在复述时，应仔细看清楚全部材料，熟悉原材料的所有内容，包括主题思想、语言风格、文章体裁，以及涉及的事件和说明的事理等。

（二）确定主次

在熟悉、记忆的基础上，对全部材料进行分析整理，确定主要内容和次要内容。

（三）取舍得当

复述时，要去除铺陈、举例、联想等枝叶部分，理清线索，并运用高度概括的语言叙述出原材料的中心内容。需要注意的是，简缩复述并不等于概括段落大意。因为简缩复述注重的是复述，而概括段落大意则注重议论，它们有着本质的区别。

📋 **案 例**

红 军 鞋[①]

每到傍晚，小镇上那位鞋匠收摊前总要向路口张望，望了很久，总要纳闷地叹气。他希望那个修鞋的军人能把修好的鞋取走。可是 10 天、20 天过去了，那位军人魁梧的身影一直没有出现。

又是一个傍晚，一位瘦高个军人来到修鞋摊旁，问道："一个多月前，是不是有个大个子军人来您这儿修过一双鞋？"鞋匠点点头，觉得很奇怪，心想怎么换了人拿鞋？军人问："要付多少钱？"鞋匠估摸了一下，说："修鞋两块钱，搁到今天才拿，外加一块钱保管费，给三块钱！"接着又埋怨道："都像那个大个子军人，我这儿要堆成鞋山了！"

军人给了修鞋钱，走了。

"鞋！"鞋匠提起那双鞋，边喊边追了上去，"鞋不要啦？"

军人止住脚步，沉重地说："不要了，他用不着鞋了，他的一双脚被地雷……他在医院里，要我把修鞋钱送来。"

说完，军人大步走了。

鞋匠呆呆地站在路口，好半天才转过身来……

---

① 国家教育委员会师范教育司 . 教师口语（试用本）[M]. 北京：北京师范大学出版社，1996：119.

　　简缩复述：在一次战斗间隙，一位战士到附近的小镇上修了一双鞋。然而，不幸的是，他后来因踩到地雷，双脚被炸掉了。在医院养伤的时候，他想起了修鞋的事，便请战友去找到那个鞋摊，付了修鞋钱，但那双鞋他再也用不上了。

　　评析：这段简缩复述去除了鞋匠的疑惑、等待的天数、详细的对话等枝叶部分，按照"修鞋→脚被炸→想起鞋→付钱→不要鞋"的主要线索，概括叙述了作品的主要内容。然而，尽管叙述内容有所简化，但作品所表现的"人民军队爱人民"的主题没有改变。

三、扩展复述

　　扩展复述也称创造性复述，是通过想象和联想的方式，将原材料合情合理地加以扩充和展开，从而使内容更具体、更丰富，语言更鲜明、更生动的复述方式。扩展复述有助于培养复述者的创造性思维能力，提高想象力和即兴表达能力。

　　在对不同的材料做扩展复述时，侧重点各不相同。对议论性材料做扩展复述，主要是增加理性论证的层次，补充论据材料，从而进行更深入的剖析。对说明性材料做扩展复述，主要是为所述内容增加更具体、更鲜明的细部说明。对记叙性材料做扩展复述，则要通过合理的想象补充细节，运用描述、渲染等手法，使复述更生动、更充实。扩展复述的要领主要包括以下几个方面。

（一）把握框架

　　在进行扩展复述时，应当先通过阅读原材料全文来把握材料框架，然后再根据中心确定需要重点扩展的部分。

（二）合理想象

　　在复述的过程中，应先确定原材料的中心及扩展的重点，随后基于这些内容进行合理的联想与想象，但务必确保扩展的内容不背离原意及基本框架。

（三）补充细节

　　在复述时，应当根据原材料的内容及表达的需要，充分运用描述、解说、论证等方法以及各种修辞手法，围绕原文和基本框架进行扩展补充。

📋 案　例

夸父逐日

　　夸父与太阳竞跑，一直追赶到太阳落下的地方；他感到口渴，想要喝水，就到黄河和渭水喝水；黄河和渭水的水不够，夸父就去北方喝大湖的水。但还没赶到大湖，夸父就在半路渴死了。夸父抛弃了他的手杖，他的手杖化成了桃林。

　　扩展复述：很久以前，有个长得又高又大的巨人，名字叫夸父。他坐在地上，就像一座高山。他站起来啊，脑袋就碰到天上的云啦。

夸父是个好心人。他看到太阳每天早上从东边升起，傍晚从西边落下，夜里人们什么也看不见，就打定主意，要把太阳搬到地上来，让地上的人们不论白天黑夜都能晒到太阳，得到亮光。

夸父说干就干，这天一早，他就开始追赶太阳。他跑呀，奔呀，追呀，一直追到太阳下山。眼看就要抱住太阳了，他加快脚步扑上去。可太阳像大火球，呼啦啦地喷着火，把夸父烤得口干舌燥。于是，他转身跑到黄河边，弯下腰，"咕嘟，咕嘟"地大口喝水。没几口，黄河里的水就被他喝光了。然而，夸父还是口渴，于是他又跑到渭河边，"咕嘟，咕嘟"没几口，又把渭河的水喝光了。

夸父喝了这么多水，还是渴得难受。他就转向北边去找水喝。他越跑越慢，渐渐停了下来，身子晃了晃，"轰隆"一声倒在地上。唉，夸父渴死了。

夸父手里有根手杖，一下子掉在地上。一会儿，这根手杖生了根；再过一会儿，手杖发了芽，抽了枝，长成了一棵桃树。后来，这地方长出一棵又一棵桃树，结出一个又一个大桃子。要是谁走路口渴了，摘几个桃子吃吃，就不渴了。人们都说，这些桃树，是夸父留给热爱光明又勇敢的后代的。[①]

评析：这段扩展复述围绕"追日"这一主题，基于神话故事的框架展开合理想象，主线清晰，重点突出，并且运用了描述细节、渲染气氛的方法，展现了夸父为了族人的幸福而勇于献身的精神，同时充分反映了古代先民勇于与自然灾害做斗争的精神。

任务训练

一、思考题

（1）复述有哪些方法？
（2）简缩复述的要领有哪些？
（3）扩展复述的要领有哪些？

二、阅读下文，完成文后的练习，并对材料进行简缩复述和详细复述

将梦想点亮
白梦帆

"三项第一，将梦想点亮，这一路，无论是高峰还是低谷，我始终凭借热血与汗水，以赤子之心去迎接所有的挑战，因为我坚信，只要坚持往前走，属于你的风景一定会出现。"曾正超意气风发地道出了自己的感受。2015年8月16日，第43届世界技能大赛在

① 邓萌，莫竹浪，刘江瀚.新编幼儿教师口语［M］.北京：语文出版社，2018：45.

巴西圣保罗闭幕，焊接项目的冠军领奖台上，一副东方面孔和他手中的五星红旗显得格外夺目，他就是中国好"焊"曾正超。

在此次比赛中，曾正超所代表的中国队以焊接项目总分第一的成绩夺得金牌，中国队实现在世界技能大赛上金牌零的突破。

从台下到台上，一小步的距离，凝结了曾正超无数个日日夜夜的历练和拼搏，从大山的孩子到世界冠军，这一段看似遥不可及的梦想，被他变成了现实。

讲到曾正超是如何与电焊结缘的，他说还要感谢初三的班主任。班主任告诉他电焊的技术含量高，毕业好就业，不一定非要考大学才是最好的选择。就这样，曾正超走上了电焊之路。

毕业后的曾正超顺利地进入了中国十九冶集团，成了一名真正的焊接工人，并被焊接教练选中成为第42届世界技能大赛焊接培训班的预备队员。

2013年，曾正超代表中国十九冶集团参加了第42届世界技能大赛全国选拔赛，进入前10，然而，对手实力不容小觑，最终遗憾止步十强。

但是，曾正超没有气馁。2013年底，凭借在工作中的出色表现，曾正超再次被企业选中，成为第43届世界技能大赛的集训选手。

这一次回归，曾正超祛除浮躁，沉稳面对一切训练和挑战，最终被选中进入国家集训基地。

从2015年初开始，国家焊接集训基地就进入了全面备战状态，教练和专家组也开启了"2选1"的评判阶段，两名选手的评判标准也完全依照世界技能大赛焊接项目的要求进行。最终，曾正超以近乎完美的作品与对手过招，在经过三次综合评分后，他成了"唯一"。

2015年8月，集训车间的倒计时牌归零，曾正超即将奔赴巴西圣保罗。就在出发前的20分钟，他还在集训车间训练，他说，"这样的努力和坚持，为的就是最后一战。"

8月11日，身穿中国队服，手握国旗的曾正超走进了开幕式现场，为这一刻，他整整奋斗了两年。

历时4天，39个国家的焊接高手，长达18个小时的比赛正式结束。回想比赛时的场景，曾正超说："每一天的比赛，焊接服里的汗水都是从头流到脚，每天的焊接进程，我都准确把控着时间和节奏，从外观到焊接点，我尽全力在细节上做到完美。"

来自39个国家的40名裁判对选手各方面的表现进行评判，全场观众屏息期待冠军的诞生。

"曾正超，China！"在一片掌声和欢呼声中，裁判宣布曾正超以总分第一的成绩夺冠，他开心地笑了起来。

（1）概括出简缩复述的关键词。

_____

_____

_____

（2）列出详细复述的提纲。

_____

_____

_____

_____

交　谈

项目导读

　　交谈对于个人的全面发展至关重要，它是人际交往中不可或缺的一环。通过进行有效的交谈，我们能够建立起稳固而良好的人际关系，这不仅有助于提升个人的沟通能力，还能促进思维水平和认知能力。

　　本项目的主要内容包括交谈的特点和要求、交谈的方式和技巧以及交谈的过程和方法。这些知识和技能在增进人们之间的了解和友谊，以及获得知识和信息等方面都十分必要。

学习目标

- 了解交谈的特点和基本要求，知道常用的交谈方式。
- 掌握交谈的基本方式和技巧，能够主动、恰当地与他人进行交谈。
- 热爱中华优秀传统文化，养成文明交谈的习惯。

任务一　交谈的特点和要求

任务导入

　　一次，当袁隆平率领中国杂交水稻专家组访问美国，到达洛杉矶走下飞机时，圆环种子公司总经理威尔其笑着迎了上来。威尔其把副研究员陈一吾当成袁隆平，紧紧握住他的手，又是拥抱，又是贴脸，热情地说："您好！能够结识您这位伟大的科学家，我感到无比地荣幸！"这时，陈一吾很不好意思，连忙介绍说："威尔其先生，这位才是首席专家袁隆平，我们都是他的助手。"威尔其很尴尬，马上握住袁隆平的手，拥抱良久，以表歉意。

袁隆平微笑地说："威尔其先生，感谢您的热情迎接，认错人是完全可以理解的，因为连许多中国人都会把我认错，更别说美国人了。我只是一个和水稻有点缘分的人，长年在田间实验，所以浑身上下都染上了不少中国农民的色调。"袁隆平一边说着，一边向两名同伴摊手道："他们都知道，我还有一个绰号，叫作'刚果布'，也就是'非洲黑人'的意思。您说这多有趣？"此话一出，立即化解了全场尴尬的气氛。[①]

案例中，袁隆平在交谈时说话风趣诙谐、幽默睿智，巧妙地为威尔其先生解了围，化解了尴尬，营造出了轻松和谐的氛围，充分展现了中国科学家的谦逊和智慧，为成功访问奠定了基础。

学习支持

交谈是两个或两个以上的人，在有明确目的的情况下进行的语言交流活动，是人际交往的重要手段。交谈的范围非常广泛，例如：上下级之间、同事之间、家庭成员之间、教师与学生之间、自己与朋友之间、商家与客户之间，乃至在公共场合自己与陌生人之间，都可以交谈；交流思想、洽谈工作、调查访问、切磋技艺、联络感情、商讨对策以及聊天、谈心、问路、打电话等，都要运用交谈。

作为保育师，学好交谈可以帮助我们更好地与幼儿、幼儿家长及社区工作者沟通，从而提升家园社合作共育的效果。

一、交谈的特点

（一）互动性

交谈是需要两个或两个以上的人共同参与才能实现的交际活动，所以交谈具有较强的互动性。参与交谈的双方或多方具有说话人和听话人的双重身份，因此每个参与者都需要善于听和说。此外，听和说在交谈中是交错进行的，所以还要做到听说兼顾，这样才能保证交谈的顺利进行。

（二）灵活性

一般情况下，交谈具有一定的目的性，如为了沟通思想、交换信息、促进合作和劝谏他人等。对于交谈中的话题，既可以是事先想好的，也可以是中途转换或随机提出的。交谈者可以根据实际情况进行比较自由的、随意的交流。在交谈的过程中，随着交谈双方思维的动态变化，谈话的内容可能发生变化。此外，一些外在的因素也可能导致话题的转变，如突然变化的天气、突然加入的人等。

（三）口语化

交谈的口语化色彩相当明显。交谈一般无须做书面准备，因为交谈中的语言信息传递

---

① 庄志霞.聂冷."东方魔稻"的发明人袁隆平奇遇记［J］.炎黄春秋，2001（1）：30—38.

得非常快，没有时间也没有必要对语言进行加工润色。在此情境下，交谈者只需使用平实自然的语言说话即可。由于对话中常包含短句和停顿，语句和语段比较松散，甚至会省略某些内容，因此，交谈者通常会借助于交谈的语境以及表情、动作等非言语元素来补充或代替对话中省略的部分。

案例

我国著名核物理学家杨福家教授在回答友人问题的时候，有这样一段对话：

问：您能用一句话来概括您的人生哲学吗？

答：让祖国在世界上发出更灿烂的光辉。

问：作为科学家，您喜欢文学艺术吗？是音乐、美术还是文学？

答：都喜欢。

问：您业余时间最喜欢做什么？

答：阅读各种书刊，欣赏大自然。

问：您觉得自己最好的休息方式是什么？

答：散步、听音乐。

问：如果您喜欢或欣赏一个晚辈，会用什么方式来表达？

答：给他更大的信任，让他挑更重的担子。

问：如果您讨厌一个人，会用什么方式来表达？

答：避而远之。

评析：杨福家教授的回答非常口语化，虽然没有华丽的辞藻和复杂的表达，但充满了真挚的情感和深刻的思考。这种口语化的交谈方式，使得对话更加自然、亲切，也更加易于理解和接受。杨福家教授的口语化回答展现出了他的人生哲学和价值观。他强调，要为祖国做出贡献、追求文学艺术、欣赏大自然，并信任和重用人才。而对于不喜欢的人，他则采取避而远之的态度。

二、交谈的要求

（一）考虑交谈对象的特点

由于交谈对象的年龄、地域、职业、性格、文化程度、兴趣爱好等方面存在较大的差异，因此，他们所关注的问题、思维方式、表达方式、接受能力等也各不相同。为此，我们要关注交谈对象的特点，寻找恰当的话题，采用易于对方接受的方式展开交谈。比如，当和年轻人交谈时，可以从他们关心的问题着手，如流行时尚、影视节目等；而和老年人交谈时，则可以从健康、饮食、保健等话题入手。此外，老年人通常喜欢忆旧，所以耐心倾听就显得尤为重要。

（二）熟悉语境

语境主要是指语言交流的具体环境，就是由一定的时间、空间和交际情境组成的言语交际场合，是交谈的"副语言"。它影响着交谈对象的心理状态，在交谈中常常起"此时无声胜有声"的作用。交谈者需要认真观察并熟悉所处语境，选择适宜的交谈场所，把握恰当的交谈时机，创造和谐的交谈氛围，从而顺利达到交谈目的。

（三）正确称呼

称呼是人们在日常交往中所采用的彼此之间的称谓。正确的称呼是通往交际大门的通行证，是交谈的"敲门砖"，也是交谈的起始点。在交谈中，使用正确、恰当的称呼，能够体现个人良好的教养和对对方的尊重。

▶ 交谈的"敲门砖"——正确称呼

称呼应当亲切、准确，入乡随俗。一声充满感情而得体的称呼，能使对方深感愉快和亲切，易于双方情感的交流。若称呼不当，则容易让人产生反感的情绪。因此，称呼使用得当与否，将在一定程度上决定交谈的成功与否。

（四）讲究文明礼貌

文明得体的交谈，不仅体现了交谈者的语言水平，同时也能够充分展现出交谈者良好的个人素质和修养。在交谈中，恭敬有礼的话语能够温暖人心，热诚真切的话语能够鼓舞人心，而粗野庸俗、强词夺理的话语不仅会伤人心，还会败坏社会风气。因此，交谈中的文明礼貌十分重要，具体包括以下四个方面。

▶ 交谈的基本要求——文明礼貌

1. 使用礼貌用语

（1）使用敬语。敬语是表示尊敬的礼貌用语。敬语的运用场合有四类：一是比较正规的社交场合；二是在与师长或身份、地位较高的人交流沟通的场合；三是在与人初次相识、打交道或会见不太熟悉的人的场合；四是公务场合。

常用的敬语有"请""您""阁下""尊夫人""贵方"等。另外，还有一些针对不同交往情境的常用敬语，例如：初次见面称"久仰"，很久不见称"久违"，请人批评称"请教"，请人原谅称"包涵"，麻烦别人称"打扰"，托人办事称"拜托"，赞人见解称"高见"，询问老人年纪用"高寿"，询问年轻女士年龄用"芳龄"。

（2）使用谦语。谦语是表示谦恭和自谦的词语。谦语的常用情境是在他人面前谦称自己和亲属。例如，称自己为"愚"，称自己的家人为"家严""家慈""家兄""家嫂"等。

（3）使用雅语。雅语与俗语相对应，指在交际场合使用的比较文雅的词语。雅语常常在一些正规的场合，以及一些有长辈和女性在场的情况下使用。例如：

问："您贵姓？"

答："免贵，姓王。"

问："您今年高寿？"

答："虚度六十有五。"

对于言谈举止彬彬有礼的人，交谈者会对他留下良好的印象。若交谈的每个参与者都能注意使用雅语，则能营造出文明、高雅的交际环境，使整个交谈过程更为愉快。

2. 认真倾听

倾听是了解别人的方式，也是交往智慧的体现。一个好的交际者，不仅是一个善说者，也是一个善听者。在与人交谈时，不可抢话，更不可随意打断别人的话头。当因未听明白或希望进一步了解情况而必须打断对方时，应先征得对方同意，如说"请等等，让我插一句""请让我提个问题，好吗"。若在没有听明白对方的话意时就抢着发表看法或武断地下结论，则是粗鲁无礼的表现，可能会引起不必要的争执。

▶沟通的关键
——倾听

3. 态势语言自然

交谈时，双方要目光平视，不能东张西望，不能做小动作；身体要面对说话者，上身略向前倾；要用恰当的手势表示对说话者的理解或赞同，注意手势幅度不宜过大；脸部表情要庄重、自然，应保持微笑。

4. 注意避讳

在交谈中，要尽可能回避会使对方产生不愉快的话题，万一无意触及，应立即表示歉意，巧妙转移话题。在日常生活与社会交际中，交谈需要避讳的内容有很多。例如：年龄、婚姻、收入、住址、职业、经历、信仰等涉及个人隐私的内容；会让对方伤心难过的事情；对方在风俗习惯、宗教信仰等方面的禁忌；在某些特定场合，如婚宴喜庆之时不提不吉利的话题；等等。

（五）态度真诚

真诚是真心实意待人的友善表现，是交谈取得预期效果的基本条件。在交谈过程中，双方要以心相交，语气应亲切柔和，做到坦诚和友善；不可夸夸其谈，或说大话、空话，更不能用假话欺骗他人。无论在何种口语交际情况下，都应当言出于心，以诚相见。

▶坦诚为重
——职场
沟通

（六）言辞谦虚

在人际交往中，谦虚的言辞不仅是一种美德，也是一种风度。在交谈时，谦虚可以体现在以下几种场合：与长者交谈，宜多用请教的口气；与领导交谈，要多听批评意见；与同事交谈，要礼貌而谦虚、不卑不亢；与客户交谈，应多用商讨的言辞；与同学见面，要少提及自己的成功。当自己做出成绩，得到领导表扬和同事夸奖时，可以说"这些成绩与领导的支持和同志们的通力协作是分不开的"。

（七）语言得体机智

在交谈的过程中，要根据对象的不同，适度调整自己的交谈方式、交谈用语和语气语调等。语言既要准确、简洁、文雅、生动、幽默，又要根据对象和场合使用不同的表达方式，如专业或通俗、直接或委婉。同时，还要根据话题、情境随机应变，避免发生冷场和尴尬的情况。通常，交谈中的语气要平和，语调不宜过高，要注意停顿、轻重、缓急。

一、思考题

（1）交谈有哪些特点？

（2）交谈的基本要求有哪些？

（3）举例说明交谈中文明礼貌的主要表现。

二、根据下面的情境和要求进行交谈练习

情境1：在某托幼机构，保育师注意到身体瘦弱的小丽在用餐时总是挑食，许多营养丰富的食物，她都不愿意吃。保育师深知这样下去会影响小丽的生长发育，于是决定找小丽的家长谈话，了解她的饮食习惯和挑食的原因。

要求：请两位同学分别扮演保育师和小丽的家长进行交谈。通过交谈，帮助小丽逐渐克服挑食的习惯。

情境2：在积木区活动时，有两名幼儿发生了争执，还把积木扔得到处都是。

要求：如果你是他们的保育师，你准备从什么角度与他们交流？如何对其进行教育？

任务二　交谈的方式和技巧

任务导入

　　秦汉之际，刘邦率兵攻破函谷关，成功进入咸阳，从而终结了秦朝的统治。他进入秦朝皇宫，见宫室富丽堂皇，珍宝不计其数，于是流连忘返，想留在宫中，享受一下做皇帝的快乐。将军樊哙见此情景，便气冲冲地责问道："沛公，您是想得天下，还是想当富翁？此室中所有，皆秦所以亡天下也，沛公赶快回灞上，千万别留在宫中。"刘邦听了，大为反感，脸上露出不悦之色，不予理睬。

　　张良见状，劝刘邦道："正因秦王贪暴，不得人心，您才取得今天的胜利。我们既然为天下除去暴君，理应以俭朴为本，现在刚进咸阳，若又像秦王一样享乐，岂非重蹈覆辙？况且'良药苦口利于病，忠言逆耳利于行'，希望您能听从樊哙的劝说。"他们终于说服刘邦还军灞上，揭开了楚汉战争的序幕。最终，刘邦成功开创汉朝，成为一代开国皇帝。

案例中，张良与樊哙分别对刘邦进行了劝说，张良成功了，而樊哙却失败了。其中的一个重要原因在于，张良的劝说言辞温和、委婉，采用了比喻和类比的方式，将秦王与刘邦进行对比，强调了节俭的重要性。同时，他也提醒刘邦要听取逆耳忠言。张良的言辞细腻、贴心，让人容易接受。然而，樊哙则比较鲁莽，采用嘲讽指责的方式，因而令刘邦心生反感，对他的话置之不理。

总之，在我们的学习、工作和生活中，高明的交谈技巧对我们与他人的沟通交流具有重要的意义。

 学习支持

一、交谈的方式

交谈作为广泛使用的语言交流形式，根据其目的和内容的不同，主要分为寒暄、聊天、谈心、交换意见、经验交流、安慰、劝说、洽谈工作、批评、切磋学问、调查采访和求职面试等。以下介绍其中六种与保育师岗位密切相关的交谈方式。

（一）寒暄

寒暄，本指社会交往中双方见面时谈天气冷暖之类的应酬话，后来泛指见面时的各种应酬性的话语。寒暄的主要作用是表达自己见到对方的喜悦，表示自己欢迎的态度，以联络感情，保持友好的关系，为深入交谈创造一种和谐的气氛，为引出共同的话题做铺垫。如果在与他人见面时，本应与对方寒暄几句，却选择一言不发，那么这将被视为无礼的行为。若只向他人点点

▶ 交谈的前奏
——寒暄

头，或是只握一下手，通常会被理解为不想与之深谈，不愿与之结交。寒暄主要包括问候式寒暄、恭维式寒暄、迎送式寒暄、客套式寒暄和调侃式寒暄等形式。

（二）聊天

聊天，是一种随意、非正式、没有特定功利目的的交谈。聊天通常无须精心准备，聊天者在其中可以保持身心的相对放松，享有较大的自由度。聊天首先要学会寻找话题，也就是解决跟对方"聊"什么的问题。通常，可以从"相似性"因素入手，如地域相似、职业相似、遭遇相似等，也可以从对方感兴趣的话题或热门的新闻话题入手。

聊天的话题，不是只有那些重大、热点的新闻才值得一谈。聊天的话题有很多，如学校、学习、同学、体育、新闻、足球、天气、电影、食品以及其他对方关心的事等。一些有价值的信息，往往就是从闲聊中获得的。比如，李政道、杨振宁的宇称不守恒定律就是在他们的一次闲聊中萌发的。

在寻找聊天话题时，要避免一些误区。比如：在陌生人面前谈自己的苦恼，说自己朋友的缺点，或主动谈自己的成就、地位；在欢乐的气氛中讲悲惨的事情；跟年老病弱的人谈论死亡；等等。对于这些不合适的聊天话题，应当有意识地回避。

（三）谈心

谈心是人与人之间以坦诚的态度相互倾诉心里话、抒发情怀、交换心得、表达主张的

交流方式。在日常生活中，人们为了增进了解，或消除彼此间的误会和分歧，或为了做思想疏导工作，往往需要采用谈心的方式来实现。谈心多发生在亲人、朋友、师生或上下级之间，这种交谈方式往往是相约进行的。在谈心时，我们需要注意以下几点。

（1）谈心要有所准备。谈心通常是针对心理、思想方面的分歧而进行的。因此，若要达成谈心的目的，就必须有所准备，特别是要了解对方的想法和心态，以便找到打开对方心扉的方法和途径。

（2）谈心要平等。在谈心时，无论是上级对下级，还是家长对孩子、老师对学生，都要采取平等的态度，运用温和、委婉的语气，以给对方信任感。切忌以居高临下的态度与对方谈心，以免使对方感到有压力和拘束，进而产生反感情绪。

（3）谈心要以诚相待。谈心的目的是向交谈对象阐明自己的某种观点或见解，而不是加剧矛盾，因此，应以诚恳之心斟酌言辞，尽量选用中性的、无强烈刺激性的词语。当面对性格固执的谈心对象时，更应深入了解和把握其性格特点，以情动人。

图 4-2-1　保育师与幼儿真心交谈

（四）劝说

劝说，是一方说服另一方，使其改变原有态度，接受劝导的一种交谈方式。劝说常常发生在上下级之间、师生之间、朋友之间、邻里之间和长幼之间。劝说能使濒临深渊者迷途知返，使思想偏激者冷静思考，也可以使情绪低沉者精神振奋。此外，劝说还有助于沟通和理解，解决人际矛盾，缓解邻里纠纷，避免冲突争斗，化干戈为玉帛。诚如刘勰所说："一人之辩，重于九鼎之宝；三寸之舌，强于百万之师。"因此，善于劝说是保育师必备的基本素质之一。劝说的方法有很多，如直劝法、婉劝法、迂回法、悬念法、激将法等。在劝说时，我们需要注意以下几点。

▶最难的交谈
——劝说

（1）劝说要有针对性，即要准确分析并判断对方的观点、态度、精神状态以及事情发生的原因，从而做到言之有物、有的放矢，把话说到对方的心坎上。只有"对症下药"，才会"药到病除"；只有说得正中下怀，才能打动人、说服人。

（2）劝说要注意"心理相容"，即劝说者要使自己的话语让对方在心理上能够接受。达到"心理相容"的方法有很多，具体包括：站在对方的立场想问题，做他的"贴心人"；

为对方的利益着想，做他的"谋利人"；展现与对方的相同遭遇或相同愿望，做他的"同路人"；等等。

（五）批评

批评是对对方的缺点、错误提出意见，使之转变思想、改变行为的一种交谈方式。批评的目的是改变他人。然而，若想要达到这一目的，就必须顾及对方的自尊心，注意交谈的方式方法，使对方没有抵触心理，愉快地接受批评。批评不能轻率，也不能随意；批评不能口无遮拦，也不能挖苦伤人；批评不是发泄不满情绪，也不是一味进行指责。为什么要批评、怎么批评、通过批评要达到怎样的效果等问题，我们都要心中有数。恰当的批评，是对对方的一种激励；不恰当的批评，就会伤害对方，甚至会导致逆反心理。此外，需要注意的是，批评对方的前提是尊重对方，考虑对方的心理感受。

案例

在幼儿园里，保育师观察到菁菁在科学活动上表现得不够理想，常常因为疏忽大意而犯错。保育师希望菁菁能够改正自己粗心的问题，但不想用直接批评的方式去打击孩子的自信心。于是，在一次科学活动结束后，保育师特意找到菁菁，用温柔的语气说："菁菁，老师发现你这个学期在手工活动上表现得特别出色，每次的作品都充满了创意，老师真的非常欣赏你。如果在科学活动上，你也能像在手工活动上那样，保持细心和专注，那就更好了。老师相信，只要你努力，一定能够在科学活动上少犯错误。"

评析：案例中，保育师先肯定幼儿，话语中充满了对菁菁的认可，同时提出期望（其实是间接批评）。这种做法不仅可以使菁菁感受到老师的肯定和鼓励，还能使她意识到自己的不足，进而促使她更积极地去实现老师的期望。

（六）求职面试

求职面试，是指在招聘方精心设计的特定场景下，通过与主考官面对面的交谈沟通，以获得应聘岗位的交谈方式。在面试时，应遵循以下原则。

▶ 推销你自己
—— 求职面试沟通

（1）自信原则。应聘者要以平等自信的心态对待面试官，避免紧张情绪，因为融洽和谐的面试氛围，有助于更好地展现自己。

（2）实事求是原则。在证明自己确实有能力胜任所应聘的工作职位时，应聘者可以通过介绍曾做过的项目或参与过的活动来证明自己具备某种能力。但要注意的是，这些都必须以事实为基础。

（3）有效展示（两分钟秀出自己）原则。有学者曾说过："每个人都要向孔雀学习，两分钟就让整个世界记住自己的美。"在面试沟通的过程中，应聘者需要通过语言等手段展示自我，给面试官留下深刻的印象。

（4）短暂停顿（思考5秒钟）原则。当面试官问及一个重要问题时，应聘者在回答之前可做适当停顿（一般为5秒钟），留出一段思考的时间。如果应聘者在回答面试官问题的时候不假思索、倒背如流，面试官可能会对应聘者所说内容的真实性产生怀疑。

（5）礼貌原则。礼貌的用语、积极的眼神接触、自然大方的笑容、倾听的姿态、较小的人际距离等，都有利于面试评价。

图4-2-2　真诚、自信地与面试官交流

二、交谈的技巧

交谈是一门艺术。如何打开话匣子、如何延续交谈以及如何让人乐意与自己交谈是一种挑战。此外，由于交谈具有话题的游移性、时间的不定性、表达的口语性以及主客体的互变性等特点，因此，我们需要掌握交谈的技巧，从而更为融洽、高效地与人进行交谈。交谈的技巧主要包括以下几方面。

（一）善于提出话题

话题集中反映了交谈的动机，限制了交谈的内容和范围。根据交谈时不同的语言环境，提出话题的常用方法有开门见山法、迂回切入法、引而不发法等。

1. 开门见山法

这种方法是指在交谈一开始就直截了当地提出话题，表明交谈的目的，或提出要询问的问题，从而快速进入深度交谈。这种方法多用于咨询、访问、联系工作等类型的交谈。它的优点是能迅速进入实质问题。使用这种方法的前提是，交谈双方有良好的信任关系，或这个话题是双方都十分感兴趣并急于深入探讨的。

2. 迂回切入法

如果发现单刀直入、直截了当地说出自己的目的难以奏效，便可尝试采用迂回切入的方法。具体来说，就是先不进入谈话的正题，而是从对方感兴趣的方面谈起，营造良好的交谈气氛，自然而然地创设一种和谐的谈话环境，进而借机转入正题。这种方法多用于求助、劝谏等类型的交谈。它的优点是审时度势，让人易于接受。使用这种方法的前提是，直接切入话题会引起对方的不适或反感。

3. 引而不发法

当遇到"敏感话题"不便直接提出，或者对方不愿谈及该话题时，即可采用"引而不发"的方法。具体来说，就是耐心地用与话题相关、相近的题外话，启发对方提出话题。这种方法多用于疏导、说服、劝慰等类型的交谈。它的优点是"敏感话题"由对方主动提出，避免自己尴尬。使用这种方法的前提是，双方都不愿或不便主动提及该话题。

（二）有效控制话题

由于交谈气氛融洽等原因，参与交谈者可能会即兴提出自己感兴趣的话题，因此，话题偏移的情况时有发生。即使事先设定了交谈的范围，若中途不加以控制，交谈也可能会偏离中心，从而无法达到预期的目的。因此，我们需要及时调整和控制话题。有效控制话题的技巧主要有以下三种。

▶ 交谈的技巧
—— 善 于
控制话题

1. 提醒法

在交谈中，若发现对方偏离了话题，可委婉提醒，让话题回到中心上。提醒的方法要因人而异，例如：对年长者、位尊者，不可武断地打断对方说话，应用适当的手势或眼神做出暗示；对平辈或相熟的人，可以有礼貌地直接表示，如"请允许我打断一下，我们刚才讨论的 ×× 问题还没说完"。

2. 重申法

有时，由于说话者对中心话题的内涵与外延缺乏深入的理解和准确的把握，或受到其他话题或外部因素的干扰，交谈过程中可能会出现话题转移的现象。这时作为交谈的"主角"或会议的主持者，应寻找适当的时机重申交谈的宗旨，对中心话题的重点、范围做必要的解释，如用有针对性的提问或商讨的语气把话题"拉回来"。例如：

各位，今天我们讨论的主要是 ×× 问题，请大家围绕这个问题再深入进行讨论。至于大家提到的其他问题，我们以后再单独安排时间商议。

3. 引导法

为了避免交谈旁生枝蔓，交谈者要注意自己说话的"导向性"。引导法可分为两种：一种是正向引导法，就是围绕中心话题充分发表自己的看法，力求有深度、有新意，从而引起参与者的高度重视，并促使他们进行更深入的探讨；另一种是逆向引导法，就是当发现其他交谈者对中心话题不关心，或关注度降低时，可以故意提出相反的意见，甚至做出不合常理的分析，"一石激起千层浪"，从而重新激起参与者的谈话热情。[①]

（三）适时转换话题

在交谈中，如果原话题已通过交谈达到了既定目的，或者原话题由于意想不到的原因而无法深入下去，又或者交谈中出现了新的亟须讨论的话题，这时可用适当的方法转换话题。转换话题的方法主要有以下五种。

1. 自然过渡

在谈论原话题的过程中，自然而然地过渡到新话题，例如："关于那个问题，我还有一个想法……"

---

① 苑望.保育员口语与沟通［M］.北京：高等教育出版社，2021：126—127.

2. 提问式转换

通过提出问题来引出新的话题，例如："你对这个事情有什么看法呢？"

3. 引用式转换

通过引用名言或富含深意的句子、词语等素材来引出新的话题，例如："正如孔子所说……"

4. 转折式转换

通过转折来引出新的话题，例如："这个事情的另一方面是……"

5. 直接陈述

直接陈述一个新的话题，例如："对了，我最近在思考一个问题……"

总之，转换话题需要自然、流畅，不要过于生硬或突然，同时也要注意对方的反应和兴趣，以便更好地引导谈话。

（四）巧妙转移话题

在交谈的过程中，如遇到尴尬、不便直接回答的问题，就需要巧妙地转移话题，摆脱窘境。巧妙转移话题的技巧主要有以下三种。

1. 谐音改口

谐音改口就是巧借汉语中的同音字改变话题，常用于掩饰自己的失言。

> **案　例**
>
> 一位商人在上海某家酒店用餐时，服务员小李不慎将他的筷子碰落。商人认为这不吉利，顿时气上心头，面露怒色。小李不知所措，连忙道歉并解释，却未能平息商人的怒火。服务员小王见状，即刻面带微笑地上前，以当地的方言说道："筷落，筷落，这是祝先生生活快乐。"商人听后，怒气立刻消散，转怒为喜。
>
> 评析：这位服务员小王凭借他的聪明机智，巧妙地运用了当地方言"筷落"与"快乐"的谐音，成功地将原本紧张的局面扭转，化解了商人的怒气。这充分展示了在言语交际中，恰当地借助谐音可以有效地变被动为主动，化不利为有利。

2. 答非所问

答非所问就是在交谈时，故意不回答对方提出的问题，而是将问题转移到无关内容上的一种回避战术。从表面上看，似乎回答的内容没有脱离提问的范围，但实际上已经被巧妙地"偷换"了概念，使对方无法得到意想的答案，也使自己摆脱被动的处境。

📖 看周总理巧妙转移话题

> **案　例**
>
> 在商务谈判中，当对方询问我们公司的产品价格，而我们又不想给出实际的价

格时，可以采用回避战术。比如，可以回答说："我们的产品价格是合理的，但我想了解一下贵公司的需求情况，以便我们可以更好地为您提供服务。"

评析：在这个例子中，"我们"没有直接回答对方的问题，而是将问题转移到了了解对方公司需求情况的话题上，从而巧妙地避开了价格问题，摆脱了被动的处境。

3. 歧解转意

当在交谈中发生口误，而情势又不允许自己当场否认时，可以对原话做出别出心裁的解释，从而巧妙地将错话续接下去，最后达到纠错的目的。

案　例

20世纪30年代，某要员在一次宴会上给日本人题字，在落款处写下"×××手黑"。秘书见了，低声提醒他改掉，告知这里应该是"手墨"。而他却哈哈一笑，大声呵斥秘书道："我就不知道'墨'字底下有个'土'？就因为这是日本人想要的东西，这'土'就不能给他们，这叫作寸土不让！"

评析：此人的寥寥数语，既巧妙地掩饰了自己写错字的疏失，又出人意料地给日本军国主义以当头一棒，当即大快人心，满堂喝彩，一时传为佳话。[1]

除了以上介绍的技巧外，交谈者在话题的提出、控制、转换、转移的过程中，适时、适境地运用诙谐幽默的语言调节人际关系、维系良好的交谈气氛，也是十分重要的技巧。

任务训练

一、思考题

（1）交谈的主要方式有哪些？

（2）交谈的技巧主要包括哪些方面？

（3）说说谈心这种交谈方式的使用技巧。

（4）求职面试应注意哪些应答原则？

（5）举例说明如何做到适时转换话题。

二、案例分析题

（1）阅读案例，分析案例中的人物在进入正题时采用了哪种方法，并说说这种交谈技

---

[1] 苑望.保育员口语与沟通［M］.北京：高等教育出版社，2021：124.

巧的好处。

在《战国策》中的《触龙说赵太后》里，触龙在与太后谈话之初，绝口不提要赵太后的儿子长安君做人质的事，而是从饮食起居说起，嘘寒问暖，逐步打消太后的"敌意"。在拉近与太后的距离之后，再以为儿子求职的话题，巧妙切入"爱子"的正题，这时顺势提出"人质"问题的劝谏，也就水到渠成了。

（2）案例中的张大千先生运用了什么交谈方法？从他的言谈中，你感受到了他的哪些优秀品质？

1945年，好友宴请张大千和梅兰芳。宴会开始前，有人请张大千坐首座，也有人请梅兰芳坐首座，使得场面有些尴尬。张大千说："梅先生是君子，我是小人，我怎么能坐首座呢？"梅兰芳和众人都不解其意，对他的话充满了疑问。张大千解释说："不是有句话说'君子动口，小人动手'吗？梅先生唱戏是动口，我作画是动手，所以理所当然该请梅先生坐首座。"满堂来宾为之大笑，并请他们两位并排坐首座。

（3）阅读以下案例，试分析和评价案例中人物的交谈技巧及其效果。

离园时的交谈

离园的时间，莉莉妈妈等孩子们都走得差不多了，带着莉莉走进活动室，和保育师小李进行了交谈。

莉莉妈妈笑眯眯地问道："李老师，莉莉最近表现得怎么样？"李老师拿了把椅子让莉莉妈妈坐下，并给她倒了一杯茶，微笑着说："莉莉很乖，现在上幼儿园也不哭了，生活自理能力也有了提高。"

"哦，这样的话太好了，莉莉在家什么事情都要大人帮忙。"莉莉妈妈的话里透着一股喜悦之情，"我们希望莉莉在家里时，也能自己的事情自己做，可是她总是不愿意，有时还要发脾气，我们都不知道该怎么办才好。"

李老师笑了笑，深有同感地说："小孩子在家里和在幼儿园里是会不一样，这很正常，我女儿也是这样的。"

莉莉妈妈点点头，又问道："她和小朋友相处得怎样？"

李老师说："在交往方面，莉莉显得比较文静，不太主动和小朋友一起玩，喜欢自己玩玩具。"

"莉莉在家里很活泼的，经常为我们表演唱歌、跳舞，还会扮演爸爸妈妈呢，怎么在幼儿园会这样？"莉莉妈妈透露出了一丝焦虑。

李老师安慰莉莉妈妈道："孩子在幼儿园的表现和在家里的表现是会不一样的，没关系的，我们会慢慢引导莉莉的。"

莉莉妈妈听了，点点头，礼貌地说道："谢谢老师。"

三、情境实践题

（1）暑期将近，某班班委正在开会讨论"在假期中怎样开展与专业有关的社会实践活动，以此来提高岗位工作能力"的问题。大家七嘴八舌，发言很热烈，可却渐渐偏离了话题的轨道。作为主持人，你准备用哪些方法来控制话题？

（2）任选一个话题，每两人为一组，分别扮演话题中的角色进行模拟劝说练习，然后交换角色再次练习，最后互评并请其他同学评议。

① 诗雅同学很有声乐才华，然而在学校举办的歌咏比赛中，由于过度激动和紧张，她的表现未能如常，甚至出现唱跑调的情况，导致台下秩序一度混乱。她觉得丢了面子，之后的几天一直闷闷不乐的，也无心学习。如果你是诗雅的老师，你会如何对她进行劝说？

② 你的好朋友文文报名参加了诗歌朗诵比赛，可在临上场的前一小时，他却因怯场而准备放弃。请你试着劝说文文，帮助他消除心理障碍，上场参加比赛。

③ 波波是幼儿园大班的孩子，他的父母喜欢在家里召集亲友打麻将，晚上要到很晚才结束，影响了他的休息。如果你是波波的老师，请你模拟做一次家访，同波波的父母谈谈，争取使他们认识到问题的严重性，并改正自己的行为。

④ 劝说"追星族"的小彤不要将主要精力放在追星上。

⑤ 劝说彬彬同学不要迷恋手机游戏。

⑥ 劝说一位好朋友，使他（她）从考试失败的颓废情绪中振作起来。

⑦ 劝说中班莎莎小朋友的爷爷不要溺爱孩子。

⑧ 劝说楼上的大妈不要往楼下扔垃圾，要爱护周围环境，做文明人。

任务三　交谈的过程和方法

任务导入

在一次国际乒联年终总决赛后，一位美国记者以尖锐的口吻向我国一位男乒名将提问："在美国，人们最熟悉的中国运动员是一位打篮球的姚明和一位跨栏跑的刘翔。你在中国的影响力似乎不比他们差，那为什么你对中国人和外国人的吸引力有这么大的反差呢？"

这位男乒名将笑容可掬地解释道："他们两个，一个代表了'高度'，一个代表了'速度'，这决定了他们受世界瞩目的程度更高、更强。而我受欢迎是因为乒乓球是中国的国球，中国人喜爱乒乓球就像美国人喜爱 NBA 一样……"他的回答立刻引来了热烈的欢呼，一位外国人还由衷地赞美道："中国的运动员很幽默，也很智慧。"[①]

---

① 吴雪青.幼儿教师口语［M］.上海：华东师范大学出版社，2012：190.

　　在以上案例中，当面对外国记者提出的令人尴尬的问题时，这位运动员没有愤怒，也没有不屑，他以饱含幽默的语言，用"高度""速度"和"国球"等关键词，滴水不漏地巧妙应对，化解了记者的发难，维护了国家尊严，显示了自己在语言方面的智慧。

📖 学习支持

　　交谈通常是按照一定的顺序进行的，交谈的过程除了有见面的问候、介绍、寒暄以及临别的告别外，还包括启动阶段、进入主题、展开话题和结束交谈。

▶ 沟通的桥梁
——介绍

一、启动阶段

　　启动阶段是正式交谈之前的阶段，对整个交谈过程有着至关重要的意义。这一阶段可以决定交谈的基调和方向，可以影响交谈的进行和结束。启动阶段的成功可以为交谈的延续创造良好的条件，使双方能够建立起顺畅的沟通渠道和彼此信任的关系。那么，怎样才能有一个良好的启动阶段呢？

（一）充分准备，从容自信

　　在交谈前，务必明确自己在谈话中所扮演的角色，清晰设定交谈的目的和议程，如事先思考一下谈话的重点和要点，并准备一些具体案例来支持自己的观点，这将有助于展现自己的专业知识与独到见解，提升自信心。另外，在交谈中，应当保持轻松和自然的状态，不要过于紧张或刻意；保持眼神交流，做到声音洪亮、清晰；语速适中，表达流畅且逻辑清晰。给对方留下一个好的第一印象，是成功交谈的良好基础。

（二）尊重对方，营造融洽的氛围

　　启动交谈时，要做到微笑应对，保持眼神交流，用礼貌和友好的方式打招呼，得体、正确地称呼对方并给予适当的赞美，让对方感到被尊重、被重视；保持开放和尊重的态度，对对方的观点和意见表示理解；注意避免使用过于强烈或消极的语气，为顺利交谈营造轻松、融洽的氛围。

📖 "乒乓外交"
背后的赞美

图 4-3-1　营造良好的交谈氛围

（三）积极寒暄，启动交谈

在正式交谈前，通过积极的寒暄可以营造出一个良好的沟通氛围。这包括问候对方、聊当前的天气或共同的兴趣爱好等，以此表达我们在见到对方时的喜悦之情及欢迎的态度。这样的互动有助于联络感情，保持友好的关系。同时，营造和谐的交谈气氛可为引出共同话题做铺垫。寒暄的内容通常包括天气冷暖、工作忙闲、身体健恙、亲属今昔等。通过积极寒暄，可以让双方都感到轻松自在，使交谈顺利进行。

（四）寻找共同话题，调动积极性

在交谈时，通过寻找共同话题可以充分调动双方谈话的积极性。在和陌生人交谈时，可以礼貌地询问对方的兴趣、爱好、职业、家庭情况、旅行经历等，这有助于增进对对方的了解，找到双方的共同点，从而建立起联系和信任，使交谈的过程更加顺利和愉快。

二、进入主题

在顺利开始交谈后，就需要及时进入主题。进入主题的常用方法有三种。

（一）因势利导

通常，我们在与人交流时，为了防止对方感到内容来得太突然，一般可以从一些简单、不太重要的话题开始，然后因势利导，逐渐引入更加重要、敏感的正题。因势利导这种方法，大多被用在一些比较正式的或比较重要的交谈上，如教育对方、批评对方、与对方进行思想交流等。

▶ 交谈的方法——进入主题

（二）提问

提问能够适时地将对方的思路引导至特定话题上，从而打破沉默，避免交谈陷入僵局。它是推动交谈活动自然转入正题的常用方法。但需要注意的是，不要问对方难以应对的问题，也不要询问对方的隐私，如家庭住址、财产情况及个人忌讳等敏感话题。此外，还要注意提问的方式，避免采用连续不断的"炮弹式"发问方式。

（三）暗示

在交谈中，如果对方的谈话偏离了主题，而自己时间有限或对此内容兴趣不大，希望对方能迅速回归正题，那么这时我们便可以采用暗示的方法，以启发对方重新聚焦于正题。例如，可以运用简短的插话或展示与主题有关的物品等方式来引导话题。这种方法常常被用在工作交际上，如洽谈生意、商讨文件、讨论工作等。

三、展开话题

进入主题后，我们应该深入地展开话题。这里需要注意两点：一是要会说，用自己的话激发对方的谈兴；二是要会看、会听，及时做出反应。当自己说得过多，对方兴趣不浓时，可以用商榷的语气交谈；当对方表述不全时，可做相应的补充。如果赞同对方的意见，可以列出自己的补充事例，这样会给人英雄所见略同的感觉；如果不赞同对方的意见，可以提出自己的疑问，但要注意方法，不要让过激的情绪占了上风。洗耳恭听的姿态、热情的情绪和眼神等，都有利于交谈的深入开展。具体来说，话题展开的方法主要有四种。

（一）引导式展开

通过提出一些问题或者引导对方思考，来引发对方的兴趣和谈兴。例如："你认为现在的婴幼儿保育制度有哪些优点和不足？"

（二）共同话题展开

找到一个共同的话题，如旅游、电影、音乐等，从而让对方产生共鸣。例如："你最喜欢的旅游地点是哪里？有什么特别的体验吗？"

（三）感性展开

用一些感性的表达来引发对方的情感共鸣。例如："听到令人悲悯的故事，你有什么特别的感受吗？"

（四）专业知识展开

如果你和对方都是某个领域的专业人士，可以运用一些专业知识和术语来展开话题。例如："对培养幼儿的观察能力，你有什么看法？"

四、结束交谈

在语言交流中，如何开始交谈是一门艺术，怎样结束交谈也是一门艺术。现实表明，一个巧妙适宜的结尾能给人留下美好的回忆。为了使交谈有一个巧妙的结尾，我们应该讲究结束交谈的艺术。

（一）把握时机，见好就收

在交谈接近尾声，交谈的目的基本已经达成时，要抓住交谈最融洽的时机见好就收，结束交谈，而不宜再谈论一些与主题无关的话题，否则会使双方感到疲乏和厌倦。同时，交谈时还应注意对方的表情，如果发现对方脸上出现不耐烦的表情，或有坐立不安、频换姿势等迹象，则应该及时结束交谈。对于做思想工作、教育对方、批评对方等类型的交谈，宜控制在 30 分钟内，最长不超过 1 小时，否则对方很可能会因失去耐性而感到焦躁不安。

（二）总结要点，重复主题

在交谈结束时，应当简要地总结本次交谈的要点，以确保双方对本次交谈的内容都有清晰的理解。同时，也可以对交谈中提出的问题和建议进行归纳和总结，以便为接下来的行动制定计划。如果直到谈话即将结束时双方还没有达成共识，特别是当有求于人，而对方只是答应会考虑或会尽力，并没有给予明确的答复时，那么可以在最后简明扼要地重复一下主题，以加深对方的印象并引起重视。例如：在请求他人帮忙办事时，临别前可以礼貌地说："我这事，还请您多费心了。"

（三）保持礼貌，客气结束

在交谈结束，尤其是和朋友一起交流感情时，可以询问对方以后的打算，以表达自己对对方的关心，深化两人的感情。在和同事、领导、客户一起交流时，需注意礼节，以给对方留下良好的印象。例如，可以说"您费心了""给您添麻烦了""实在是太感谢了""以后常过来玩""时间不早了，就不打扰了"等，以给对方留下一个美好的印象，便于下次交谈的顺利开展。

📖 交谈能力小
测试

任务训练

一、思考题

（1）交谈的过程一般可以分为哪几个阶段？

（2）启动交谈一般有哪些方法？

（3）交谈时，将话题转入主题的常用方法有哪几种？

（4）结束交谈时，可以采用哪些方法？

二、案例分析题

（1）阅读下面两个人关于打羽毛球的一段对话，分析甲是如何充分掌握交谈主动权的，以及轻松的交谈气氛是怎样建立起来的。

甲：天气真好，咱们打羽毛球好吗？

乙：我可从没打过。

甲：没关系，我教你。

乙：我可是最笨的学生。

甲：能教会你才是好老师啊。

乙：那么说，打羽毛球你很在行了？

甲：哪里，不过比你多打几次球而已。

乙：有你当我的老师，那太好了。

甲：不过，今天当我的学生，可要不怕疼啊！

乙：怎么？打羽毛球还挨打吗？

甲：哪能呢？我是指运动后会腰酸腿疼呢。

乙：是啊，我得多锻炼才行啊。

（2）针对以下情境进行分析，探讨佳佳如何借助寻找物品的契机巧妙地引起萌萌的注意，营造友善的气氛，并顺利达到交谈的目的。这段对话蕴含了哪些交谈方法？

佳佳和萌萌住一个寝室，平时关系不错。一次，因为一点小事，两个人产生了隔阂，几天没有讲话。事后，佳佳有些后悔，想找个机会解释一下。一天，寝室里只有他们两个人，佳佳在自己的床铺、抽屉里翻找手机……

佳佳问萌萌："看到我的手机了没有？"

萌萌愣了一下，说："没有。"

佳佳说："我记得是放在床头的。"

萌萌没应声，佳佳继续找。过了一会儿，萌萌说："是不是别人借去了？"

佳佳想了想，说："没有。"

萌萌说："会不会掉在床底下了？"

两人不约而同朝床底下看，也没有。这时，佳佳摸摸身上，突然叫起来："找到了！原来装兜里了。"

萌萌说："没想到你这么粗心。"

佳佳说："要不是我粗心，你恐怕还不会和我说话。看来，有时候，心粗一点倒是好事。"

俩人都笑了。

三、反思与评价

对照下列交谈中的不良习惯，在自己会出现的问题上打上"√"，并写出改正措施，然后分小组互相评议和纠正。

☐（1）没礼貌、不尊重他人，不停地打断对方，扰乱对方思路。

☐（2）不注意倾听，对方只好再次重复谈过的话题。

☐（3）连续发问、问太多问题，以致对方难以应对。

☐（4）交谈没有耐心、说话太急、语速过快，以致对方听不明白。

☐（5）喃喃自语、吞吞吐吐、吐字不清晰、含糊其词，让人疑惑不解。

☐（6）争论谁对谁错，面红耳赤，不欢而散。

☐（7）自己说话太多，不听对方说话，不看对方反应，不关心对方的感受。

☐（8）当对方对某个话题兴趣正浓，而你却感到不耐烦时，会立即将话题转移到自己感兴趣的方面去。

☐（9）不积极主动，总等待他人发问。

☐（10）不假思索，轻率下结论，让别人不敢苟同。

☐（11）爱问别人的一些隐私。

☐（12）爱强调某些与主题风马牛不相及的细枝末节。

☐（13）总爱批评、抱怨他人。

模块三

应用训练

幼儿故事讲述

项目导读

　　故事是幼儿最喜爱的文学形式之一，它可以激发幼儿的好奇心、想象力和创造力，培养他们的早期阅读兴趣和习惯，提高幼儿的语言表达能力，引导幼儿树立正确的价值观和道德观。因此，故事讲述是保育师必备的技能之一，也是保育师职业技能的考核内容。

　　本项目的主要内容包括幼儿故事讲述的特点和要求、幼儿故事讲述的技巧，这些内容将有助于提高保育师的故事讲述能力。

学习目标

● 了解幼儿故事讲述的特点。

● 能按照幼儿故事讲述的要求，运用恰当的技巧绘声绘色地讲述幼儿故事，提高语言表达、情感认知、逻辑思维和创造能力。

● 正确理解公平、正义、尊重、责任等价值观，热爱我国优秀的传统文化，传承爱国主义精神，形成和蔼可亲的职业特质。

任务一　幼儿故事讲述的特点和要求

　　午睡应当是幼儿园一日生活中最安静的环节，然而，每到这个时候，幼儿常常会表现得异常兴奋。幼儿园的床铺通常都是紧挨着的，因此，幼儿凑在一起好像有说不完的话。尽管保育师不断强调"闭上眼睛，安静入睡"，但仍旧有幼儿会偷偷说话。

　　那么，如何让幼儿在上床后尽快安静入睡呢？有经验的保育师小黄介绍，她的一个好办法是给幼儿讲故事。因为幼儿喜欢听故事，所以每当保育师讲故事时，幼儿原本激动或烦躁的情绪就会慢慢平静下来。保育师在讲睡前故事时，声音宜小一点，幼儿为了能听清故事，自然要静静地躺好。当有的幼儿说话时，其他幼儿也会提醒："嘘，别出声，我都听不见了。"有时，故事还没讲完，幼儿就已经睡着了。

以上案例是幼儿故事讲述应用的一个侧面。幼儿故事讲述是保育师支持幼儿早期发展的一项关键能力，是保育师口语表达能力的重要方面。因此，我们应该学好故事讲述。

学习支持

故事是一种有情节的适合口头讲述的叙事性作品。其中，适合幼儿欣赏的故事属于幼儿故事。幼儿故事按不同的标准，可分为几种类型。当按来源划分时，可分为民间故事和创编故事；当按内容划分时，可分为幼儿生活故事、动物故事、童话故事、人物故事、历史故事、科幻故事、笑话故事等；当按表现形式划分时，可分为文字故事、图画故事、动画故事等。

▶ 童心童话
快乐成长
——了解
故事讲述

幼儿故事讲述，就是将幼儿故事通过言语技巧和态势语技巧，调动幼儿的听觉和视觉，驱动幼儿的形象思维，使幼儿如闻其声、如见其形、如临其境，从而受到感染和教育的一种口语表达形式。

在幼儿园，故事讲述是一种深受幼儿喜爱的教育形式。它寓教于乐，能够使幼儿潜移默化地受到教育和启发，对幼儿的语言、思维、想象力和情绪情感发展等都有不可忽视的积极作用。故事讲述能力是保育师支持幼儿早期学习与发展的重要能力和基本功。

一、幼儿故事讲述的特点

（一）教育性

幼儿故事讲述是幼儿园宣传教育的有效形式。通过讲述故事，可以引导幼儿积极向上，追求美好的事物，自觉地改正自身的缺点；懂得什么是真善美、什么是假恶丑，从而明辨是非，培养爱憎分明的情感。保育师应该充分发掘故事的教育性，在讲故事时对幼儿进行多方面的教育和引导，培养幼儿各方面的能力与良好的品质。例如：针对幼儿吃饭时掉饭、撒饭的现象，可

▶ 故事讲述
特点案例

以在餐前讲述《大公鸡和漏嘴巴》的故事，告诉幼儿要懂得爱惜粮食；针对幼儿自私、霸道的现象，可以用《萝卜回来了》《孔融让梨》《小狐狸送被子》等故事，引导幼儿懂得与他人分享的道理；针对幼儿乱扔垃圾的现象，可以讲述《瓜瓜吃瓜》的故事，让幼儿知道乱扔垃圾会给别人和自己都带来麻烦和困扰。

有"故事爷爷"之称的儿童教育家孙敬修就曾说过："一个生动故事的教育作用，要比单纯的要求、命令、说教效果好得多。"因此，我们要让故事陪伴幼儿的童年，让幼儿在故事中学习和成长。

（二）趣味性

幼儿故事讲述在材料选择和语言表达上，都非常讲究趣味性。具体表现在以下两方面：一是注重情节曲折、形象鲜明、语言生动；二是讲求讲述的波澜起伏、引人入胜。例如：《驴小弟变石头》中具有神奇魔力的小石子与驴小弟的命运，《爷爷一定有办法》中那条奇妙的毯子的神奇变化，《没有牙齿的大老虎》中狐狸设计老虎拔牙的计划，这些或激动人心，或妙趣横生的故事情节，会像磁石一样吸引着幼儿，引领他们驶入缤纷奇妙的港湾。

（三）表演性

幼儿故事讲述要求声情并茂，语言要有一定的夸张性和艺术表演性。其中，声音要抑扬起伏、张弛有度，并辅之恰当的面部表情和身姿手势等态势语言，使故事情节生动有趣，角色形象栩栩如生、活灵活现，以达到良好的艺术效果。

（四）再创性

幼儿故事讲述不是对书面材料一字不差的机械背诵，而是需要讲述者在理解、熟记故事情节的基础上，对故事进行加工和再创造。为了提升讲述的吸引力和感染力，可以对书面材料进行适当增减与调整。例如，对于篇幅过长或词句过于深涩的作品，可以进行适当修改，即将难懂的词句改为幼儿能接受的单句、短句和易懂的语言；对于情节过于复杂的作品，可以删去一些不必要的情节。同时，还可以根据需求，增加提问、启发等引导性语言，促进师幼互动。通过对原作的再创作，可以注入幼儿喜爱的趣味元素，以趣促学、寓教于乐。

二、幼儿故事讲述的要求

（一）恰当选择故事

故事作品的数量不计其数，类型风格丰富多彩，篇幅长短也各不相同，所以我们要根据听故事的对象、讲故事的目的，有针对性地选择适当的材料。在托幼机构教育教学活动中，选择故事要注意以下四点。

1. 主题积极，内容健康

我们所选择的幼儿故事，主题要正面积极，具有真、善、美的内涵，有益于幼儿的健康成长，能够引导幼儿树立正确的价值观和人生观，培养积极向上的情感态度。

▶ 故事选择
案例

2. 结构完整，情节曲折

故事的完整性可以给予幼儿一种完美无缺的心理满足感与美感享受。因此，幼儿故事应该有头有尾。但要注意的是，有些故事的结局可以故意留白，留给幼儿自己去想象和思考，如《萤火虫找朋友》这样的故事（故事内容见本项目"任务二　幼儿故事讲述的技巧"）。在讲述故事时，应对情节发展的节奏、悬念的设置做精心安排，力求曲折生动。

3. 内容深浅适度，遵循幼儿认知规律

幼儿的发展与年龄的关系非常紧密，不同年龄段幼儿的思维有很大差异，因此，我们

应当根据幼儿的年龄和心理特点选择故事。

一般来说，对于3—4岁的幼儿，因其年龄尚幼、认知水平相对有限，应该选择内容单纯、情节简单、形象生动且包含重复元素的故事，如《好饿的小蛇》等。对于4—5岁的幼儿，因其理解水平逐步提高，可以选择与他们生活联系紧密的生活故事、情节稍曲折的经典童话故事等。对于5—6岁的幼儿，因其自我控制能力增强，想象力丰富，可以选择情节生动、篇幅较长的童话故事、历史故事、神话故事、寓言故事、科普故事等，如《神笔马良》《盐又回来了》等。

4. 篇幅适当，便于讲述

幼儿的注意力集中时间较短，因此故事的篇幅不宜过长。短小精悍、情节紧凑的故事，更容易吸引幼儿的注意力，提高他们的学习兴趣。故事的篇幅一般控制在250—450字，讲述的时间以3—4分钟为宜。如果故事非常短小，可适当拓展内容。如果故事的情节较为复杂，则可以适当删减，仅抓住主要情节、人物加以发挥即可。

（二）分析故事情节

在选择好故事后，就要对故事情节进行分析。分析故事情节主要可从以下四个方面着手。

1. 确定故事主题

我们需要明确作者想要表达的中心思想或核心观点。深入剖析故事的主题，有助于我们理解整个故事的深层含义和作者的意图。

2. 分析情节发展

故事情节的演进过程包括事件的起因、发展、高潮和结局等。首先，我们需要考虑在哪里设置悬念和误会、在哪里起冲突以及在哪里有巧合等。然后，通过合理的设计，如转折、变化、冲突、包袱等，让故事的情节更精彩、更具吸引力。

3. 分析角色关系

故事中的角色关系包括角色之间的关系、角色本身的性格特点等。我们需要分析哪些角色是推动故事情节发展的关键，区分主要角色与次要角色，并明确正面角色与反面角色，以清晰构建角色间的复杂关系网络。

4. 分析情感和价值观

我们需要分析故事中所蕴含的情感和价值观，旨在通过故事的讲述来引导幼儿形成正确的情感态度和价值观。

（三）合理加工

在讲述故事时，我们需要在熟悉故事原材料的基础上对其进行适当加工和灵活处理。比如：可以"添枝加叶"，使故事生动有趣；也可以"修枝剪叶"，使故事更加清晰和完整。又如，为了引导幼儿积极参与互动，可以设计有针对性的问题，启发幼儿思考；也可以基于问题设置悬念。再如，可以调

改写故事

整故事的语言结构，转换语句，即将长句改为短句，将复杂的句式简单化；也可以将书面语改为口头语，使语言浅显、生动、活泼，易于幼儿接受。

📋 案　例

原文：当太阳又开始温暖地照着的时候，他正躺在沼泽地的芦苇里。百灵鸟唱起歌来了，这是一个美丽的春天。忽然间他举起翅膀，翅膀拍起来比以前有力得多，马上就把他托起来飞走了……

"我要飞向他们，飞向这些高贵的鸟儿！可是他们会把我弄死的，因为我是这样丑，居然敢接近他们。不过这没有什么关系！被他们杀死，要比被鸭子咬，被鸡群啄，被看管养鸡场的那个女佣踢和在冬天受苦好得多！"……但是他在这清澈的水上看到了什么呢？他看到了自己的倒影。但那不再是一只粗笨的、深灰色的、又丑又令人讨厌的鸭子，而是——一只天鹅！（选自《丑小鸭》）

经过合理加工后的版本：冬天过去了，春天来到了。丑小鸭经历了种种的磨难和考验，他长得高大结实，竟然能够展翅飞翔了。他看到花园里有三只天鹅，想游过去，可是又担心他们会啄死他。忽然，他头一低，看到了自己的倒影。"啊，我再也不是丑小鸭了，而是一只美丽的天鹅！"

评析：原文多采用描述性语言，从景物描写到心理描写，皆文笔出色、情感真挚。但对幼儿而言，这些语言远远超出了他们的理解水平和知识储备。这时就需要保育师根据幼儿的认知水平对作品内容进行修改，减少描述性的句子，删掉句子中大量的修饰语，把长句改为短句，以适应幼儿的语言接受能力。

（四）语言运用儿童化

由于幼儿思维能力有限，因此，保育师在讲述故事时，语言应符合幼儿形象思维的特点，即使用儿童化的语言。具体要求是：少用书面语，多用口头语；少用抽象的词语，多用具体形象的词语；少用复句、长句，多用单句、短句；多用叠音词、拟声词、摹色词、语气词、儿化词；多用比喻、夸张、拟人等修辞手法；声音亲切和蔼、语调柔美自然；语气适度夸张，多用态势语进行辅助表达。

▶故事口语化
改造训练

📋 案　例

一位保育师在讲完《小蝌蚪找妈妈》的故事后，问小朋友："谁来叙述一下小蝌蚪演变成小青蛙的过程？"这一问，小朋友们都不知道该怎么回答。于是，她赶紧纠正说:"哪个小朋友来说一说,小蝌蚪是怎样一步一步地长成小青蛙的呀?"孩子们这才豁然开朗,争相抢答。

(五)塑造生动的角色形象

在讲述故事时,应当精心刻画故事角色,塑造出立体生动的角色形象,从而帮助幼儿深入理解角色的个性和特点,更好地领会故事的内涵和价值,同时获得愉悦的审美享受。在塑造角色形象时,需要先对故事中的各个角色进行分析,如性别、年龄、体形等,以确定每个角色的特点。例如,在《小蝌蚪找妈妈》中,我们可以将四种不同角色的性格特点分别确定为:小蝌蚪可爱天真,鲤鱼阿姨温柔美丽,乌龟妈妈老成持重,青蛙妈妈热情慈爱。在对角色的性格特点进行定位后,我们在讲述时就更容易把握角色形象。在故事讲述的过程中,塑造角色形象的方式主要包括声音造型和视觉造型。

1. 声音造型

在确定角色的性格特点后,需要选择适合的声音来表现,即声音的"造型"。声音的塑造要求清晰准确、绘声绘色、形象生动,并略带夸张,以增强趣味性。同时,还需要根据角色的特点,灵活调整表达效果,以确保声音的塑造与角色形象相契合。

▶ 迷路的小鸭子

通常情况下,动物角色的说话声音主要根据其体形大小来设计。例如:狮子、老虎、大象等体形大的动物,可以用较粗、较低的声音;而小鸟、小兔、小羊等体形较小的动物,则可以用尖细、较高的声音。

人物角色的说话声音主要根据人物的性别、年龄、身份、性格等特征来设计。比如:男性或性格刚直的人,可以用较粗重的声音;而女性则一般用较细柔的声音。

另外,还可以使用一些特殊的声音来表现角色。比如:用气强声虚的声音来渲染狮子的凶狠;用尖细做作的声音来体现狐狸的狡猾;用阴郁沉闷的怪声来表现巫婆的可怕;等等。

总之,声音造型的基本要求是按照角色的特点来区分声音。需要注意的是,声音的表现可以适度夸张,不必过分追求逼真,其重点在于传达角色的神韵。例如,在《小蝌蚪找妈妈》中,各个角色的声音可以这样设计:小蝌蚪的声音高而细、慢而顿,鲤鱼阿姨的声音温柔、轻缓,乌龟妈妈的声音低而粗、语速较慢,青蛙妈妈的声音清脆、厚实。在故事讲述的过程中,通过声音造型可以帮助我们塑造出一个个鲜活生动、充满童趣,且立体化、个性化的声音形象,从而带领幼儿进入丰富多彩的故事世界。

2. 视觉造型

除了声音造型外,讲述者还可以通过态势语言来辅助塑造角色形象,即讲述者运用自己的头颈、躯干、四肢,并配合面部表情,模拟角色的习惯性动作、表情及特有的身姿等体态,从而达到视觉造型的效果。例如,在讲述《小蝌蚪找妈妈》时,各角色的形象可以这样设计:鲤鱼阿姨在说话的时候,

▶ 小熊买糖果

一只手在身前，一只手在身后，并同时摆动，模拟出鲤鱼游动的体态；乌龟妈妈在说话的时候，可以伸展双手前后划动，模拟游动的体态；青蛙妈妈在说话的时候，两腿呈八字屈膝状，双手扩指举过肩，同时"呱呱"叫，模拟青蛙的体态。这样，角色的直观印象就很容易扎根在幼儿的脑海中，便于幼儿理解角色特点。

（六）重视师幼互动[①]

野猫的城市

在讲述故事时，要时刻拥有幼儿意识，重视师幼互动，以激发幼儿的兴趣，引发幼儿的注意。在刚开始讲述时，可以这样互动："小朋友们注意啦！好听的故事马上就要开始了！"此外，也可以选择恰当的切入点来设计一段导入语，此处的切入点可以是故事的趣味点或教育点。比如，对于故事《小猪照镜子》的导入语，可以从故事的趣味点和教育点两个角度来设计："小朋友们喜欢照镜子吗？照镜子有什么用呢？有一只小猪也天天照镜子，可是他还是一只脏小猪，这是怎么回事呢？"又如，对于故事《奇怪的药方》的导入语，可以从故事的趣味点来设计："小狗生病了，却依靠一张奇怪的药方就把病治好了！大家猜猜，这个药方上到底写了什么？"通过这样的导入语，可以有效激发幼儿听故事的兴趣。

幼儿的有意注意时间相对较短，在听故事的过程中，他们的注意力容易逐渐分散，这可能会影响对故事内容的理解。因此，在讲述故事时，要选择适当的时机，通过设置问题或创设悬念来引发幼儿思考，并邀请幼儿参与互动，从而激发幼儿的有意注意，帮助幼儿完整聆听故事内容，理解、把握故事的内涵。比如，在讲述《乌鸦和狐狸》时，当讲完第一段后，可在中间插问："乌鸦为什么没有搭理狐狸呢？"在讲述《小兔乖乖》时，当讲到"第二天，大灰狼又来了"之后，就可以设计插问："大家猜猜，小兔子们能听出这不是妈妈的声音吗？他们会怎么做呢？"

此外，在故事的结尾部分，也要设置互动环节，避免直接给幼儿灌输道理。我们可以通过判断式提问、创设情境并邀请参与等方法，启发幼儿思考，让幼儿养成独立思考的习惯，同时更加积极地参与到故事内涵的思考与表述过程中。例如："小朋友们，你们说，母鸡的话对吗？""小朋友们，你们知道那只鸟得到的教训到底是什么？""故事讲完了，你喜欢故事里的谁呢？为什么呢？""小朋友们，小猪为什么还是一只脏小猪呢？我们快想办法帮帮他吧！"幼儿喜欢参与判断，乐于表达自己，同时也热衷于尝试解决问题，因此，为幼儿创造互动的机会是很有必要的。

总之，导入语、插问、结束语等内容的设计要简练、直奔主题，语言应生动活泼，同时还要符合幼儿的年龄特点和认知规律，从而更好地促进师幼互动。

---

① 引自全国职业院校技能大赛（中职组）婴幼儿保育赛项竞赛题评分标准。

▶训练资源

任务训练

一、思考题

（1）幼儿故事讲述的特点有哪些？

（2）幼儿故事讲述的要求有哪些？

（3）在进行幼儿故事讲述时，怎样才能做到语言儿童化？

（4）在进行幼儿故事讲述时，怎样才能塑造生动的角色形象？

二、综合实践题

（1）分析《两只笨狗熊》的故事情节，把握中心、找出重点，弄清故事的起因、发展、高潮、结局，并设计问题，然后讲述故事，注意体现笨狗熊上当的过程。◐

两只笨狗熊

金 超

狗熊妈妈有两个孩子，一个叫大黑，一个叫小黑。它们长得挺胖，可是都很笨，是两只笨狗熊。

有一天，天气真好，哥儿俩手拉手一起出去玩。它们走着、走着，忽然看见路边有一块干面包，捡起来闻闻，嘿，香喷喷的！可是，只有一块干面包，两个都想吃，该怎么分呢？大黑怕小黑多吃一点儿，小黑也怕大黑多吃一点儿，这可不好办呀！

大黑说："咱们分了吃，可是要分得公平，我的不能比你的小。"

小黑说："对，要分得公平，你的不能比我的大。"

哥儿俩正闹着呢，狐狸大婶来了，它看见干面包，眼睛骨碌碌一转，说："噢，你们是怕分得不公平吧，让我来帮你们分。"哥儿俩说："好，咱们就让狐狸大婶来分吧。"

狐狸接过干面包，恨不得一口吞下去。可是它并没有这样做，而是随手把干面包分成了两块儿。哥儿俩一看，连忙叫起来："不行！不行！一块大，一块小。"

狐狸说："你们别着急，既然这一块大一点儿，那我就咬它一口。"狐狸张开大嘴，"啊呜"咬了一口，哥儿俩一看，又叫了起来："不行，不行，这块大的被你咬了一口，又变成小的了。"

狐狸说："哎呀，你们急什么，大的我再咬它一口就小了。"狐狸张开大嘴，又"啊呜"咬了一口，哥儿俩一看，急得叫起来："那块大的被你咬了一口，又变成小的了。"

就这样，狐狸这块咬一口，那块咬一口，干面包只剩下小手指那么一点儿了。它把一丁点儿大的干面包分给大黑和小黑，说："现在两块干面包都一样大小了，吃吧，吃吧。"

大黑和小黑你看看我，我看看你，一句话也说不出来。

（入选时有改动）

（2）有家长对幼儿说："我们与别人交同样多的餐费，分点心的时候就不要拿小的。"针对这一现象，请对故事《孔融让梨》进行合理加工，以体现故事的教育性和趣味性，并

试着给幼儿讲述，教育幼儿学会谦让。[1] ●

孔融让梨[2]

古时候，有个小男孩儿叫孔融，他有五个哥哥和一个弟弟。孔融乖巧懂事，大家都喜欢他。一天，父母将孔融和他的兄弟们聚在一起，说："你们对人要有礼貌，无论遇到什么事，都要互相谦让，不要光想着自己……"小小的孔融将父母的话牢记在心里并付诸行动——对人谦虚有礼，还经常帮助别人。

孔融四岁的时候，就能背诵许多诗词歌赋了。他聪明好学，遇到什么不懂的地方，就一定要向他人问个明白才行。

一年冬天，天上下着大雪，洁白的雪花轻轻飘落在地上，好像给大地穿上了一件雪白的棉袄，孔融和兄弟们在书房里围着炉子读书。

就在这个时候，父亲的朋友来了，还带来了一筐梨，说："这是我家种的梨，秋天摘下来保存到冬天吃才甜呢！特地带来给你尝尝。"

正在埋头读书的孔融忽然闻到了甜丝丝的梨子味儿，他对大家说："我闻到梨香了。"

兄弟们听了，都哈哈大笑起来。大哥说："弟弟想吃梨想糊涂了吧，冬天怎么会有梨呢？"二哥说："你喜欢吃梨，我们明年自己种棵梨树，让你吃个够吧！"三哥说："我负责给梨树浇水、施肥。"弟弟说："我最喜欢捉虫了，我给梨树捉虫。"

兄弟们说得正热闹，母亲进来了，她看着他们，笑眯眯地说："孩子们，休息会儿，出来吃梨子吧！"

"吃梨啦！吃梨啦！"听到真的有梨吃，孔融和兄弟们争先恐后地跑了出去。

只见桌上有一盘洗好的梨子，水灵灵、黄澄澄的，还散发着诱人的香味儿。

大哥对孔融说："弟弟，你喜欢吃梨子，你先选吧！"

孔融看了看盘中的梨子，发现梨子有大有小：大的呢，比大个儿苹果还大；小的呢，比鸡蛋大不了多少。每一个梨子似乎都在说："挑我吧，挑我吧！"

可是孔融没有挑大的梨，而是拿了一个最小的梨，津津有味地吃了起来。父亲见孔融这样挑梨，心里很高兴，心想：别看这孩子才四岁，却很懂事呢！

于是，父亲故意问孔融："盘子里那么多的梨，又让你先拿，你为什么不拿大的，却只拿最小的那个呢？"

孔融回答："我年纪小，应该拿小的梨，大的应该留给哥哥吃。"

父亲接着问道："你弟弟不是比你还要小吗？照你这么说，他才应该拿最小的那个梨呀！"

孔融说："我比弟弟大，我是哥哥，就应该把大的梨让给他吃。"

父亲听他这么说，哈哈大笑道："你真是一个懂得谦让的好孩子，以后一定会很有出息！"

哥哥说："弟弟，你真行！"弟弟说："哥哥，你是我的好榜样，我要向你学习。"孔融

---

① 引自全国职业院校技能大赛（中职组）婴幼儿保育赛项竞赛样题。

② 哈皮童年. 孔融让梨［M］. 福州：福建科学技术出版社，2017.

躲在母亲的怀里，不好意思地笑了。

（3）阅读故事《小熊不刷牙》，按照要求在小组内讲述故事，注意讲述的目的是培养幼儿良好的卫生习惯。▶

小熊不刷牙①

斯伐拉纳·提欧利那

小熊哈利觉得，刷牙真是一件麻烦事儿。他恨透了牙刷和牙膏！

"哈利！"妈妈说，"该去刷牙了！"

"我知道啦！"哈利躲在浴室里，打开水龙头。

妈妈还以为他在刷牙呢。

"有那么多的牙齿呢，怎么可能把所有的牙都刷到嘛！"哈利抱怨说，"早上要刷牙！晚上也要刷牙！每天都要刷牙，真是麻烦！"

一天，哈利又像平常一样，不刷牙就去睡觉了。在他快要进入梦乡的时候，忽然觉得嘴巴里怪怪的：原来，所有的牙齿都不见了！

他从床上爬起来走到镜子跟前，使劲儿张开嘴巴。这一看，让哈利高兴得差点儿晕倒了：哇！嘴巴里真的是一颗牙齿都没有了哎！"哈哈，太好了！"哈利高兴极了，"我再也不用刷牙啦！"他兴奋地跑去找朋友们。

"告诉你们一个好消息！我现在一颗牙齿都没有了哎！"哈利骄傲地宣布说。

"什么？牙齿没有了？"兔子和狼都感到十分奇怪，接着他们就大笑起来，"可是，如果没有了牙齿，你还算是一只熊吗？"

"唉，你们根本就不懂！"哈利继续往前走，遇到一只啄木鸟。"啄木鸟你看！我的牙齿突然一下子全都消失啦，多好呀！"哈利一边炫耀，一边把嘴巴张得大大的。

"可是，哈利，"啄木鸟点点头，"没有牙齿一点都不好玩。你不能吃东西，说话也含混不清，大家都会笑你的。没有牙齿是很糟糕的呀！"

哈利愣愣地想了想，又挠了挠脑袋。是啊，啄木鸟的话一点也没错。没有了牙齿，真的没有什么好炫耀的。

哈利回到家里，发现桌子上摆了许多好吃的东西：坚果、鲜鱼，还有他最爱吃的干蘑菇。哈利好想吃啊，可是没有牙齿，他什么都咬不动了。哈利难受极了，他不停地哭着，哭得可伤心了。

这时，哈利醒了，原来是做了一场噩梦。其实，所有的牙齿都好好地长在嘴巴里呢！

从这一天起，小熊哈利每天都把牙齿刷得干干净净的了。

---

① 引自全国职业院校技能大赛（中职组）婴幼儿保育赛项竞赛样题。

任务二　幼儿故事讲述的技巧

任务导入

　　莉莉是刚参加工作的保育师，她发现：自己在给孩子们讲故事的时候，很多孩子一开始还会表现出强烈的兴趣，认真地听她讲述，可在听了一会儿以后，不少孩子就叽叽喳喳起来，甚至有的孩子会直接跑到玩具室去玩玩具了。莉莉很是困惑，心想：自己的普通话也很标准，内容也是孩子们喜欢的童话故事，为什么他们就不爱听呢？于是，她向工作多年的王老师请教。

　　在了解到莉莉遇到的困惑后，王老师给了她一些建议。后来，孩子们都爱听莉莉讲故事了。你猜，王老师给莉莉提了哪些建议？

　　幼儿虽然喜欢听故事，但由于他们的年龄特点，容易出现自制能力差、注意力集中时间短等情况。因此，保育师在讲故事时，不能选择篇幅太长的故事，要考虑故事内容是否适合相应年龄段幼儿的心理需求和认知水平。另外，在讲述的过程中，保育师要与幼儿有适当的互动，讲究讲述技巧，做到绘声绘色，以吸引幼儿的注意力。在以上案例中，王老师给莉莉的建议包括：如何选择故事，以及如何增强故事讲述的生动性、吸引力等内容。

学习支持

　　幼儿故事讲述应侧重于对事件过程的描述，强调角色的形象性以及情节的连贯性和生动性。因此，在讲故事的过程中，我们需要把角色形象、事件过程和情境氛围立体地呈现在幼儿面前，使幼儿如闻其声、如见其形、如临其境，受到熏陶和感染，从而产生良好的教育效果。故事讲述的技巧主要包括以下四个方面。

一、处理好开头和结尾

　　好的开头，是成功的一半。在讲故事时，开头一定要有吸引力，这样才能成功激起幼儿听故事的愿望。此外，在故事的结尾处，往往要加上一段简短的结束语，其作用有：① 引导幼儿理解故事的寓意；② 让幼儿猜想故事的结局，引发幼儿思考；③ 引导幼儿对故事进行概括提炼，培养幼儿的逻辑思维能力。需要注意的是，不论是故事的开头还是结尾，一定要简洁明了；开头和结尾要呼应，表达真情实感。

▶ 让你的故事更精巧
——开头和结尾的处理

（一）故事开头的设计

　　故事的开头应根据其内容来进行设计。故事开头的设计方法有很多，这里主要介绍以下五种。

1. 提问式开头

提问式开头是最常用的故事开头形式，因为这种形式可以有效吸引幼儿的注意力，使幼儿获得更好的听讲效果。具体方法是：提一个幼儿感兴趣的问题，引发幼儿思考。例如，可以将故事《孙悟空大闹水晶宫》的开头设计为："小朋友们，你们知道孙悟空吗？孙悟空手里使用的兵器叫金箍棒。你们知道他的金箍棒是从哪儿来的吗？接下来，让我们一起听故事《孙悟空大闹水晶宫》。听完以后，你们就会知道答案啦！"

2. 讨论式开头

讨论式开头是指根据故事内容选择一个切入点并抛出话题，引导幼儿讨论。这样既能引起幼儿的兴趣，又能更好地发挥故事讲述的作用。例如，可以将故事《哈利的花毛衣》的开头设计为："小狗哈利又有新故事啦——《哈利的花毛衣》。听说，它收到了一件礼物，是一件花毛衣。你们先来猜一猜，哈利喜欢它的花毛衣吗？（幼儿讨论）好吧，大家猜得对不对呢？让我们一起来听故事吧！"

3. 介绍式开头

介绍式开头适用于故事节选，或者由某一个故事续编、创编的新故事，即先介绍之前的故事梗概，然后把前后内容连贯起来，使幼儿有一个完整的印象。例如，可以将故事《小红帽》的开头设计为："小朋友，上次我们讲过——狼假装祖母，骗小红帽上当，吃了小红帽。就在这时候，猎人正好经过祖母的房前，猎人心想：老奶奶怎么这样打鼾，我得进去看看……大家猜猜后面会发生什么事？让我们继续听故事吧！"

4. 悬念式开头

悬念式开头就是在故事的开头设置扣人心弦的悬念，以充分激发幼儿的兴趣，使他们怀有"寻幽探胜"之情，从而愉快地听完全文的一种开篇形式。例如，故事《没有牙齿的大老虎》可以以老虎牙疼要拔牙的情节为切入点，设置悬念式开头。具体可以设计为："老虎的牙齿疼得更厉害了，哎哟，哎哟哟，谁把我的痛牙拔掉，我就让他做……做大王，咦？老虎要拔牙！这是怎么回事呢？"需要注意的是，设置的悬念必须符合故事主题，要恰当地选择切入点，不能偏离故事主旨。

5. 谜语式开头

用谜语作为故事开头也是故事讲述的常用方式，它既能吸引幼儿的注意力，增加故事的趣味性，又能直入主题。谜语通常讲究韵律，讲起来朗朗上口，符合幼儿语言学习的特点。例如，可以将故事《青蛙卖泥塘》的开头设计为："白白肚皮大眼睛，身穿绿袍呱呱叫（用口技表现"呱呱呱"）。夏天田里捉害虫，人称绿衣小英雄。大家猜猜它是谁？今天我们要讲的就是青蛙的故事。"需要注意的是，谜语式开头的谜面一定要简明、生动、指向明确，让幼儿稍加思索或是在保育师的引导下便能猜到。

（二）故事结尾的方式

故事的结尾也有多种呈现方式，这里主要介绍以下四种。

1. 高潮处结尾

高潮处结尾是在讲到故事的高潮处突然收尾，让幼儿意犹未尽，引发幼儿的种种猜测，启发幼儿想象。例如，可以将故事《猴吃西瓜》的结尾设计为："有个猴吃了两口，就捅了捅旁边的猴说：'哎，我说这可不是滋味啊！''咳，老弟，我常吃西瓜，西瓜嘛，就是这味儿……'"这样的结尾既让人感到好笑，又耐人寻味。保育师在讲述完该结尾后，可不再言语，一切留给幼儿自己去想象。

2. 提问式结尾

提问式结尾是在故事的结尾处，根据故事的教育点或趣味点提问，以启发幼儿思考；也可以根据故事的开头情节提问，提出与之呼应的问题。例如，可以将故事《小土坑》的结尾设计为："小朋友们，你们说母鸡的话对吗？"又如，可以将故事《白头翁的故事》的结尾设计为："小朋友们，你们知道那只鸟得到的教训到底是什么吗？"再如，可以将故事《孙悟空大闹水晶宫》的结尾设计为（提出照应开头的问题）："小朋友们，现在你们知道孙悟空的金箍棒到底是从哪儿来的吗？"

除了以上介绍的问题形式外，结尾还可以是选择式的问题。例如，可以将故事《胆小先生》的结尾设计为："胆小先生和老鼠，到底谁怕谁呢？"结尾也可以是判断式的问题。例如，可以将故事《不讲卫生的小猫》的结尾设计为："不讲卫生的小猫变得讲卫生啦，你们喜欢它吗？"结尾也可以是启发拓展式的问题。例如，可以将故事《小象学飞》的结尾设计为："小朋友们，谁都有自己的本领，那么你的本领是什么呢？请大家说一说吧！"又如，可以将故事《会动的房子》的结尾设计为："好啦，故事讲完了，大家猜猜，明天乌龟还会驮着小松鼠去哪里呢？"再如，可以将故事《悄悄话》的结尾设计为："小熊听了小青蛙的悄悄话，真开心，咱们也给身边的小朋友说一句悄悄话，好吗？"

无论设计何种类型的结尾问题，目的都在于引发幼儿参与互动，以帮助他们扩展认知、开拓思维、激发兴趣。

3. 总结性结尾

总结性结尾就是在故事讲述完毕之后，总结故事的教育意义，并将总结的内容直接告诉幼儿。例如，在讲到故事《乌鸦和狐狸》的结尾时，保育师总结故事的教育意义："小朋友们看看，不动脑筋的乌鸦上当了。"又如，在讲到故事《狼和小羊》的结尾时，保育师说道："小朋友们，看来呀，人们要想做坏事，是不难找到借口的。"

总结性结尾要求语言简洁、干脆利落、自然合理，给予幼儿明确的指引，但又不同于直接生硬地灌输知识和观点。

4. 尾声式结尾

尾声式结尾就是在故事结尾处，对原故事的情节和结局做适当的扩展，以满足幼儿的心理需求。例如，在讲到故事《猪八戒换脑袋》的结尾时，保育师说道："等猪八戒醒来，他已经变成一个非常聪明的新猪八戒啦！"

练一练

萤火虫找
朋友

萤火虫找朋友

孙幼军

夏天的晚上，萤火虫提着蓝色的小灯笼，在草丛里飞来飞去。

他在干吗呀？

他在找朋友。

是呀，大家都有朋友，有好多朋友。可是，萤火虫连一个朋友都没有。跟好多朋友在一起玩儿，多快活呀！萤火虫也想要朋友。他就提着小灯笼，到处找。

萤火虫飞呀飞，听到草里有响声。他用小灯笼一照，看见一只小蚂蚱。小蚂蚱急急忙忙，一直往前跳。萤火虫就叫："小蚂蚱，小蚂蚱！"

小蚂蚱问："干吗呀？"

萤火虫说："你愿意做我的好朋友吗？"

小蚂蚱说："我愿意。"

萤火虫高兴地说："那你就跟我一起玩儿吧！"

小蚂蚱说："好的，一会儿我就跟你玩儿。现在，我要去找小弟弟。小弟弟真淘气，不知跳到哪儿去了，天黑了还不回家。妈妈很着急，让我去找他。你来得正好，帮我照照路吧！"

萤火虫说："我不能给你照路，我要去找朋友！"

萤火虫就提着小灯笼，飞走了。

萤火虫飞呀飞，听到草里有响声。他用小灯笼一照，看见一只小蚂蚁。小蚂蚁背着一个大口袋，一直往前跑。萤火虫就叫："小蚂蚁，小蚂蚁！"

小蚂蚁问："干吗呀？"

萤火虫说："你愿意做我的好朋友吗？"

小蚂蚁说："我愿意。"

萤火虫高兴地说："那你就跟我一起玩儿吧！"

小蚂蚁说："好的，一会儿我就跟你玩儿。现在，我要把东西送回家去。我迷路了，你来得正好，帮我照照路吧！"

萤火虫说："我不能给你照路，我要去找朋友！"

萤火虫就提着小灯笼，飞走了。

夏天的晚上，萤火虫提着蓝色的小灯笼，在草丛里飞来飞去。

他在干吗？

他在找朋友。

还没有找到吗？

还没有找到。

聪明的小朋友，你们都知道怎样才能找到朋友，你们快教教萤火虫吧！要不，他老是提着灯笼飞来飞去，多累呀！

> 提示：这个故事通过萤火虫找朋友的经历，向幼儿传达了一个道理：与人相处时，不能只考虑自己，而应同时为他人着想。特别是当对方遇到困难时，要热情地提供帮助，这样才能找到真正的朋友。基于这样的目的，我们在讲这个故事时，就能在开头直截了当地提问："小朋友们，你们有朋友吗？当你的朋友遇到困难时，你是怎么做的？让我们来听《萤火虫找朋友》的故事，看看萤火虫是怎样找朋友的，他最后找到朋友了吗？"在故事的结尾处，我们可以用这样的问题引起幼儿思考："好啦，故事讲完啦，大家想一想，萤火虫为什么没有找到朋友呢？如果换了你，你会怎样做呢？""谁能告诉我们，萤火虫要怎样才能找到朋友呢？""你们准备怎样教萤火虫找朋友呢？"

二、处理好叙述语言和角色语言

要讲好故事，语言必须准确、清晰、生动、富有童趣[①]，声音的高低、语速的快慢应符合故事情节和角色性格，同时要注意区别故事中的叙述语言和角色语言，以及两者间的转换。

（一）叙述语言的处理技巧

叙述语言指故事中除角色语言之外的叙述性语言，主要交代故事的基本要素。在讲述时，讲述者既要保持作为旁观者的客观性，声音自然平稳，又要体现自己的感情和态度，让语气、语速、节奏、音量等，随着情节的发展而发生起伏变化。因此，叙述语言同样强调生动性和感染力。

一般说来，在讲述故事时，对于时间、地点、角色设定、事件起因等故事背景信息的介绍，以及有关情节推进的叙述性内容，应采用适中的音量和语速进行表达，注意语句有顿有连，语势平直舒缓。当描述人物的连续动作时，要加快节奏，增强紧凑感和动感。当讲到突发事件、危急境况，或是矛盾激化、情绪激动的片段时，声音应变得高亢有力，语速加快，语调上扬。当角色面临特别危险的境遇，情绪极度紧张（焦虑、恐惧、悲痛等）时，也可以突然放慢语速，降低音高和音量，甚至可以运用气声，以表现出凝滞和压抑的氛围。

瓜瓜吃瓜

练一练

片段1：七个小矮人像往常一样高高兴兴地回到家，可是刚走到家门口，他们全都愣住了。呀！门怎么开着？难道有妖怪吗？（选自《白雪公主》）

---

① 引自全国职业院校技能大赛（中职组）婴幼儿保育赛项竞赛题评分标准。

　　提示：在这段话中，当讲到这些小矮人像往常一样回到家门口时，情节就有了变化和起伏：从"可是"开始，特别是"愣住了""呀"等关键地方，讲述者的声音必须收紧，气息提上来，以传递出一种紧张和害怕的情绪。这样的处理，能让听者察觉到情节已经有了明显的变化，同时巧妙地设置了悬念，让听者立即有一种"想知道发生了什么事"的好奇感。

　　片段2：他们你瞧瞧我，我看看你，都不敢进去，最后由博士带头，快乐在后边喊了一声：一、二、三！他们一下子冲进了屋子。（选自《白雪公主》，博士和快乐都是小矮人的名字）

　　提示：对于这句的讲述，除了要营造出一种紧张的氛围外，还需有更细致的设计，以呈现出细微的声音变化。其中，"一、二、三"这几个数字的处理应根据实际情景灵活变化：几个小矮人非常害怕，跟着"一、二、三"的口号向屋里迈进，起初的"一、二"两步是慢慢地迈着步子，轻轻地抬和放，而最后一步的"三"则是小矮人强打着精神和壮着胆子冲进屋子时说的。因此，在数"一……二……"时，要慢慢地、顿开地说出来，拉长声音并略微颤抖，同时保持气息紧绷，小心翼翼地数；而在数"三"时，则是要加大音量，急促而使劲地数出来，以体现当时小矮人强行给自己打气冲进屋子时的状态。只有细致而准确地剖析情节中这些细微处的发展，才能设计出这些富有变化的声音，才能给听者呈现生动而有感染力的故事场景。

（二）角色语言的处理技巧

　　角色语言指故事中角色的语言。在讲述时，角色语言应有"角色"感，做到声如其人，即在抓住角色的个性，把握角色的语言、行为、心理活动、思想变化等的基础上，运用不同的音色、音调、语气和语速等各种语音技巧来表现角色的个性特点。角色语言的处理技巧包括动物角色语言的处理技巧和人物角色语言的处理技巧两大类。

▶ 故事角色声音模拟训练

1. 动物角色语言的处理技巧

　　在处理动物角色语言时，首先需要根据动物发出叫声时的身姿体态以及发声嘴形、发声方式等特征来进行设计，其次要根据动物角色在拟人化后被赋予的不同人物形象来进行设计。例如，鸡、鸟、猴等角色的声音通常较为尖细，语速稍快。但在具体到不同角色时，需要对声音做进一步细化处理，即鸡妈妈的声音应温柔和蔼，鸟司机的声音应热情耐心，猴爷爷的声音则应缓慢低沉。羊、兔子、猫等角色的声音大多被设计为温柔且语速稍慢，给人一种可爱的感觉。然而，当这些角色被赋予如羊博士、兔医生、猫小弟等拟人化身份时，则要根据其身份对声音进行适度修饰和塑造。

　　简言之，动物角色语言的处理，既要在模仿动物叫声的基础上，塑造出令听者易于感知的独特音色，又要通过揣摩角色在拟人化之后的形象特征来完善角色的声音形象，让其成为有身份、有情感、立体鲜活的角色。

 **练一练**

青蛙妈妈低头一看，笑着说："好孩子，你们已经长成青蛙了，快跳上来吧！"（选自《小蝌蚪找妈妈》）

提示：在处理青蛙妈妈的角色语言时，应该头稍昂、颈微收、嘴稍扁，舌位抬高，发声靠前，每个字尾音的发音都如同加了一个扁的"a"音，以贴近青蛙妈妈的角色形象。当然，还可以在表现青蛙角色之前，加上"呱呱"的叫声，让幼儿更直观地明确角色身份。这样塑造的角色形象更加鲜明，有助于幼儿对故事内容的理解。

需要注意的是，在模拟动物角色说话时，应避免为了追求极致的模拟逼真感而使发音变得含混不清。讲述故事的首要原则是让幼儿能听清楚说话的内容。

 **练一练**

鸭妈妈找蛋
阮云石

鸭妈妈，生鸭蛋，那鸭蛋像姑娘的脸蛋，谁见了都说："啊，多么可爱的鸭蛋！"鸭妈妈听了，乐得"嘎嘎嘎"地叫："嗯，这是我生的蛋啊！"

可是，鸭妈妈有个毛病：不在窝里生蛋，她走到哪里，要生蛋了，就生在哪里，所以她常常找不到自己生的蛋。

有一天傍晚，鸭妈妈又忘了在哪儿生的蛋了，她在院子里跑来跑去，怎么也找不到，就问母鸡："鸡大姐，您看见我的蛋了吗？您拾过我的蛋吗？"

母鸡说："我没看见呀！"

鸭妈妈赶紧跑出院子去，正碰上老山羊带着小山羊回来了。鸭妈妈忙问老山羊："羊大叔，您看见我的蛋了吗？您拾过我的蛋吗？"

老山羊说："我没拾过你的蛋呀！你到池塘边去找找看。"

鸭妈妈奔到池塘边，找了好一阵子，还是没找着，只好回到院子里。她看见黄牛回来了，就问："牛大伯，您看见我的蛋了吗？您拾过我的蛋吗？"

黄牛说："我可没见过你的蛋，也没拾过你的蛋。你老是丢三落四的，这可不好啊！"

鸭妈妈叹了一口气说："唉！我忙得很哪，要游水，要捉小鱼小虾，还要下蛋……一忙，就记不清蛋生在哪儿了。"

黄牛说："你说你忙，我呢？耕地，拉车，磨面，可不像你那样丢三落四的。"

母鸡说："我也生蛋呀，我都生在窝里，可不像你天天要找蛋。"

老山羊说："你呀，做事不用脑子！"

鸭妈妈拍了拍脑袋，说："啊，啊，不是我不用脑子，一定是我的脑子有毛病！"

老山羊、黄牛和母鸡一起劝鸭妈妈："你别着急，好好儿想一想，你今天到过哪些地方？到底在哪里生了蛋？"

鸭妈妈低下头，从大清早出窝想起——池塘边吗？没生过蛋。草地上吗？也没生过蛋。小树林里吗？根本没去玩过。

"啊，啊！"鸭妈妈想起来了，她很难为情地说："今天，今天，我还没生过蛋呢！"

提示：这篇童话告诉幼儿，做任何事情都要动脑筋，要细心，不要粗心大意。在处理叙述语言时，讲述者用声既要自然、平稳，又要表现出劝诫的感情态度，语气基调是风趣且带有善意的讽刺。在处理角色语言时，讲述者需要根据角色的特点进行有针对性的设计。例如，对于鸭妈妈的语言设计，首先可以用带有鼻音且有些沙哑的音质特征来表现，然后根据鸭妈妈粗心大意、丢三落四、且爱高声谈论的形象，可将其声音设计得高而扁，有一些"嗲"的感觉。对于几处内容重复的对话，要根据情节仔细体会鸭妈妈在不同阶段的内心活动，通过音色、语气、语调、音量、语速等的明显变化，表现出鸭妈妈的心理状态。另外，母鸡的声音要柔和细腻，表现出其平和真诚的态度；老山羊的声音可有些颤抖，语速可较快，表现出其直率坦诚的态度，同时还可以运用间歇咳嗽的方式，以表现出老山羊年龄大的特征；黄牛的说话声音要粗壮低沉、缓慢有力、鼻音浓重。

2. 人物角色语言的处理技巧

人物角色语言的处理主要是讲述者根据人物的性别、年龄、性格、身份等特征，运用不同的声音或语气语调对其进行模仿，从而塑造出不同特点的人物。比如，男性的声音较粗，女性的声音较细；孩子的音调较高，成人的音调较低；谦虚的人物说话平静、真诚，骄傲的人物说话盛气凌人；自尊自爱的人物说话不卑不亢，奉承拍马的人物说话音量较小；性格刚强的人物说话铿锵有力，性格懦弱的人物说话有气无力。

在表现人物角色的语言时，要深入分析人物的性格特点，让自己进入故事情境之中，把自己当成这个角色，设身处地地换位揣摩，这样才能做到语气语调精准到位，声如其人。

练一练

（1）老公公喊："老婆婆，老婆婆，快来帮忙拔萝卜！""唉！来了，来了。"（选自《拔萝卜》）

▶ 人物角色语言处理案例

（2）郑成功扬起眉毛，威严地说："台湾本来就是我国的领土，我们收回这地方，是理所当然的事，你们如果赖着不走，就把你们赶出去！"（选自《郑成功收复台湾》）

（三）叙述语言与角色语言的转换

若要讲好故事，除了要处理好叙述语言和角色语言的区别外，还要注意叙述语言和角色语言的自然转换。具体体现在两个方面：一是要能在角色之间自如地转换；二是要能自如地"进入角色"以表演故事，同时能自如"退出角色"以叙述故事。

总体而言，叙述语言的语气语调要客观、自然、平稳；角色语言要有"角色感"，生动传神。两者既要形成对比，又要相互映衬，转换自然。

▶ 语言转换案例

三、恰当使用态势语

讲故事是一门讲演结合的有声语言艺术，其主要表现手段除了"讲"以外，还有"演"，即还包括帮助表情达意的身体姿势、动作、表情等态势语的辅助参与。态势语是一种无声语言，是讲述语言的必要补充。讲述者在设计眼神、表情、动作等态势语时，要根据故事内容的需要而定，运用应自然得体、恰如其分、形象贴切。这样，既可以生动地表现故事内容，又能做好角色塑造，使角色形象鲜明突出，令听者印象深刻。在讲述故事时，面部表情要清晰明确，动作、手势要适度夸张。

（一）灵活运用眼神和表情

1. 眼神

眼睛是心灵的窗户。在讲故事时，眼睛要有神，要有对象感，能够与幼儿真诚交流。同时，眼神要随着故事情节的变化而变化。眼神能起到画龙点睛的作用，喜、怒、哀、乐、惊、恐、悲等各种情感，都在眼神里。例如：正视对方、眼神自然，意味着态度庄重、诚恳，表明自己坦然自信、胸有成竹，而眼神游移则表明底气不足、怯懦回避；眉毛上扬、目光炯炯，表明内

▶ 眼神和表情运用案例

心喜悦、志得意满，而眼睑下垂、眼神黯淡，则表明惆怅失望、无可奈何；视线向上、眉毛上挑，往往表明自信或傲慢，而视线向下、眼角耷拉，则往往表明愧悔羞怯。此外，东张西望往往意味着神情慌张、心绪不宁。有时，眼神的闪动甚至可以产生"此时无声胜有声"的艺术感染力。因此，在讲故事时，要学会用眼睛说话，用丰富多变、生动传神的眼神，形象地传递故事的内容和思想情感。

2. 表情

表情是心灵的屏幕，是感情的晴雨表，不同的面部表情能够反映说话者不同的内心活动。在讲故事时，讲述者的面部表情要清晰明确，表情的变化（如神情紧张、眉头紧皱、喜笑颜开、愁眉苦脸）要与故事情节的发展和角色情感的变化相匹配。人类的表情可以分为典型表情和非典型表情两大类。

（1）典型表情。典型表情有六种，是指人类在产生愉悦、愤怒、悲伤、厌恶、惊讶和恐惧的情绪时的面部表情。典型表情具有跨地区、跨文化的人类共通性，即在产生这些情绪时，人类的表情特征是共通的。[①]

① 在表达愉悦的感情时，表情的一般特征为：嘴角微翘，双眼微眯，下眼睑绷紧，脸颊隆起、提升，面露微笑，如图 5-2-1 所示。

▶ 故事角色表情模拟训练

① 姜振宇. 微表情：如何识别他人脸面真假？（黄金修订版）［M］. 武汉：长江文艺出版社，2016：67.

　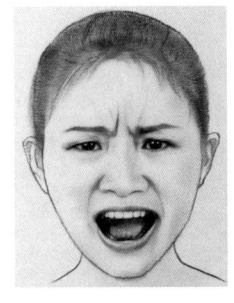　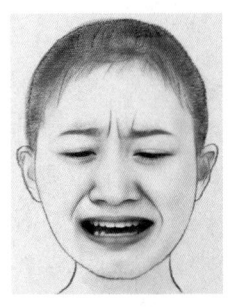

图 5-2-1　愉悦　　　　　图 5-2-2　愤怒　　　　　图 5-2-3　悲伤

练一练

（愉悦的表情）青蛙妈妈说："哈哈哈，傻孩子，我就是你们的妈妈呀！呱呱。"（选自《小蝌蚪找妈妈》）

② 在表达愤怒的感情时，表情的一般特征为：双眉紧皱，瞪眼或眼大睁，怒视，眼神有力，或鼻孔张开喷气，如图 5-2-2 所示。

练一练

（愤怒的表情）小老虎听了，气坏了，便对小猪说："哼，狮子！好，带我去看看！"（选自《霸道的小老虎》）

③ 在表达悲伤的感情时，表情的一般特征为：眉毛整体下压，眉头上扬，上眼睑轻微褶皱，嘴后咧，脸颊隆起，嘴角下垂，如图 5-2-3 所示。

练一练

（悲伤的表情）公鸡伤心地问："老牛伯伯，为什么我跟他们比美，他们都不理我呢？"（选自《美丽的公鸡》）

④ 在表达厌恶的感情时，表情的一般特征为：眉毛下压紧皱，眼睑紧张，上唇提升，耸鼻，鼻翼两侧形成鼻唇沟，单侧嘴角上翘，如图 5-2-4 所示。

练一练

（厌恶的表情）小猴说："嘿，小猪，早上好哇，今天又没洗脸吧，脸上……嗯……脏兮兮的，啧啧……"（选自《小猪变干净了》）

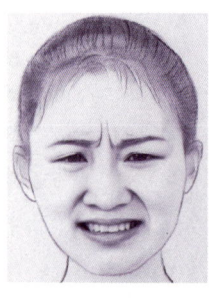 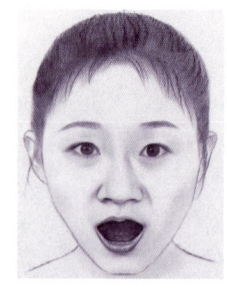 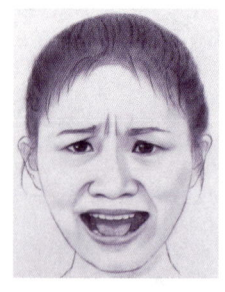

图 5-2-4　厌恶　　　　　图 5-2-5　惊讶　　　　　图 5-2-6　恐惧

⑤ 在表达惊讶的感情时，表情的一般特征为：眉毛上扬，上眼睑提升，睁大眼，眼神警觉，嘴微微张开，有吸气趋势，如图 5-2-5 所示。

练一练

（惊讶的表情）老奶奶说："天哪，我看到了什么？我要的只是一只小猫。天哪，你——都做了什么？"（选自《一百万只猫》）

⑥ 在表达恐惧的感情时，表情的一般特征为：眉毛皱起并抬高，且在内侧形成明显的褶皱，上眼睑提升，露出虹膜，嘴角向两侧展开，露出上下齿，如图 5-2-6 所示。

练一练

（恐惧的表情）你猜，他看到了什么。"天哪！麦格先生……"（选自《彼得兔的故事》）

（2）非典型表情。非典型表情是指除典型表情以外的表情，包括在产生轻蔑、惊喜等情绪时的表情。

① 在表达轻蔑、冷笑或讥笑的感情时，表情的一般特征为：皱眉肌收缩，形成轻微皱眉纹，眼睑紧张，轻微闭合，双眉轻微下压，上唇向一边提升，鼻翼因此被间接地向上及两侧拉伸，从而在鼻翼两侧形成浅沟纹，如图 5-2-7 所示。

▶ 非典型表情案例

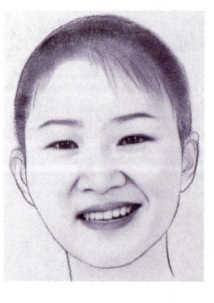 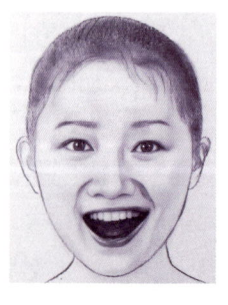 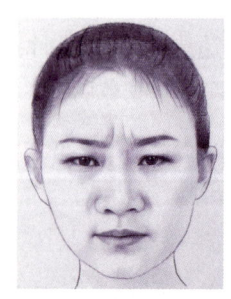

图 5-2-7　轻蔑　　　　　图 5-2-8　惊喜　　　　　图 5-2-9　严肃

练一练

（轻蔑的表情）狐狸的嘴巴更甜了："哼哼，这第三嘛，你嗓音圆润，简直就是天使的声音。"（选自《乌鸦和狐狸》）

② 在表达惊喜的感情时，表情的一般特征为：双眉提升，上眼睑上提，虹膜上缘充分露出，上唇提升，露出上齿，脸颊隆起，下眼睑下方出现面带笑容时特有的沟，如图 5-2-8 所示。

练一练

（惊喜的表情）它睁大眼睛一看："哇，好大好大的镜子呀！要是能把镜子搬到家里，让大家都照一照，那该多好呀！"（选自《奇怪的镜子》）

③ 在表达严肃的感情时，表情的一般特征为：眉毛微皱，脸颊下拉，双唇紧抿，眼睛略微张大，眼神有力，略带不满，如图 5-2-9 所示。

练一练

（严肃的表情）熊大哥拍着狐狸的肩膀说："狐狸呀，光说不做，可不好喔！"（选自《光说不做的狐狸》）

④ 在表达害怕的感情时，表情的一般特征为：眉头上扬，眉形整体在内侧的约1/3处出现明显扭曲并向上延伸，上眼睑向上提升，露出更多的虹膜上缘，上唇提起，略微露出上齿，嘴角向两侧展开，如图 5-2-10 所示。

练一练

（害怕的表情）小兔子说："大老虎嚼起铁杆儿来，就跟吃面条一样，吱溜吱溜的，可吓人了。"（选自《没有牙齿的大老虎》）

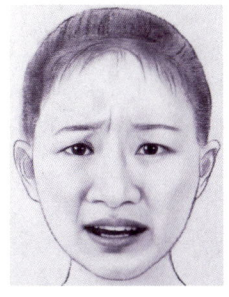 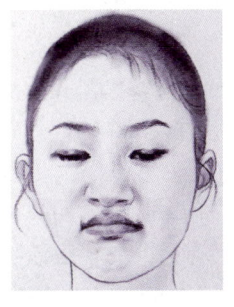 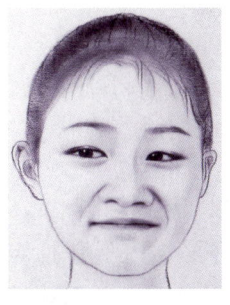 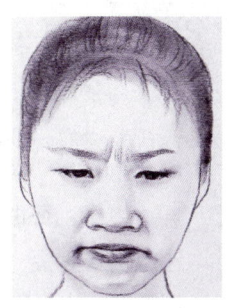

图 5-2-10　害怕　　图 5-2-11　不服气　　图 5-2-12　得意　　图 5-2-13　惭愧

⑤ 在表达不服气的感情时，表情的一般特征为：轻微皱眉，上眼睑垂落，视线转向左下方，上唇上提，鼻唇沟明显，嘴唇紧闭，如图 5-2-11 所示。

练一练

（不服气的表情）小公鸡听了，非常恼火："瞧不起人，哼，不信，我游给你看！"（选自《爱说大话的小公鸡》）

⑥ 在表达得意或骄傲的感情时，表情的一般特征为：头抬高，眉毛轻微提升，视线偏移，上唇提升，鼻唇沟明显，嘴角向两侧拉扯，如图 5-2-12 所示。

练一练

（骄傲的表情）公鸡来到一棵大树下，看见一只啄木鸟说："长嘴巴的啄木鸟，咱们俩来比比，谁美！"（选自《美丽的公鸡》）

⑦ 在表达惭愧的感情时，表情的一般特征为：低头，皱眉，眉梢降低，不敢看人，如图 5-2-13 所示。

练一练

（惭愧的表情）狐狸惭愧地说："嗯……其实我什么也没种……"（选自《光说不做的狐狸》）

叙述语言的表情设计要求与声音设计类似，既要保持讲述者作为旁观者的客观性，也要体现讲述者的感情和态度。比如，在交代故事的一般内容时，面部表情要放松，面带微笑，和蔼可亲，以拉近与幼儿的距离，给幼儿亲切感；在讲述到欢乐之处时，应该眉开眼笑；在讲述到愤怒之处时，应该怒气冲冲；在讲述到忧愁之处时，应该双眉紧锁。

不爱洗澡的小猪

练一练

狗熊妈妈有两个孩子，一个叫大黑，一个叫小黑。它们长得挺胖，可是都很笨，是两只笨狗熊……它们走着走着，忽然看见路边有一块干面包……（选自《两只笨狗熊》）

提示：在讲述这段叙述语言时，起初应保持微笑，且带有喜爱的情绪，因为这里传达的是对大黑、小黑可爱形象的认同。当讲到"可是"时，应该皱起眉头，以表达否定的情感。当讲到"忽然"时，可以稍微停顿一下，瞪眼做出惊喜的表情。

总之，在设计角色语言的表情时，保育师应准确地传达出角色情感与情绪的变化，让幼儿能够更加准确和深入地理解故事角色的内心感受。例如，在讲到角色开心的时候，保育师的表情应该是愉悦的，要让幼儿感受到角色的喜悦和快乐；在讲到角色非常生气的时候，保育师的表情应该是严肃、气愤的，要让幼儿感受到角色的愤怒和不满；在讲到角色非常悲伤的时候，保育师的表情应该是沉重、伤心的，要让幼儿感受到角色的痛苦和难过。

▶ 聪明的乌龟

（二）恰当运用手势

手势是辅助语言表达的重要手段。它和表情都属于身体语言的范畴。在故事讲述中，手势可以帮助讲述者更好地表意传情、强调重点，增强讲述的生动性和趣味性。故事中所呈现的有关高低、长短、大小、好坏、来去、敲门、开门等内容，都可以用手势来辅助表达。此外，各种情绪也可以借助手势辅助呈现。例如：在表示高兴时可以热烈鼓掌，在表示愤怒时可以敲桌子、跺脚，在表示为难时可以搓手，在表示急躁时可以抓耳挠腮，在表示沉思时可以用手托腮，在表示坚定时可以握紧拳头，在表示赞赏时可以竖起大拇指，在表示后悔时可以拍大腿，在表示紧张时可以抓衣角，在表示尴尬或思考时可以搔后脑勺，在表示拒绝时可以摆手，在表示遗憾时可以摊手，在表示犹豫时可以背手踱步，在表示狂妄时可以晃肩、抖腿，在表示笃定、信任时可以握拳击掌，在表示神秘时可以竖起食指抵近嘴唇，在表示害怕时可以捂眼。

▶ 让你的故事更精彩——手势语

在讲述故事的过程中，手势使用的动作范围一般可以分为三个区域：肩部以上为一个区域，大多表现欢呼、振奋、肯定、鼓舞等正面的、积极的故事内容；肩部到腰部为一个区域，往往表现坦诚、平静、中肯、和气等沉稳的特质，以及叙述性较强的故事内容；腰部以下为一个区域，一般表示憎恶、鄙视、反对、压抑等有负面情绪的故事内容。

此外，手势要根据故事的内容和情感表达的需要来进行设计，必须和眼神、面部表情、身姿等有机配合。正所谓"手有所指，眼有所顾"，手势要自然贴切、少而精，适当夸张。例如，在讲述《小熊请客》时，小熊的朋友来给小熊送礼物，这时可以根据故事内容合理安排手势，如小动物们敲门的动作、小熊开门请他们进来的动作等。

▶ 手势运用案例

✎ 练一练

1. 故事讲述手势表现意图练习

（1）表示召唤：手臂前伸，五指微弯。例如：

小白兔叫道："小熊快起来，森林着火了，快跟着我跑！"（选自《森林里的谜》）

（2）表示强调和坚持意见：手臂靠近胸前，微屈，握拳。例如：

仓鼠暗下决心："我一定要帮助河马逃出动物园！"（选自《气球降落伞》）

（3）表达强烈的感情：上举拳头，稍作振动。例如：

王后气得浑身都哆嗦起来了，她无法忍受这样的回答，狂叫道："白雪公主一定要死，即使以我的生命为代价也在所不惜！"（选自《白雪公主》）

（4）表示请求、商讨：手心向上，两臂微向前伸。例如：

小兔子对猴子说："猴姐姐，你把尾巴借我用一天好吗？"（选自《换尾巴》）

（5）表示拒绝、为难：两臂前伸微屈，手掌向前。例如：

猴子气得大声说："不成！不成！半天也不成！我靠这尾巴挂在树上，才能荡秋千，怎么能借给你？"（选自《换尾巴》）

（6）表示提醒、控制：手心向下，两臂微屈前伸。例如：

后来，还是那只小嗓门青蛙说："嘘——别吵，小声点。我们还是各人吃各人的吧！"（选自《三只青蛙》）

（7）表示威胁：伸直食指，握紧其余四指，并摆动食指。例如：

铁罐说："我们走着瞧吧，总有一天，你要变成碎片的！"（选自《陶罐和铁罐》）

2. 故事讲述手势分类练习

（1）情意手势。例如：

小马听了老牛的话，立刻跑到河边，准备蹚过去。突然，从树上跳下一只松鼠，拦住他大叫："小马！别（双手着急地摆动）过河，别过河，河水会淹死你的！"（选自《小马过河》）

（2）指示手势。例如：

老牛说："水很浅，刚没过小腿（用手指小腿），能过去。"（选自《小马过河》）

（3）象形手势。例如：

一天，猴王找到一个大西瓜（双手画一个圆）。（选自《猴吃西瓜》）

（4）象征手势。例如：

兔妈妈的手臂更长，她说："我爱你有那么多！"（双手伸出，由中间往两边尽量展开）（选自《猜猜我有多爱你》）

（三）形象模拟角色体态

讲述者若能够形象地模拟角色体态，可以使故事变得生动有趣，角色形象更加鲜活，从而帮助幼儿更好地了解角色的特点和个性，领会故事的意义，获得愉悦的审美享受。需要注意的是，我们不必模拟所有角色的体态，而应选择体形、神态或姿态特征明显的主要角色进行模拟。此外，在模拟角色体

故事角色
体态模拟

态时，只需做到"神似"即可，不必一味追求逼真，因为过分追求细节反而会干扰幼儿对故事主旨的记忆和理解。另外，还要关注体态模拟的时机，一般是在角色开始发出声音的时候才需要模拟相应的体态，而不是在叙述的时候。下面将从模拟人物角色体态和模拟动物角色体态两个方面做具体介绍。

▶ 小马过河

1. 模拟人物角色体态

讲述者可根据角色的性别、年龄、性格、身份，以及体形、神态、姿态等特征对人物的体态进行模拟。

（1）老奶奶：弯腰，仰头，站立时颤颤巍巍的，嘴唇内裹，说话含混，如图5-2-14所示。

图 5-2-14 老奶奶的体态   图 5-2-15 老爷爷的体态

练一练

老奶奶说："要是我有一只猫，那该多好哇！"（选自《一百万只猫》）

▶ 人物角色体态模拟案例

（2）老爷爷：弯腰，仰头，走路吃力，咳嗽，捋胡子，如图5-2-15所示。

练一练

老爷爷说："别着急，我来帮你们想办法。"老爷爷就用自己的帽子给小鸟做鸟窝，帽子真暖和。（选自《老爷爷的帽子》）

（3）宁死不屈、气宇轩昂的革命者角色：昂首挺胸，握拳，步伐坚定，如图5-2-16所示。

练一练

在敌人的威胁面前，刘胡兰坚贞不屈，大义凛然地说："怕死不当共产党！"（选自《刘胡兰》）

图 5-2-16　宁死不屈的体态　　　图 5-2-17　骄傲自大的体态　　　图 5-2-18　阿谀奉承的体态

（4）骄傲自大、盛气凌人的角色：趾高气扬，说话摇头晃脑，蔑视他人，如图 5-2-17 所示。

✎ 练一练

管理员气坏了，对他说："你笑死人了，你就是一条长满脏毛的大懒虫！"（选自《森林大熊》）

（5）阿谀奉承、说话唯唯诺诺的角色：弯腰低头，斜眼，满脸堆笑，如图 5-2-18 所示。

✎ 练一练

龙铁匠吞吞吐吐地说道："草民本姓……龙，但在皇上面前，不敢放肆，只敢姓蛇。"（选自《"铁饭碗"的来历》）

2. 模拟动物角色体态

讲述者可以根据角色的外形特征、习惯性动作、特有神态及姿态等对动物的形态进行模拟。

（1）牛：将双手拇指及小指翘起并放于头上，似牛角，猫腰再起腰，头从左到右移动，模拟"哞——"的声音，如图 5-2-19 所示。

✎ 练一练

黄牛说："我可没见过你的蛋，也没拾过你的蛋。你老是丢三落四的，这可不好啊！"（选自《鸭妈妈找蛋》）

▶ 动物角色体态模拟案例

图 5-2-19　牛的体态　　　　　　图 5-2-20　熊的体态

（2）熊：两手臂稍抬起，前臂下垂，两腿弯曲站立，脖颈僵硬直立，撮嘴，下巴稍扬，头微微上下点动，如图 5-2-20 所示。

练一练

冬天快到了，大熊想了想："或许今年冬天我应该早早地冬眠。"（选自《森林大熊》）

（3）小鸭子：半蹲，双手手掌放在身体两侧并翘起，表示鸭的脚掌；走路时摇摇摆摆，说话时用拇指和其余四指做鸭的扁嘴形（或并掌叠放在嘴前），一张一合，模拟"嘎嘎"的声音，如图 5-2-21 所示。

图 5-2-21　小鸭子的体态　　　　　图 5-2-22　大象的体态

练一练

（小鸭子）"妈妈，我从很远很远的地方回来，你可知道……"

（鸭妈妈）"孩子，跑出去那么远，你找到了什么呀？"

（小鸭子）"我找到了许多好朋友！"

（选自《迷路的小鸭子》）

（4）大象：身体略弯曲，双手握紧，左右甩动；或者将左手伸到身前，右手从左手上臂的下边穿过，右手捏住鼻子，模拟大象的长鼻子甩一甩，发出"嗷——"的声音，如图5-2-22所示。

练一练

　　大象伸了伸它的长鼻子，瞧了瞧天上，又看了看四周，笑着说："哈哈，不对……"（选自《森林里的谜》）

（5）鹅：将右手举到头的前方，手腕自然弯曲，拇指叠于其余四指之上做鹅的嘴形，说话时一张一合，模拟"êêê"的声音，如图5-2-23所示。

图5-2-23　鹅的体态　　　　　图5-2-24　母鸡的体态

练一练

　　鹅大哥说："房子造得不错，如果在墙上开个窗就更好了。"（选自《鸡妈妈的新房子》）

（6）母鸡：上身前倾，双手放于后腰处，手肘做翅膀扇动状，模拟"咯咯哒"的声音，如图5-2-24所示。

练一练

　　母鸡说："我没看见呀！"（选自《鸭妈妈找蛋》）

（7）狐狸：将两只手的拇指与中指指尖合拢，其余三指翘起，并放在身前，扭腰，偏头，扬眉，翻眼，狡猾地笑，发出"嗯——"的声音，如图5-2-25所示。

图 5-2-25　狐狸的体态　　　　　　　　图 5-2-26　老鼠的体态

练一练

狐狸心想：我饱的时候，鸭子就是我的朋友，我饿的时候，鸭子就是我的食物。（选自《狐狸和鸭子》）

（8）老鼠：半蹲，双手放于胸前，指尖并拢，缩颈耸肩，摇头，模拟"吱吱吱"的声音，如图 5-2-26 所示。

练一练

又过了十来天，老鼠又说："我二姐又要生孩子，请我去吃饭。"（选自《猫和老鼠》）

（四）注重讲述身姿和站位

在讲述故事时，讲述者的基本体态应该是肩平、身正、腰直。在讲述叙述性语言的时候，肢体语言与基本体态一样，都要做到大方、自然。另外，根据故事情节的需要，还可以适当弯腰、侧身和移动脚步，也可以通过向左侧身 45 度或向右侧身 45 度的站位来表现角色之间的对话。例如，在故事《骆驼和羊》中有骆驼、羊、老牛三个角色，在讲述时，可以用不同的站位将三个角色加以区分。在骆驼说话时，讲述者可以固定右侧身站位；在羊说话时，可换成左侧身站位；在老牛说话时，则可换成正向站位。通过运用不同的站位，有助于幼儿区分骆驼、羊、老牛三个截然不同的角色。此外，讲述时的移步换位要自然得体，如脚步移出去、收回来等都要寻找合适的契机；站位要基本保持在听者视角的正中央。

讲述身姿案例

四、适当运用口技模拟声音

在讲故事时运用口技，除了能呈现各类角色的声音外，还能营造出不同的场景氛围，以增添故事的画面感，让幼儿如闻其声、如临其境。常见的口技声音有：乌鸦"哇哇哇"、啄木鸟"嘟嘟嘟"、小鸭"嘎嘎嘎"、小鸡"叽叽叽"等各种小动物的叫声；老爷爷的咳嗽声、叹息声，小姑娘的笑声、哭声，小婴儿困倦时的呵欠声、吃东西时的咂巴声等人的生理性声音；摩托车"呜呜呜"、汽车"嘀嘀嘀"、河水"哗哗哗"、雷声"轰隆隆"等不同的环境声效。当然，这种拟声的运用应力求自然巧妙，无须刻意追求逼真，达到神似的效果即可。

知识链接

图画书的讲述技巧

▶ 图画故事
表达指导

图画书，也叫绘本，即一类以绘画为主，兼附有少量文字的书籍。在图画书中，图画不再是点缀，而是图书的"命脉"，甚至有些图画书，一个字也没有，只用图画来讲故事。

图画书不仅是文字的乐园，更是视觉叙事的宝库。这类书籍紧密贴合幼儿的日常生活，洋溢着童真意趣，不仅能够激发幼儿对阅读的浓厚兴趣，培养良好的阅读习惯，而且还能拓宽他们的知识边界，全方位地促进他们在语言表达、认知理解等多方面能力的发展。那么，如何讲述图画书呢？

▶ 图画故事
讲述案例

1. 结合图文建构故事

讲述者要根据画面所提供的时间、地点、人物等元素，自主建构故事框架。在此过程中，应注意画面与画面之间的关联，组织好讲述的语言，从而帮助幼儿连贯地理解故事。

2. 科学引导

讲述者要给予幼儿观察图画的时间，帮助幼儿把握图画的重点，这包括了解故事的主要情节、明确故事的主体，以及懂得故事本身所要表达的教育意义。

3. 注意渲染气氛

把握故事的基本格调与情绪氛围也是讲述的先期工作，包括对作者及作品创作背景的详尽了解。例如，在讲述《公主怎么挖鼻屎》时，讲述者需要深入理解故事的核心主题与情感基调，即这部作品以幽默诙谐的方式探讨了一个日常而略显尴尬的卫生习惯话题，颠覆了人们对公主形象的刻板印象。此外，在介绍这个故事之前，讲述者可以设置悬念："今天，我们要一起探索一个所有小朋友都好奇，却很少被提起的秘密——想象一下，如果那位住在华丽宫殿里的公主也需要挖鼻屎，她会怎么做呢？"这样的开场白既能激发幼儿的好奇心，又能悄然创设一种轻松愉快、略带神秘的氛围，让幼儿在笑声中迎接这个不寻常的故事。

4. 把握节奏

故事的讲述最好能够适应和配合图画书文本结构的节奏。图画书翻页带来的自然停顿，配合讲述者的有意停顿，会形成故事讲述的基本节律。此外，讲述者还需要依据作品故事的间架、起伏、高潮来把控讲述的节奏。对于故事性强的图画书的讲述，悬念的保持和拉抻、情绪的抑扬、谜底及结局的保留、尾声和余韵的唤起等，都需要在节奏上有所体现。在故事情节的转折点、高潮和结局到来之前，或在集中体现作品主旨的核心段落，讲述者在读完一个对页的文字后，最好多一些停顿。

5. 适当提问

在讲述时，若要让幼儿展开丰富的想象，更好地参与到故事之中，讲述者就不应该用自己的理解代替幼儿的自主思考。因此，讲述者要将提问适时地融入讲述过程中，可以将设悬、猜测、讲述结合起来，将图画书的每一幅画面和文字完美融合，引导幼儿猜想情节，让故事在幼儿的充分想象中完成衔接，发展幼儿的想象力。例如，在讲述《爷爷一定有办法》时，可以提问：小背心又小又旧了，爷爷拿去有什么办法呢？剪刀"咔嚓咔嚓"之后能变成什么呢？领带变得又破又旧，爷爷又拿去有什么办法呢？剪刀"咔嚓咔嚓"之后又能变成什么呢？[①]

任务训练

▶训练资源

一、思考题

（1）故事讲述开头的设计方式一般有哪些？

（2）故事讲述结尾的设计方式一般有哪些？

（3）在讲述故事时，叙述语言的处理技巧有哪些？

（4）在讲述故事时，角色语言的处理技巧有哪些？

二、综合实践题

（1）分析故事《迷路的小鸭子》中各角色的特点，并分别对各角色的说话声音进行设计，然后尝试讲述，注意做到师幼充分互动，体现团结友爱、互帮互助的主题。

迷路的小鸭子

葛翠琳

谁给高高的山顶披上了红纱巾？

噢！是太阳落山了，留下一片红艳艳的彩霞。

① 中华人民共和国教育部.教育部组织专家遴选推荐一批幼儿图画书［EB/OL］.（2021-10-27）［2024-05-14］.http://www.moe.gov.cn/jyb_xwfb/gzdt_gzdt/s5987/202110/t20211027_575342.html.

田野静悄悄，河边静悄悄，风儿凉了，树林里暗了，黑夜要来了。

"呜呜呜，我要回家……"小鸭子迷路了，哭得好伤心。

"不哭，不哭，小鸭子，我送你回家。"小白兔跑过来，亲热地抱住小鸭子。

小鸭子笑了："嘎嘎嘎……"

"告诉我，你的家住在哪儿？"

"有水的地方，我的家就在那儿。"

小白兔领小鸭子来到小河边。河水潺潺流，鱼儿水中游。可这里没有小鸭子的家。

"呜呜呜，我要回家……"

"不哭，不哭，小鸭子，我来帮助你。"小青蛙跳过来，眼睛睁得溜溜儿圆。

"告诉我，你妈妈叫什么名字呀？"

"叫妈妈。"

小青蛙发愁了，到哪儿去找呢？

"小鸭子，我送你回家。"小鹅摇摇摆摆走来。

"告诉我，你爸爸叫什么名字？"

"叫爸爸。"

小鹅没主意了，这可怎么找呢？

"小鸭子，我送你回家。"小松鼠从树上跳下来。

"告诉我，你叫什么名字呀？"

"叫妈妈的宝贝。"

小松鼠叹口气，不知道该怎么办。

"呜呜呜，我要回家……"小鸭子又哭起来。

小鸟儿飞来，给小鸭子擦眼泪："别急，别急，小鸭子，我能找到你的家。"

小鸟儿飞呀飞，飞到西，飞到东，一路上不停地打听："谁知道？谁知道？哪位鸭妈妈丢了小宝宝？红嘴巴红脚，一身黄绒毛……"

老牛听了哞哞叫："谁家丢了鸭宝宝？"

山羊听了咩咩叫："谁家丢了鸭宝宝？"

白马听了咴咴叫："谁家丢了鸭宝宝？"

黄狗听了汪汪叫："谁家丢了鸭宝宝？"

花猫听了喵喵叫："谁家丢了鸭宝宝？"

哞哞哞，咩咩咩，咴咴咴，汪汪汪，喵喵喵，一声低，一声高，东呼西唤好热闹。

鸭妈妈急急忙忙跑来了："啊呀呀，我的鸭宝宝不见了……"

小鸭子见了妈妈嘎嘎叫，带着眼泪拍手笑，跑起来，摇啊摇，跑得急，摔一跤，滚到妈妈身边又撒娇："妈妈，我从很远很远的地方回来，你可知道……"

"孩子，跑出去那么远，你找到了什么呀？"

"我找到了许多好朋友！"

小鸭子仰着头，跺着脚，快活地嘎嘎叫。

（2）分析并讲述故事《耳朵上的绿星星》，重点设计小草、玫瑰花、萤火虫"说话"时的表情，以及表现小松鼠心理活动的表情。 ▶

耳朵上的绿星星[①]

冰　波

今天晚上，森林里要开音乐会，小松鼠要到台上去唱歌。

小松鼠想：上台表演，得打扮得美美的才行呀。可是，怎么打扮好呢？

小松鼠来到花园里，看到绿绿的小草。她想：用小草编顶帽子，戴在头上一定很美。小松鼠刚要去摘小草，小草叫起来："别摘我，别摘我，我会痛的啊！"

小松鼠没有摘小草，走开了。

小松鼠又看到一朵玫瑰花，她想：用玫瑰花的花瓣编成一条项链，戴在脖子上，一定很美。小松鼠刚要去采玫瑰花，玫瑰花叫起来："别采我，别采我，我会痛的啊！"

小松鼠没有采玫瑰花，走开了。

这时候，正好有两只萤火虫，躲在一片树叶底下，他们说："绿绿的小草，是我们玩的地方；红红的玫瑰花是我们睡觉的地方。小松鼠不摘草，不采花，她真好。"

晚上，月亮出来了，小松鼠什么也没打扮，就去参加音乐会了。

森林音乐会开始了。第一个上台表演的就是小松鼠。幕布一拉开，台下所有的观众都惊呆了：小松鼠今晚真漂亮！她的两只尖尖的小耳朵上，有两颗绿莹莹的"小星星"！小松鼠从来没有这么漂亮过！

小松鼠的歌唱得那么好听，满天的星星都出来了，眨着眼睛静静地听。

谁也没有看出来，小松鼠耳朵上的绿星星，就是两只萤火虫。连小松鼠自己也不知道呢。

（3）分析故事情节和角色的个性特点，参考以下提示进行讲述。 ▶

没有牙齿的大老虎

冰　子

在美丽的森林里，住着许许多多（双手摊开滑动）的小动物。→有一天，（表情凝重）来了一只 | 大老虎 ↗（举起双手，张开五指，吼叫），尖尖的牙齿（张大口，用手指指一下牙齿），锋利的爪子（张开五指），小动物们都 | 非常害怕。↘（双手抱肩）

（跳一跳，将双手的食指、中指放在头上）小兔子说："大老虎嚼起铁杆儿来，就跟吃面条一样，吱溜吱溜的，可吓人了。"↘

可小狐狸却说（将食指和小指翘起并摇一摇，眼睛转动）："你们 | 都怕大老虎的牙齿，我 | 就不怕！我还要把他的牙齿全拔掉呢！"↗（自夸的表情）

"哈哈哈，吹牛！吹牛！小狐狸竟吹牛。"（跳一跳，将双手的食指、中指放在头上）

"不信，你们就瞧着吧！"↗（拍胸口）

嗬，狐狸真的去找大老虎了，还带了一大包礼物："啊，尊敬的大王，听说 | 您吃肉吃腻了，瞧瞧！↗今儿个，我给您带来了世界上最好吃的东西——喏，是糖。"↘（恭敬地

――――――――――――
① 引自全国职业院校技能大赛（中职组）婴幼儿保育赛项竞赛样题。

双手呈上）

　　糖是什么？↗老虎从来没尝过，他吃了（放嘴里）一粒奶油糖（嚼，吞）："嗯，哎呀！（陶醉）太好吃了，真是太好吃了。"

　　从此，老虎叫狐狸每天都要给他送来一包糖，第二天，第三天，第四天……这样，老虎吃了好多好多糖，连睡觉的时候，糖还含在嘴里呢，而且还从不刷牙，高兴起来还唱上了："我是一只大老虎，咿呀咿呀哟！我吃糖从不刷牙，咿呀咿呀哟！噢，噢，我的牙齿不怕糖，不怕糖。"（得意地唱）

　　终于有一天，老虎捂着嘴巴叫了起来："哎哟，哎哟哟，我的牙疼啊，谁来帮帮我，哎哟，哎哟哟！"小动物们都围了上来，大家都不知该怎么办？老虎的牙疼得更厉害了，"哎哟，哎哟哟，谁把我的痛牙拔掉，我就让他做……做大王！"↗（捂腮帮，痛苦的表情）

　　这时，狐狸过来了，一看老虎的牙齿，就叫了起来："哎哟哟，不好了，不好了，你的牙齿，全都变黑了，全都坏了，得全|拔掉！"（假装同情）

　　"啊！"↗老虎歪着嘴，一边哼哼，一边说："唉，只要不痛，拔……就拔吧……全拔掉吧！"（无可奈何的表情）

　　于是，狐狸把老虎的牙齿全拔掉了。

　　哈哈……没有了牙齿的大老虎成了瘪嘴老虎啦！↗他还用漏风的声音对狐狸说："唉，还是你最好，又送我糖吃，又替我拔牙，唉，谢谢，谢谢！"（瘪嘴说话）

　　老虎没有了牙齿，小动物们再也不害怕了，他们在美丽的森林里快乐地生活着。→

（入选时有改动）

项目六 保育师职业用语

项目导读

　　保育师职业用语是保育师进行托幼机构一日生活保教工作的用语。正确运用保育师职业用语，能够促进良好的师幼关系、家园关系，提高幼儿的沟通能力和表达能力，传递积极的教育理念，增强幼儿的自信心，对提高保育质量具有重要意义。

　　本项目的主要内容包括保育师职业用语概述、保育师职业用语的表达技巧和保育师职业用语的主要类型。这些内容有助于保育师形成良好的职业语言素养。

学习目标

- 了解保育师职业用语的特点，掌握保育师职业用语的表达技巧。
- 能根据托幼机构的保育工作情境，恰当地运用保育师职业用语。
- 热爱幼儿、关爱幼儿、尊重幼儿，增强敬业奉献意识，厚植教育情怀。

任务一　保育师职业用语概述

任务导入

　　"孩子们，饭前便后，我们都要把小手洗干净。现在就来看看老师是怎么洗手的吧。拧开水龙头，打湿小小手，抹上小肥皂，掌心对掌心，手心压手背，十指交叉摩，手握关节搓，拇指围轴转，指尖掌心揉，手腕别放过，清水冲一冲，干净又卫生。""宝贝们都看清楚了吗？让我们一起来练习一下吧。"

　　这是保育师教幼儿洗手的情景，这段话既有知识教学的内容——科学的洗手步骤和方法，又有卫生习惯的教育——饭前便后要洗手，养成卫生好习惯。这位保育师采用了儿歌朗诵与动作示范相结合的方式教授幼儿正确的洗手方法，语言条理清晰、用词贴切、通俗易懂、具有动感，成功吸引了幼儿的注意，起到了良好的教育效果。这样的指导语有别于其他职业用语，是保育师所特有的职业用语。

 学习支持

幼儿期是儿童语言发展的最佳时期。这一时期，幼儿的语音模仿能力强，语汇量增加速度快，口语理解与表达能力发展迅速。这个阶段的幼儿主要通过模仿成人语言的方式来学习语言，因此，保育师的语言是幼儿学习有声语言的楷模。保育师应该抓住这一关键期，用自己规范准确、鲜明具体且富于表现力的语言，为幼儿树立学习的榜样，培养幼儿良好的生活习惯和意志品质，萌发美好情感，从而促进幼儿的全面发展。

幼儿因年龄、性格不同，其接受语言的能力也不同。保育师要根据不同年龄、不同个性幼儿的特点，使用恰当的话语同他们沟通，以达到教育的最佳效果。保育师职业用语的水平高低，对保教工作的成败起着重要作用。只有认真学习、刻苦训练，掌握各种类型用语的表达要点，并不断加强自己的语言修养，提高语言表达技巧，保育师才能履行好自身的职责。

一、保育师职业用语的含义

保育师职业用语是保育师开展保教活动的专业工作用语，要求用标准的或比较标准的普通话表达，且符合托幼机构保教工作的要求。保育师职业用语以口头形式为主，主要包括保育指导用语、教育指导用语和沟通用语等类型。

二、保育师职业用语的特点

（一）规范准确

《幼儿园教育指导纲要（试行）》指出，幼儿园要"提供普通话的语言环境，帮助幼儿熟悉、听懂并学说普通话"。《保育师国家职业技能标准》（2021年版）要求，保育师应"能提供适当的语言示范"。因此，保育师职业用语的要求是：普通话标准或比较标准（即达到普通话二级乙等及以上的水平），发音清晰、准确，语速适中；声音有一定的力度，洪亮、平稳而甜美；语流顺畅，节奏明快，语气活泼；遣词造句符合现代汉语的习惯，用词恰当，语句通顺，表达得体，让幼儿能够听懂话语的意思。

保育师职业用语的特点

案 例

新学期开学第一天，小丽一见到刘老师就高兴地搂着她说："刘老师，我好好想你哦，你有想我吗？"刘老师蹲下来亲切地说："老师也很想你呀！"待小朋友都到齐后，刘老师给全班的幼儿讲了刚才小丽的话，大家集体讨论找错误，最后小丽说：

"我知道啦，我应该说'老师我好想你呀，你想我了吗'。"说完，刘老师和小朋友们都为小丽鼓掌。

评析：小丽在表述中有两处语法错误，一是动词"有"的用法，二是叠音词"好好"的用法。如果经常使用这样不符合普通话语法规范的语言，对幼儿今后的语言发展不利。刘老师的做法值得学习，她能及时纠正幼儿的错误，并让所有幼儿知道正确的说法，保证了幼儿使用语言的规范性。

（二）具体鲜明

幼儿的思维以具体形象思维为主，他们主要通过视觉、听觉等感官来认识事物。因此，保育师用语要具体鲜明，要有动态感和情感色彩，能唤起幼儿的真切感知。在词语的运用上，要多选用拟声、摹色类词语，并善于使用比喻、拟人、夸张等修辞方法。此外，还可加上手势、体态的变化，以帮助幼儿更好地理解和感受。

案 例

保育师说："小宝，妈妈来接你了，赶快把玩具收拾好吧！"

小宝回答："乱七八糟的，怎么收拾呀？"

保育师引导道："刚才那些纸杯像小士兵一样，整整齐齐地站在窗台上，怎么现在都躺在地上了呢？你能让它们再像小士兵一样，排好队站整齐吗？"

小宝回答："遵命，长官，我现在就让小士兵们排好队，站整齐。"

保育师道："好的，去吧！"

评析：保育师的引导用语，运用了幼儿能够理解和接受的语言，采用了比喻、拟人的修辞方法，有浓厚的情感色彩，且富有童趣，使幼儿能够愉快地养成良好的行为习惯。

（三）儿童化

由于幼儿生活经验有限，他们所掌握的概念及用以表达这些概念的词汇较为贫乏，同时他们掌握的句式也较简单，因此，保育师在与幼儿交流时，需要使用幼儿能够理解和接受的语言。这种语言要贴近幼儿生活，符合幼儿的心理特征，且富有幼儿特有的情趣。

那么，保育师怎样才能使自己的语言富有幼儿情趣呢？首先，保育师要热爱幼儿，理解幼儿，真诚地对待幼儿，把幼儿当作自己的朋友。其次，保育师要从幼儿的视角出发，在自己的语言中注入幼儿喜爱的趣味元素，如说理故事化、生活游戏化、学习娱乐化等。最后，保育师在与幼儿说话时，要注意态度亲切、情绪饱满，营造宽松、愉悦、和谐的交流氛围，使幼儿在心理上愿意接受保育师的教育和指导。

案例

　　游戏快要结束了，但有个别小朋友仍在摆弄玩具，这让保育师感到颇为焦急。面对这一共同的场景，不同的保育师使用了不同的引导语。

　　A 保育师：小朋友，游戏结束了，快把玩具放回原处！

　　B 保育师：玩具小鸭走累了，该休息了，让我们来看看，哪一只玩具宝宝先回家好吗？

　　评析：B 保育师的话比 A 保育师的话更受小朋友欢迎，效果也更好。因为 B 保育师把指令性的话融入了游戏情境之中，引导幼儿从一个游戏转换到另一个游戏，使他们在愉快的情绪中完成了保育师的指令。

（四）差异性

　　针对不同年龄、不同个性的幼儿，保育师要用恰当的话语与之沟通，这样才能获得良好的效果。

1. 年龄差异

　　由于小班幼儿发音器官尚不完善，认知能力有限，掌握词汇少，因此，保育师对幼儿说的话要尽量简单、具体，语速要慢，要多重复，多用单句、短句。例如："小狗的妈妈在哪儿呀？""小朋友仔细看一看，小白兔的眼睛是什么颜色的？""今天小明吃饭时没说话，老师特别高兴！"由于中、大班幼儿的语言接受能力和表达能力都有所增强，也积累了一定的词汇量，因此，保育师同他们说话时可使用"类"概念的词，如蔬菜、水果、玩具等，语言也可以概括得简洁一些。例如："叶子都有什么作用？""今天小东表现很好！""三只羊是怎么战胜大灰狼的？"

2. 个性差异

　　有的幼儿活泼外向，有的幼儿沉静内向；有的幼儿任性，有的幼儿孤僻。要想更好地与不同个性的幼儿沟通，保育师应了解本班幼儿的个性特点，选用恰当的词语和句式，并注意自己的语气、语调。一般来说，外向型的幼儿争强好胜、适应性强、思维灵活，但做事马虎、任性，爱发脾气。保育师在与他们说话时，要具体明确，语气肯定。而内向的幼儿则做事迟缓，不爱表现，但踏实、细心，坚持性较好。保育师在同他们说话时，语调要柔和，语气要亲切、婉转，多用鼓励的话语和肯定性的评价。

案例

　　情境：幼儿把玩具娃娃摔在了地上。

　　保育师对外向型的幼儿说："豆豆，你把娃娃摔坏了，大家都不能玩了，请你今天把它带回家，想办法修好它，然后再带回来。"

保育师对内向型的幼儿说:"妞妞,你刚才摔了娃娃,娃娃都疼了,它真可怜,都哭不出来了,快给它揉揉,再给它道个歉。让我们一起看看,怎样才能治好它的伤,下次还能和它一起玩,好吗?"

评析:保育师在教育幼儿要爱护玩具时,对外向型的幼儿和内向型的幼儿,采用了不同的语言与之沟通,这样能收到更好的效果。如果不考虑幼儿的个性差异,采用千篇一律的话语,可能会使幼儿不易接受,甚至还会起到反作用。

任务训练

一、思考题

(1)简述保育师职业用语的含义。
(2)保育师职业用语有哪些特点?

二、综合实践题

(1)以下是保育师在组织幼儿吃饭时的语言,请分析该用语是否规范恰当。

保育师:请小朋友们把自己的小椅子搬到餐桌前面,然后大家去上厕所,洗手后再回到座位上吃饭,吃饭的时候要做到不讲话、不挑食,别把食物撒在桌子上和地上。

(2)阅读以下案例,分析保育师语言"具体鲜明"的特点是怎样体现的。

为避免幼儿挑食,促进均衡膳食,培养他们健康的饮食习惯,保育师在餐前为幼儿介绍蔬菜的营养:"蔬菜有很多营养,我们多吃蔬菜才能对身体好呢!比如,我们常吃的西红柿,里面藏着很多维生素,能让我们的皮肤变得白白的;胡萝卜含有大量胡萝卜素,能让我们的眼睛变得亮亮的;而洋葱则富含强有力的抗菌成分,能帮助我们杀死身体里的小病菌,这样我们就不容易生病了;这个黑黑的木耳就像吸尘器一样,它能清除我们身体里的灰尘,我们就不容易咳嗽了。你们说,这些蔬菜是不是很有用啊?"

幼儿听了保育师说的话,都使劲地点着头说:"原来蔬菜这么有用,这么厉害啊!"随后便开始大口大口地吃了起来。

(3)阅读下面两位保育师的语言,分析谁的语言更符合"儿童化"的特点并说明理由。

大班幼儿兰兰问:"天怎么会下雨?"
保育师甲回答:"雨是自然界的现象,是从云层中降到地面的水。也就是说,冷水遇热后变成水蒸气,蒸发到天上,这水蒸气遇冷便凝结在一起,然后降落到地面。"
保育师乙回答:"下雨是自然界的一种常见现象。平常我们能看到,烧着开水的水壶会扑扑地向外冒热气，这就是水受热蒸发变成水蒸气。壶里、地面、海洋的水遇热都会蒸发变成水蒸气上升到空中。许多水蒸气凝结成了小水珠，小水珠碰到冷空气，互相碰撞结成大水滴，当空气再也托不住这个大水滴时，水滴就会从天上掉下来，形成了我们看到的雨。"

任务二 保育师职业用语的表达技巧

 **任务导入**

　　活动马上要开始了，可是幼儿还没有进入状态。于是，保育师说："宝贝们，你们快看，是谁来我们班做客啦？"她随即拿出准备好的小兔子玩偶，模仿小兔子的声音小声地说："小朋友，你们好呀！今天我和我的好朋友来与你们一起玩，你们猜猜谁来啦？"然后保育师模仿大象走路的样子和声音，粗声粗气地说："小朋友们，你们好呀！请你们猜猜我是谁？"

　　案例中，保育师用不断变换的音色模仿各种动物，以吸引幼儿的注意力，引发幼儿积极参与活动的兴趣，使活动顺利进行。作为保育师，若要做好保育工作，就需要运用恰当的表达技巧来适应不同的保教情境。

学习支持

　　鉴于保育师工作的特殊性，其职业用语需要达到较高的标准，主要体现在：音量适中、音色甜美、情感真挚、绘声绘色，语气、语调要符合所表达的内容；修辞方法运用熟练且恰到好处；语速控制得当，注意节奏变化；适时运用态势语作为辅助表达的手段；等等。作为保育师，要使自己的口语表达效果好，受幼儿欢迎，应在表达技巧上加强训练。

保育师职业用语的表达技巧

一、调节音量

　　保育师在与幼儿交流时，应确保音量适中且音调平和。若音量过大，易使幼儿感到突然和恐慌；而音调过高，则可能导致幼儿听辨不清。当然，音调也不宜过低，应以中音区为主。音量应调整至让最后一排幼儿听清，同时又不使前排的幼儿感到震耳。如此，保育师说话自如，幼儿聆听亦不觉疲惫。为达成音量适中、音调平和的目标，保育师需要克服声音虚化、弱化、字尾消失等归音问题，使自己的发音高而不噪、低而不虚。

案例

在区角活动时，彬彬和小勇因为玩具而发生了争执，有大打出手之势。这时保育师恰在远处看到了，立即大声呵斥："干什么？是不是不想玩了？"这时，所有的幼儿都停下了手中的活动，看着彬彬和小勇。

评析：当看到两名幼儿发生争执时，该保育师在全班幼儿面前"大声呵斥"他们，发出音调过高、音量过大的声音。从心理学视角来说，这是人在应激情境中的本能反应。但即便如此，作为保育师，我们仍需要时刻保持清醒的头脑，沉着冷静地处理突发事件。此时，保育师应快速地走到两名幼儿面前，用不干扰其他幼儿正常活动的音量去询问情况，协助幼儿处理问题。

另外，保育师说话的音量要有变化，做到抑扬顿挫，这样才能唤起幼儿的注意，体现出职业用语在表达上的层次和情感状态，使职业用语更富有魅力。

对于音量调节训练，可从发声训练入手。在进行发声训练时，应把握好以情运气、以气托声、以声传情的发声基本原理，学会发出大小、高低、强弱不同的声音，使语音丰富多彩。

二、变换音色

在完成保教工作的过程中，保育师常常需要模仿各种年龄、性别、性格的人物或动物的腔调，表现热情、快乐、紧张、悲伤等多种语气，或描摹其他事物的声响。为了表现出这些多样化的声音效果，保育师可以巧妙地运用音色变换的技巧，而音色的变化则主要依靠共鸣。熟练地掌握共鸣腔的形状与位置变化，就能产生不同的声音效果，让幼儿听起来有身临其境的感觉，从而激发幼儿的学习兴趣和积极性。

音色训练要以自己真实、自然、得体的声音为主体，然后在此基础上稍加改变，可略有夸张。但要注意的是，切忌装腔作势，以免弄巧成拙，适得其反。

练一练

春天的电话
野　军

"轰隆隆"，打雷了……

睡了一个冬天的小黑熊被惊醒了，揉揉眼睛，打开窗户，往外一看："啊，原来是春天来了！"它连忙拿起电话，得儿得儿拨电话号码——1，2，3，4，5："喂，小松鼠吗？春天来了，树上的雪融化了，快出来玩吧！"

小松鼠听了电话，也得儿得儿拨号码——2，3，4，5，1："喂，小白兔吗？春天来了，山坡上的草绿了，快出来吃草吧！"

　　小白兔听了电话，也得儿得儿拨号码——3，4，5，1，2："喂，小花蛇吗？春天来了，河里的冰融化了，快出来游泳吧！"

　　小花蛇听了电话，也得儿得儿拨号码——4，5，1，2，3："喂，小狐狸吗？春天来了，地上的虫子出来了，快出来吃虫子吧！"

　　小狐狸听了电话，也得儿得儿拨号码——5，1，2，3，4："喂，小黑熊吗？春天来了，山上的花开了，快出来采花吧！"

　　小黑熊听了电话，高高兴兴地跑到外边，看见大伙儿全出来了。它碰见小狐狸说："谢谢你给我打电话，告诉我春天来了。"小狐狸指指小花蛇，小花蛇指指小白兔，小白兔指指小松鼠，都说："是它先打电话给我的，应该谢谢它。"小松鼠指着小黑熊说："我们应该谢谢小黑熊！是它第一个打电话给我的！"

　　小黑熊听了，连忙用两只大手捂住脸，连声说："不用谢，不用谢！"

　　提示：这是一篇描写春天的童话故事。通过小动物打电话向朋友报告春天来临的消息并相邀游玩的故事，反映了小动物之间互相关心、团结友爱的精神。作品中的五个小动物性情迥异，生活环境也各不相同。它们在打电话时有重复的语句，但也有能体现各自特点的内容。我们要将小黑熊的憨厚、小松鼠的灵巧、小白兔的活泼、小花蛇的调皮和小狐狸的欢快，都充分地表现出来。在训练讲述时，我们可根据每个小动物的性情特点设计不同的音色并进行练习，以反映出它们的美好心灵和快乐情绪。

🔖 知识链接

胸腹联合式呼吸

　　胸腹联合式呼吸可以使胸腹协调活动，增强呼吸的深度和力度，这有利于控制音量和音色，是一种科学的言语呼吸方式。其呼吸要领主要包括以下几点。

　　姿势：两肩平，头、颈、腰三点一线，眼睛平视，全身放松。

　　吸气：以鼻为主，快而轻柔，扩展胸腔，小腹微收，气息内敛，沉聚丹田。

　　呼气：均匀平缓，继续收紧小腹，控制声门，让气流缓缓呼出。

　　在吸气、呼气之时，可手抚腹部，感受控制气流的过程。

三、运用修辞

　　比喻、拟人、对比、夸张作为常用的修辞方法，被普遍地运用于幼儿教育中。这些修辞方法的使用，可以使保育师的口语表达更具体和生动，让深奥的道理变得浅显易懂、新奇有趣，即使是幼儿不熟悉的事物也能为其所理解。

📋 **案 例**

　　午饭后，保育师发现值日的幼儿没有擦桌子，便说道："小朋友们都吃饱了，手也洗干净了，可是咱们小桌子的脸怎么还那么脏啊？"两名值日的幼儿互相递了个眼神，赶忙拿着抹布认真地擦起了桌子。

　　评析：案例中，保育师在提醒值日的幼儿要擦桌子的时候，运用了拟人的修辞方法。这就是幼儿喜欢听且听得懂的语言，所以他们能够愉快地接受保育师安排的任务。

四、使用态势语

　　幼儿早期以直觉行动思维为主，喜欢保育师用表情、动作等来表情达意。因此，在保教工作中，保育师除了需要运用有声语言外，还需要运用态势语来辅助工作。比如，当幼儿感到害怕、焦虑或不安时，可以通过拥抱、轻抚以及安慰的表情等态势语来安抚幼儿，向他传达关爱和支持；在接待幼儿入园时，可以用微笑、牵手等态势语来表达接纳、欢迎的情感；当幼儿表达了正确的想法时，可以用赞许的目光看着他并轻轻点头，以表示肯定。相反，保育师冷漠的表情、傲慢的眼神、不耐烦的语言甚至不当的肢体动作，都可能会使幼儿与自己产生距离感，甚至会影响幼儿的身心健康。

　　总之，在与幼儿的互动过程中，保育师恰当的态势语能起到积极的作用，更好地向幼儿传达情感、信息和指示，促进与幼儿的交流和互动。

📋 **案 例**

　　午睡后，杉杉最后一个搬椅子进教室，那时许多小朋友已经开始吃下午点心了。他慢悠悠地把椅子放好后，到盥洗室转了转。当回头看到豆豆、露露已经吃好点心坐在前面看书时，杉杉便向他们走去，与他们一起看起绘本来。

　　保育师走过去问："杉杉，你吃过红豆粥了吗？"杉杉点点头。保育师又追问："真的吃了吗？"杉杉又点点头。保育师带着他来到餐桌前，问他："真的吃了？能不能看着我的眼睛回答！"杉杉先是点点头，但在看到保育师提示的眼神后，又摇摇头。保育师说："那请你先吃了，再去看书吧！"于是，杉杉坐下大口大口地吃了起来。[①]

　　评析：眼睛是心灵的窗户，也是心与心交流的媒介。案例中，保育师在发现杉杉撒谎后，并没有用语言直接指出他的错误，而是把眼睛作为测谎仪，提醒杉杉要说实话。这样的做法——用严厉又包容的眼神告诉幼儿那样做是不对的，能够保护幼儿的自尊心，比用语言直接批评要来得巧妙、有效得多。

---

① 杨爱绿.教育随笔［M］.杭州：浙江工商大学出版社，2008：86.（有改动）

📖 技能拓展

态势语使用注意事项

1. 自然和真诚

保育师要避免刻意或过度使用态势语，否则可能会让幼儿感到不舒服或产生误解。例如，对幼儿的微笑要真诚而自然，以表达对幼儿的欢迎、接纳、支持或关心等情感。

2. 保持目光接触

目光接触是一种重要的态势语，可以传达关注、倾听和认同的态度。保育师应当积极地与幼儿保持目光接触，以便更好地了解幼儿的反应和感受。例如，对于胆小怯懦的幼儿，保育师一次赞许的目光，就会带给他巨大的自信和勇气。

3. 注意身体姿势和动作

保育师的身体姿势和动作也应该表达友好、自信和积极的态度。同时，保育师要注意保持身体放松、姿态自然，不要过于紧张或拘谨。例如：在与幼儿说话时，一般应当蹲下来，以表达对幼儿的尊重；坐着谈话时，宜斜对着幼儿或与幼儿并排而坐，距离应控制在一尺以内。

4. 观察幼儿的反应

保育师在使用态势语时，应密切观察幼儿的反应，以便了解幼儿的需求和感受，并据此及时调整自己的态势语，以达到更理想的沟通效果。

📋 任务训练

一、综合实践题

（1）模仿山谷回声，用共鸣腔由大到小、由远及近地喊一喊，提升音量调节能力。

①"喂——""喂——""喂——""喂——"

②"你好吗？""你好吗？""你好吗？""你好吗？"

（2）根据故事《拔萝卜》中角色的特点，分别设计角色的音色，并进行讲述练习。

老公公喊："老婆婆，老婆婆，快来帮忙拔萝卜！"
老婆婆喊："小姑娘，小姑娘，快来帮忙拔萝卜！"
小姑娘喊："小花狗，小花狗，快来帮忙拔萝卜！"
小花狗喊："小花猫，小花猫，快来帮忙拔萝卜！"
小花猫喊："小老鼠，小老鼠，快来帮忙拔萝卜！"

（3）请为童话故事《清澈的小溪》设计态势语，并模拟为大班幼儿讲述，教育幼儿要爱护家园，保护环境。

清澈的小溪①

小鸭子的小屋前有一条弯弯曲曲的小溪。小溪清澈见底，小溪的两旁开着一朵朵美丽的鲜花，还有一群快乐的小鱼儿整天在小溪里游来游去。

小白兔慢慢地从小溪上跳过去，说："哇，多清澈的小溪呀！"

大黄牛轻轻地从小溪上跨过去，说："哇，多清澈的小溪呀！"

朋友们都说小鸭子有一条清澈的小溪，他们都喜欢在清澈的小溪上喝喝水，看看小鱼儿。可是过了不久，清澈的小溪不见了。一堆堆的垃圾堆在小溪旁，苍蝇在小溪上嗡嗡地飞着，小鱼儿也死了，浮在小溪上。这里发生了什么事呢？

原来是小鸭子把家里的垃圾全都倒在小溪边上，把家里的脏水，随手就往小溪里一倒；把泥巴、菜叶和小瓶子也都往小溪里一扔。

小白兔慢慢走来，说："哎，清澈的小溪不见了！"

大黄牛也轻轻走来，说："咦，清澈的小溪哪儿去了？"

"天啊！我的清澈的小溪哪儿去了？"小鸭子也惊叫起来。他看着看着，忽然一拍脑袋说："我一定要把清澈的小溪找回来。"

这天，小鸭子早早起来了，他推着一辆垃圾车，拿着一个网兜，用力地捞着小溪上的垃圾。小白兔和大黄牛看见了，也赶来帮忙，他们提着水壶，给小溪洗洗澡，换上清澈的水。

不一会儿，啊！一条干干净净的小溪又出现了。小白兔说："嗯，清澈的小溪好美啊！"大黄牛也说："嗨，清澈的溪水好甜呢！"

小鸭子对朋友们说："让清澈的小溪永远和我们在一起吧！"

二、案例分析题

（1）比较以下案例中两位老师的职业用语表达水平，并说说案例中的"我"采用了什么修辞方法，有什么好处。

午饭后，一位老师正在花园里修剪花草。正当他准备剪去桂花树枝叶时，小班的一个女孩突然跑过来对他说："老师，您为什么要剪小树呢？它会很伤心的！您平时不是常说不要折小树枝吗？"在一旁的我听了由衷地高兴，多有爱心的孩子啊！看来我们的教育已深入幼儿心里了。可也许是干活太投入，这位老师随口回答道："小树又不是人，它不会伤心的。"小女孩愣住了，似乎在说：老师经常教育我们要爱花护草，不折枝、不摘叶，现在老师自己却用大剪刀使劲地剪树枝，这是为什么呢？看到这一情形，我便走过去笑着对她说："一个小朋友如果头发太长，乱蓬蓬的，你觉得好看吗？"她说："不好看。""你看，老师正在给桂花树理发呢。等老师理好后，你看看是不是更漂亮了。"桂花树很快"理"好了发，小女孩仔细打量着修剪过的桂花树，高兴地说："桂花树理了发更漂亮了。"②

---

① 饶娟，马金诚. 幼儿故事选讲与点评［M］. 武汉：武汉理工大学出版社，2012：134.
② 曾志忠. 时时有教育［J］. 幼儿教育（教育教学），2007（4）：46.

（2）分析以下案例，说说保育师使用了哪些态势语及其好处。

早晨锻炼后，有几个孩子围在一起似乎在争论着什么，松松说话声音特别大，还动手推了其他孩子一把，看样子他非常生气。

到底发生了什么事呢？我走过去想问个究竟。一个孩子指着松松说："是他带头吵起来的。"另外几个孩子也随声附和："是松松在吵闹。"还没等我开口，松松突然很激动地大叫了一声，双手还不停地拍打着桌子。

松松是一个很有自制力的孩子，平时干什么都很认真积极，规则意识也很强，我是第一次看到松松这么冲动。

我用温和的语气说："松松，我知道你不是故意的，但你能告诉我是怎么回事吗？"松松站了起来，说话的声音比平时要大："那本书是因为我背熟了20首唐诗，爸爸才奖励给我的，可是被谁撕破了，我……"他咬着嘴唇，眼泪都要流出来了。

于是，我走过去蹲在他身边，握住他的双手说："我理解你，你一定很爱惜那本书，现在被别人撕破了，心里一定非常生气，非常难过。如果是我，我也会像你一样伤心难过的。"松松含着眼泪望着我，渐渐平静了下来。我帮他擦了擦脸上的泪痕，说："等我问清楚是谁撕破了你的书，然后请他和你一起把书修补好，行吗？"他很快点了点头。[①]

任务三　保育师职业用语的主要类型

任务导入

试分析以下案例，判断哪一种指导用语更为恰当。

案例1："快点吃，小明，你为什么咬着勺子不吃啊？""瞧瞧你，又撒饭了，你是漏嘴巴呀！""不要挑食啊！"

案例2："蔬菜含有丰富的维生素，虾仁里有很多蛋白质，都是有营养的食物，我看见每个小朋友都一口饭一口菜，将自己碗里的食物吃到肚子里，小朋友的身体会变得棒棒的！""小勺是个挖土机，挖得深、慢慢起，食物运到仓库里。"

显然，案例2的指导用语更符合幼儿的年龄特点。在进餐环节，保育师应为幼儿营造宽松、温馨的进餐氛围，多使用积极的鼓励和形象化的语言对幼儿施加正面影响。通过积极的暗示、正面的鼓励，在温馨的氛围中促使幼儿养成良好的进餐习惯。

---

① 张红梅.理解是对孩子的有力支持［J］.幼儿教育（教育教学），2009（11）：34—35.

学习支持

　　幼儿教育作为一项全面而综合的教育体系，其特点决定了保育师职业用语的多样性和综合性。为了便于训练，我们将保育师职业用语分为保育指导用语、教育指导用语和沟通用语三种类型。这种分类方式紧密贴合当前托幼机构保育工作的实际需求，旨在为保育师提供与就业岗位要求相一致的训练指导。需要注意的是，这三种类型的职业用语有交叉之处，训练时要予以关注。

一、保育指导用语

　　保育指导用语是指保育师在开展幼儿生活照料、安全看护、营养喂养和早期发展等工作时，用于培养幼儿生活与学习能力时所使用的规范、科学且简洁的工作用语。正确运用保育指导用语，可以有效地对幼儿进行保育和指导，帮助幼儿养成良好的生活习惯，提高自我服务和社会适应能力，进而促进幼儿健康成长。

　　在托幼机构，保育指导用语主要包括生活活动保育指导用语、运动活动保育指导用语、游戏活动保育指导用语和集体学习活动保育指导用语四种类型。[①]

（一）生活活动保育指导用语

　　生活活动是幼儿在托幼机构的一日生活环节所进行的活动的总称，主要包括入园、饮水、盥洗、进餐、如厕、睡眠、离园等生活环节。[②] 在这些生活环节中，保育师需注意培养幼儿的生活自理、行为习惯、人际交往、自我保护等生活能力，以及遵守集体生活规则的意识，从而帮助幼儿形成健康、积极的生活方式，养成良好的卫生习惯。

▶ 生活活动保育指导用语

图 6-3-1　保育师在指导幼儿进餐

---

① 此处参考《上海市学前教育课程指南（试行）》《重庆市幼儿园一日保教活动基本要求》等文件，将保育指导用语划分为这四种类型。

② 中华人民共和国人力资源和社会保障部．保育师国家职业技能标准（2021 年版）［EB/OL］．（2021-12-02）［2024-04-17］．http：//www.mohrss.gov.cn/wap/zc/zcwj/202112/W020211227599132267097.pdf.

1. 生活活动保育指导用语的含义及其作用

生活活动保育有教和养的双重任务。也就是说，它既要培养幼儿的生活习惯和生活能力，又要培养幼儿的语言、认知和交往等能力。

生活活动保育指导用语是指在托幼机构一日生活中，保育师对幼儿进行生活保育和教育时所使用的指导语言。这些用语通常包括讲解、鼓励、提醒、引导等多种形式，旨在帮助幼儿建立良好的生活习惯、卫生习惯及行为规范。例如，当幼儿洗手速度较慢时，保育师可以说"孩子，你洗得很认真，但如果能快点就更好了"，这样既肯定了幼儿认真洗手的优点，又提出了加快速度的建议。又如，当幼儿在运动中出现危险动作时，保育师可以说"孩子，你在玩得开心的同时，也别忘了安全哦"，以提醒幼儿注意安全。

此外，保育师还可以在生活活动中引导幼儿学习自我服务，从而培养其独立自主的能力。例如，当幼儿忘记用毛巾擦手时，保育师可以说"忘了什么？看看前面的示意图，你就知道了"，从而引导幼儿自主发现错误并予以改正。

2. 生活活动保育指导用语的使用要求

（1）尊重幼儿，正面引导。保育师应当秉持幼儿优先原则，保障幼儿的各项权利；尊重幼儿的个性和需求，心怀爱心，使用友好、平等的指导用语，营造轻松愉悦的交流氛围，让幼儿感受到被尊重和关注；使用正面、积极的指导用语，鼓励幼儿主动参与活动，及时肯定幼儿的努力和进步，增强幼儿的自信心和积极性。例如：

"你做得很好，再试一次就会做得更好！"

"你的进步很大，继续努力！"

"请排队，一个接一个地来。"

"请把东西放回原位。"

（2）指令明了，正确示范。保育师需要通过明确的指令和正确的示范来帮助幼儿养成良好的生活习惯，提高自理能力。保育师使用的指令性指导用语要简单明了，易于幼儿理解，避免出现过于复杂或含混不清的词汇，应让幼儿能够听懂并迅速做出反应；操作示范需遵循国家和地方的相关标准和规范，可采用示范讲解的方法，按照既定顺序反复演示各个动作，确保幼儿能够掌握各类自我服务内容的步骤。在幼儿熟练掌握分解动作的基础上，保育师可逐步提高要求，使其能独自完成整个动作过程。例如：

洗手指令："现在是洗手时间，请把小手洗干净。"

早餐指令："现在是早餐时间，请坐在餐桌前，享用美味的早餐。"

起床指令："现在是下午两点半，该起床了。请先把小被子叠好，然后去洗手间洗漱。"

刷牙示范："来，看着我，先用清水漱口，然后挤出适量的牙膏，用刷子的小头开始刷牙。记得要刷到每一颗牙齿，还要刷舌头哦。"

洗手示范："让我们一起来洗手，先用清水冲一冲，然后抹上肥皂，搓一搓手心、手背和手指缝，指尖、关节、拇指、手腕都要洗到，最后用清水将手冲洗干净并擦干。"

穿衣示范："现在我们来穿衣服，我们先穿上身的衣服，再穿裤子。注意要把衣服拉平整，把裤子提起来。"

（3）注重情境，适时指导。生活活动保育指导要在幼儿的实际生活情境中进行，应避免脱离实际的抽象讲解。保育师要适时介入和指导，在指导语言的选择上应与托幼机构中宽松、温馨、舒适的一日生活环境相适应，语言要生活化，尽量做到富有童趣、简洁明了、形式多样，让幼儿感到轻松，从而受到感染和鼓舞。

案例

　　午睡时间到了，小二班的幼儿来到自己的小床边，在保育师的指导下脱掉了衣裤，准备盖好被子睡觉了。保育师问幼儿知不知道怎样盖被子睡午觉，提议大家一起玩个"钻被窝"的游戏。保育师念儿歌："打开一扇门，坐下把脚伸，慢慢躺下来，被窝暖又亲。"幼儿跟着保育师一起边念儿歌边做动作，一会儿工夫，全班幼儿都钻到被子里睡下了。

　　评析：面对幼儿不会自己盖被子的问题，保育师在幼儿午睡时，采用了边念儿歌边做动作的指导方式，用短小易学、操作性强、生动有趣的儿歌，让幼儿在说说做做中轻松地学会了钻被窝、盖被子的方法，帮助幼儿提高了自我服务能力。

（4）注重细节，耐心指导。保育师需要对幼儿的日常生活细节进行指导，包括饮食、睡眠、如厕、穿衣等方面，明确告诉幼儿应该怎么做，避免给出过于笼统的指导。指导时，保育师要保持耐心，不可急于求成或发脾气。例如：

"漱口水在嘴巴里多咕噜几下再吐出来，要做四次哟！"

"吃饭时讲话、说笑，容易将食物呛到气管里，很危险。"

"要一手扶碗，一手拿勺，一口一口舀饭吃。"

"吃饭时嘴巴要靠近饭碗，慢慢地把饭菜送到嘴里，这样才不会撒饭。"

"接水的时候，水杯要放在水龙头下面，眼睛看着水杯，接半杯水。"

"站在便池前，两腿分开站稳当，两手抓裤腰，脱到膝盖处，慢慢蹲下来，双手抓栏杆，便后轻轻擦屁股，两手抓裤腰，用力向上提。"

"小朋友起床啦！先穿上衣再穿裤，穿上袜子把鞋拿，左脚右脚要分清，否则小脚要打架！"

3. 生活活动保育指导用语的使用技巧

（1）了解幼儿，个性指导。保育师需要观察和了解每个幼儿的具体需求及反应，包括他们的兴趣、能力和性格等方面，以便使用合适的指导用语。例如，对于低龄幼儿，可多使用饱含关爱的安抚性指导语；对于活泼好动的幼儿，可多使用游戏性指导语；对于内向的幼儿，可多使用鼓励性指导语；对于比较自我的幼儿，可多使用协商性指导语；对于比较散漫的幼儿，可多使用提示性指导语。

▶ 进餐指导用语

📄 **案 例**

　　杉杉是小班的一名幼儿，性格内向。一天，杉杉午睡起床，尝试自己穿衣服，可试了几次都没有穿好，有点失落。保育师在仔细地观察了她的行为后，用轻柔关切的语气跟她说："杉杉今天真能干，在学习自己穿衣服了，跟老师说说，穿衣服时应该按照什么顺序呢？让我们一起试试，好不好？"

　　评析：在穿衣环节对幼儿实施指导时，保育师应在提问的过程中加入具体的指导方法，边提问边用鼓励的目光注视幼儿；在留出一定的等待时间后，可给予提示性的语言和动作，引导幼儿与保育师一起边说边做，共同完成穿衣的系列动作。

　　（2）巧借情境，灵活引导。保育师要善于发现教育机会，灵活运用生活情境来引导幼儿学习和成长，同时也可以增强幼儿的学习兴趣和积极性。例如：

　　在吃饭时，告诉幼儿珍惜粮食，不要浪费食物。

　　在排队时，告诉幼儿要遵守秩序。

　　在洗手时，引导幼儿认识肥皂、洗手液等清洁用品，并指导幼儿正确地洗手，同时告诉幼儿保持手部卫生的重要性。

　　在进餐时，引导幼儿学会正确的用餐姿势和餐具的使用方法，同时介绍各种食物的营养成分和健康饮食的重要性。

　　在午休时，引导幼儿学会正确的睡姿，养成安静入睡的习惯，同时告诉幼儿为什么要午休和保持充足睡眠。

　　（3）积极互动，适当回应。在进行生活活动保育时，保育师应耐心倾听幼儿的想法和需求，积极与幼儿进行交流和讨论，避免单向灌输或过度讲解。通过倾听幼儿的想法和需求，保育师可以更好地了解幼儿的问题，并做出适当的回应，为他们提供更加个性化的指导和支持。例如：

　　早餐时间，保育师可以与幼儿一起讨论当天的早餐，询问幼儿是否喜欢某些食物，以及幼儿是否有特殊的饮食要求或偏好。通过与幼儿交流，保育师可以更好地了解幼儿的饮食习惯和需求，从而为幼儿提供更加个性化的进餐保育指导。

　　午休时间，保育师可以与幼儿一起讨论他们的睡眠习惯和需求。例如，保育师可以问幼儿："宝宝在家是自己睡的，还是由大人陪着睡的？""你的小床上有毛绒玩具吗？都有些什么呢？"通过与幼儿的交流，保育师可以更好地了解幼儿的睡眠需求和问题，并为他们提供更加个性化的睡眠建议。

　　（4）区别情境，恰当指导。保育师在指导幼儿进行生活活动时，要根据不同的生活情境采取不同的语言技巧，让幼儿更好地了解各项生活技能和注意事项，促进他们的健康成长和全面发展。在入园、离园环节，保育师宜使用亲切、温馨的语言迎接和送别幼儿；在进餐环节，宜使用柔和、悦耳的声音向幼儿介绍食物的名称和营养价值，并鼓励幼儿尝试新的食物；在盥洗环节，宜用简洁、明了的指令性语言向幼儿说明洗手、洗脸的步骤和方法；在午睡环节，宜用柔和、平静的语气向幼儿解释午休的重要性，并提醒幼儿保持安静。例如：

"早上好，玲玲！你今天看起来很高兴啊！"

"这是你最喜欢的牛奶和面包，它们非常有营养。喝牛奶可以让你变得更加强壮，吃面包可以为你提供活动所需的能量。"

"你试试这个鸡蛋，吃了它，可以让你变得更聪明。"

"记得要用洗手液搓手，这样可以帮助我们把手上的细菌洗掉。"

"现在是午休时间，我们需要安静下来休息，让身体得到放松和恢复。"

（二）运动活动保育指导用语

运动活动是指在运动场地，通过器械运动、自然因素锻炼、操节等形式开展的活动，旨在增强幼儿的运动能力和环境适应能力，是幼儿形成健康体魄、愉快情绪的重要途径。

由于幼儿年龄小，身体机能的调节能力较弱，自我保护意识尚在萌芽阶段，因此，做好幼儿在运动中的保育工作，保障幼儿在运动中的安全，是保育师的重要职责。

图 6-3-2　保育师在指导幼儿运动

1. 运动活动保育指导用语的含义及其作用

运动活动保育指导用语是指在托幼机构运动活动中，保育师用来引导和指导幼儿进行科学运动，确保幼儿安全、健康、愉快地参与运动的用语。正确使用运动活动保育指导用语，可以帮助幼儿理解活动的要求和规则，从而确保活动的顺利进行；可以帮助幼儿培养良好的运动习惯，促进其身体和心理的健康发展；可以更有效地引导幼儿，帮助他们学习新的运动技能。

2. 运动活动保育指导用语的使用要求

（1）语言简明清晰。保育师应使用简单、直白的语言，避免使用过于复杂或晦涩的词汇，确保幼儿能够理解。例如：

"请小朋友们排好队，一个一个来。"

"大家集中注意力，听我口令做动作。"

（2）语气亲切友善。保育师在表达时，要用温和、友善的语气，从而营造温馨、关爱的氛围，增加幼儿与保育师之间的亲近感。例如：

"让我看看，你的鞋带系好了吗？"

"你做得很好，要继续保持哦！"

（3）句式简短明了。保育师应尽量使用简短的句子，避免运用结构复杂的长句，以便幼儿能够更好地理解和记忆。例如：

"好了，大家跟着我一起做跳跃运动。"

"把球扔过这根标志杆，试试看！"

（4）使用适宜的音量。保育师在讲话时，应确保一定范围内的所有幼儿都能听到，同时保持语气温和，以免让幼儿感到害怕或紧张。例如：

"你刚才跑出了一身的汗，让我帮你擦擦！"

"大家准备好了吗？我们要开始跑步了。"

总之，在运动活动中，保育师需要灵活运用指导用语，并确保幼儿在安全、健康、愉快的环境中参与运动。

3. 运动活动保育指导用语的使用技巧

（1）观察与倾听。在活动开始之前，保育师应仔细观察幼儿的身体状况和需求，了解每个幼儿的特点，同时倾听幼儿的意见和反馈，以便更好地调整指导用语。例如：

"我看到你出汗了，我们可以去休息一下。"

"我看你跑得太累了，先休息一下吧！"

（2）适时引导。在活动中，保育师应适时地引导幼儿，帮助他们理解运动规则和要求；使用鼓励和激励的语言，激发幼儿的参与热情。例如：

"你做得很好，我相信你可以做得更好。"

"你一下子就能跳这么远，再试试，看能不能跳得更远。"

（3）个性化指导。针对不同年龄段和身体条件的幼儿，保育师应采用个性化的指导用语。例如，对于年龄较小的幼儿，可以使用简单、明了的语言；对于年龄较大的幼儿，可以适当提升语言的难度和深度。例如：

"你可以试着自己爬到架子上面去，我相信你可以做到。"

"请不要着急，你刚才参加了剧烈运动，要等半小时以后才能用餐。"

（4）适度表扬与批评。在活动中，保育师应适度地表扬表现出色的幼儿，增强他们的自信心和积极性；同时，可对表现不佳的幼儿进行适当的鼓励和指导，帮助他们纠正错误。例如：

"你做得很好，我很高兴看到你这么努力。"

"大家加油，一次比一次跳得远！相信自己，你们一定可以跳得很棒！"

这些技巧可以帮助保育师更好地引导幼儿参与运动活动，提高运动效果，同时促进幼儿身心的健康发展。

（三）游戏活动保育指导用语

游戏是幼儿早期特有的一种学习方式，也是幼儿的主要活动形式。在游戏中，幼儿可以使自身的各种能力获得发展，并学习社会生活中的基本知识。此外，游戏也是托幼机构教育活动的重要形式。在游戏活动中，保育师扮演着至关重要的角色。保育工作不仅涉及对幼儿身体的照顾和保护，而且对幼儿的心理、情感、认知和社会适应能力也具有促进作用。

▶ 游戏活动
保育指导
用语

图 6-3-3 保育师在指导幼儿玩游戏

1. 游戏活动保育指导用语的含义及其作用

游戏活动保育指导用语是指保育师在配合带班教师组织游戏活动时所使用的保育工作指导语言。它的作用包括：引导幼儿参与游戏活动、维持游戏活动的秩序、确保幼儿在活动中的安全、启发幼儿思考和探索、促进幼儿社交能力的发展和帮助幼儿建立良好的行为习惯等。

2. 游戏活动保育指导用语的使用要求

（1）明确规则。在游戏开始前，保育师要给幼儿提出明确的游戏规则和要求，使幼儿能够理解并遵守规则。例如：

"在玩堆沙游戏时，请注意不要把沙子撒到外面。"

"在玩音乐律动游戏时，要跟着音乐一起做动作。"

（2）强调安全。在幼儿游戏的过程中，保育师要强调安全注意事项，确保幼儿的人身安全。例如：

"在玩滑梯时，请注意排队等待，不要推挤。"

"在玩'碰碰车'游戏的时候，只能用肩膀触碰同伴，而不能用头去碰撞。"

（3）明确清晰。保育师的语言应该明确清晰，以帮助幼儿正确理解游戏材料及道具的使用方法，掌握游戏的规则和技巧；尤其要讲解清楚游戏的安全和健康注意事项，避免幼儿在游戏中出现过激行为，发生安全事故。例如：

"小朋友们，今天我们要玩一个非常有趣的游戏，叫作'小小建筑师'。在这个游戏里，你们将化身为最棒的建筑师，用这些积木（指向积木）建造出你们梦想中的房子。"

"使用呼啦圈时，请先站在圈的外面，然后轻轻地跳进去或者做其他动作。记得，不要推挤小朋友，每个人都有机会尝试。"

（4）具体形象。保育师可结合游戏情境和幼儿的实际表现，给予幼儿直观且易于理解的指导和建议。例如：

"小兔子跳一下，小松鼠跳两下，小狐狸跳三下。"

"现在我们要玩的是'小火车过山洞'的游戏。山洞里有点黑，请不要跑动或推挤，保持安静，一个接一个地通过。"

（5）温和亲切。保育师应以亲切的语言和语气与幼儿进行交流和互动。例如：

"看你满头的汗水，让我给你擦一擦。"

"孩子们，游戏结束了，跑了这么久，该喝水了。注意不要一次喝得太多。"

（6）尊重个体差异。保育师应根据幼儿不同的特点和需求，采用不同的指导方式。对于外向、活泼的幼儿，可运用严肃、认真的语言引导幼儿遵守游戏规则；对于内向的幼儿，可运用温和、亲切、尊重的语言引导幼儿参加游戏；对于情绪不佳、体弱的幼儿或者特殊儿童，要在观察他们面色和呼吸情况的同时，多沟通和询问，并为他们提供适当的支持和关怀。例如：

"你现在感觉怎么样？没事吧！"

"来，老师陪你玩，等下次你感觉好些了，再去跟大家一起玩，好吗？"

3. 游戏活动保育指导用语的使用技巧

（1）适时适度。保育师需要在恰当的时机给予幼儿必要且适度的指导和建议。例如：

"你看起来有些困惑，需要我帮你解释一下游戏规则吗？"

"小朋友们，我们现在正在玩'搭建城堡'的游戏。如果你发现积木不够稳定，容易倒塌，则可以试着调整一下积木的位置，或者找一些更大的积木作为支撑。不要急于求成，要慢慢尝试。"

（2）激发兴趣。保育师可以利用有趣的语言和活动，激发幼儿参与游戏的兴趣。例如：

"今天我们要玩一个有趣的拼图游戏，看看谁能最快拼好！"

"小朋友们，今天我们要玩一个超级有趣的游戏，叫作'彩虹宝藏岛探险'。在这个游戏中，你们将化身为勇敢的探险家，踏上寻找彩虹宝藏的冒险之旅。你们需要穿越丛林、爬过高山、跳过沼泽，才能找到宝藏的所在地。记住，团队合作是最重要的，只有大家齐心协力，才能克服一切困难，找到宝藏！现在，让我们一起踏上这个紧张刺激的探险之旅吧！"

（3）鼓励尝试。保育师应鼓励幼儿尝试不同的游戏方式或角色，培养幼儿的想象力与合作能力。例如：

"你们可以试着扮演不同的角色，如老师、医生、警察等。"

"小朋友们，我们今天来玩一个'角色扮演大冒险'的游戏。在这个游戏中，你们可以选择自己喜欢的角色，比如勇敢的骑士、聪明的魔法师或者善良的公主。每个角色都有自己独特的能力和任务。除了选择角色，你们还可以尝试不同的游戏方式，比如团队合作或独自挑战。记住，想象力是你们最强大的武器，只要敢于尝试，就一定能发现更多有趣的游戏方式。让我们一起发挥想象力，努力完成任务，享受游戏的乐趣吧！"

（4）及时表扬。保育师应能够敏锐发现幼儿在游戏中的良好表现和进步，并给予表扬和鼓励。例如：

"你今天在游戏中表现得非常好，继续努力！"

"你搭建的这座城堡真有创意，你真是个小小建筑师！"

（5）引导思考。在游戏中，保育师要积极引导幼儿思考和解决问题，培养幼儿的思维能力和解决问题的能力。例如：

"你们遇到了什么问题？可以一起想办法解决。"

"我们怎么才能渡过这条小河呢？可不可以用这些材料建造一座小桥？"

（四）集体学习活动保育指导用语

在托幼机构的教育环境中，幼儿的集体学习活动是指教师有目的、有计划地采用集体活动的形式开展的互动学习活动。托幼机构的教育内容应体现全面性和启蒙性，具体可以划分为健康、语言、社会、科学、艺术这五个领域。在这些领域的活动中，保育师起着重要作用。

在集体学习活动中，保育师通过创设安全、舒适的环境，提供适宜的活动材料来引导和管理幼儿活动，同时观察和记录幼儿的学习过程，与带班教

▶集体学习
活动保育
指导用语

图 6-3-4　保育师指导幼儿学习

师和其他保教人员合作，共同促进幼儿德、智、体、美、劳各方面的协调发展，为幼儿的后续学习和终身发展奠定良好的基础。

1. 集体学习活动保育指导用语的含义及其作用

集体学习活动保育指导用语是指保育师在配合带班教师组织集体学习活动时所使用的保育工作指导语言。它的作用是在集体学习活动中为幼儿提供全面的照顾和护理，激发幼儿的学习兴趣，为幼儿提供个性化的教育支持，从而增强幼儿的社交能力，培养幼儿良好的学习习惯和生活习惯，促进幼儿的全面发展。

2. 集体学习活动保育指导用语的使用要求

（1）培养良好习惯。保育师在设计指导用语时，要注重培养幼儿良好的学习习惯和生活习惯。例如：

"阅读时，应该保持正确的坐姿。"

"手脏了，不能去揉眼睛。"

（2）关注安全健康。保育师应关注幼儿的安全和健康，引导幼儿增强安全意识，并学会基本的安全防范与自我保护的方法。例如：

"拿着铅笔、美工刀的小朋友要注意安全！不能离开座位走动。"

"不要趴在桌上看书，更不能躺在床上看书。"

（3）关注情绪情感。保育师要关注幼儿的情感需求，注重与幼儿的情感交流，抚慰幼儿的消极情绪，为幼儿创设安全、愉悦的学习氛围。例如：

"你现在感觉怎么样？需要我为你做些什么吗？"

"别哭了，等你吃完饭就可以回家了。真乖！"

3. 集体学习活动保育指导用语的使用技巧

（1）激发学习兴趣。通过有趣的语言和活动，可激发幼儿的学习兴趣和好奇心。例如：

"让我们一起探索这个神秘的世界吧！"

"你仔细看看呢，蚂蚁是怎样搬东西的？"

（2）注重启发引导。通过启发引导的方式，帮助幼儿自主思考、发现和解决问题。例如：

"你为什么觉得这样做是对的呢？"

"还有其他方法可以解决这个问题吗？"

（3）使用积极评价。多给予幼儿鼓励和肯定，帮助幼儿建立自信和积极的态度。例如：

"你很爱惜图书，做得很好！"

"你找到了解决问题的办法，真棒！"

（4）尊重个体差异。尊重幼儿的个体差异和特点，针对不同的幼儿采取不同的指导方式。例如：

"你今天午餐吃得好干净呀！我们继续加油，好吗？"

"这篇故事虽然有点难，但是很有意思，我们来一起读，好吗？"

二、教育指导用语

幼儿期是幼儿良好品德、行为习惯逐渐形成的关键阶段。因此，肯定幼儿的优点、长处，纠正他们的不良行为，是保育师的责任。要使教育收到良好效果，保育师就必须讲究语言表达艺术，正确运用教育指导用语。

教育指导用语是保育师在幼儿的一日活动中，对幼儿进行思想品德和行为规范教育时所使用的具有说服力、感染力的工作用语。教育指导用语主要有表扬语、批评语、疏导语和激励语等。

（一）表扬语

1. 表扬语的含义及其作用

表扬语是保育师对幼儿良好的思想行为加以肯定和鼓励的话语。幼儿具有喜欢得到表扬的心理特征，因此，保育师热情的表扬会引起幼儿愉快的情绪，强化幼儿的良好行为，增强幼儿的自信心。

▶表扬语

2. 表扬语的使用要求

（1）及时。对于幼儿的"闪光点"和出色表现，保育师应及时给予肯定和鼓励，让幼儿感受到自己的进步与成长。

（2）适度。保育师不可过度夸大幼儿的表现，也不应频繁表扬，以防止幼儿对表扬形成依赖心理，产生骄傲自满的情绪。此外，在表扬时，保育师也可向幼儿指出某些方面的不足或提出更高的要求，使表扬得以延续和深化。

（3）具体。保育师要针对幼儿的具体行为和表现进行赞赏，让幼儿清楚地知道自己的哪些行为受到了赞美。

（4）注重情感投入。表扬语应该是发自内心的肯定和赞美。保育师在表扬幼儿时，语调要热情，情感要真挚，为幼儿的健康成长营造宽松、愉悦的氛围。

（5）具有差异性。对于不同个性的幼儿，保育师所使用的表扬语要有所区别。比如，对于外向型幼儿的表扬语，要直接明了，多戴"高帽"，使其扬长避短；对于偏内向型幼儿的表扬语，要情真意切、热情活泼，帮助其树立自信心。

3. 表扬语的使用技巧

（1）善于捕捉闪光点。无论是令保育师头疼的调皮幼儿，还是羞于表达、性格内向的幼儿，他们都有各自独特的闪光之处。保育师要有一双善于观察和发现的眼睛，以及一颗爱幼儿、包容幼儿的心。

（2）辅以态势语。在表扬时，如果保育师能够辅以鼓掌、点头、摸头、拥抱及赞许的眼光等态势语，会使幼儿的愉悦感受更强烈，表扬的效果也会更好。

（3）注重过程表扬。若要培养幼儿的成就动机，保育师就应该多表扬幼儿的努力过程。过程表扬强调的是，只要幼儿的态度积极、尽力而为，就应该得到表扬，这样可以促使幼儿形成不怕失败、勇于挑战、不断进取、积极向上的人生态度。

案 例

"小明，你今天主动帮助小朋友整理玩具，真是太好了！我为你感到骄傲。"

"小红，你今天画的画真漂亮，颜色搭配得也很好，你很有艺术天赋。"

"小刚，你今天自己独立吃完了午餐，表现得真棒！"

"小华，你今天在户外活动中跑得真快，展现了出色的运动能力。"

"今天平平学会了自己系鞋带，老师真为你感到高兴！"

"玩钻山洞的时候，文文表现得非常勇敢，老师要向你学习！"

评析：这些表扬语都是针对幼儿具体的行为和表现进行的赞赏，语言有浓厚的感情色彩，能对幼儿起到激励的作用。

（二）批评语

1. 批评语的含义及其作用

批评语是保育师对幼儿的某种不良言行做出否定评价的话语。运用批评这种教育方式，是为了让幼儿认识到自己做得不好的地方，引起幼儿的警觉，自觉纠正缺点和错误，规范行为。也就是说，适当的批评是一种从反面激发幼儿积极向上的方式，可以提高幼儿明辨是非的能力。

▶批评语

2. 批评语的使用要求

（1）就事论事。在批评幼儿时，要针对幼儿的具体行为进行批评；在尊重幼儿的前提下，摆事实，讲道理，不"算总账"，不要涉及幼儿的人格尊严或与问题无关的因素，以免对幼儿造成伤害。

> ### 案例
>
> "我说话你没听见吗？长脑子了没有？带耳朵了没有？"
>
> "你们干什么呢？怎么这么烦人呢！每次都弄得哪儿都是，脏死了！"
>
> 评析：从这两句批评语可以看出，保育师没有尊重幼儿，没有"摆事实，讲道理"，明显带有不良情绪和人身攻击，易对幼儿的身心健康造成伤害。

（2）控制情绪。在实施批评时，保育师必须保持平和的情绪，避免把批评和斥责等同起来；言辞应恳切，不做尖刻的指责，不粗野谩骂、全盘否定幼儿。

> ### 案例
>
> 情境：有个孩子在吃完香蕉后把皮丢在了地上。
>
> 保育师甲："是谁把香蕉皮扔在了地上？是谁干的？是想让人踩在上面栽个大跟头吗？谁丢的？站出来！"
>
> 保育师乙："地上丢的是什么呀？哦，是香蕉皮。香蕉皮是软的，丢在地上，人往上一踩会跌倒。我们小朋友都是讲卫生的孩子，恐怕是香蕉太好吃了，一下子忘了把香蕉皮丢进果皮箱了吧？现在这位小朋友想起来了没有？来，我们把它捡起来，丢进果皮箱里。以后可别忘了，我们都别忘了呀！"
>
> 评析：保育师甲说话单刀直入，一连串的质问显得咄咄逼人，溢于言表的严厉批评可能会引起幼儿的抵触情绪。保育师乙说的是同一内容，但语气明显缓和了许多，既指出了幼儿行为的危害性，又启发幼儿"站"出来自己纠正错误；言辞也委婉得多，用"恐怕是""一下子忘了"等话语，表达了对这一偶发事件的谅解，使批评达到应有的效果。

（3）提供指导。在批评幼儿时，保育师应该提供具体的指导和建议，帮助幼儿了解如何改正错误或改善行为表现。例如：

利利和欢欢在挑选玩具时发生了争执。黄老师说："你们可以轮流玩这个玩具，或者想一想有没有什么其他的玩具可以一起玩。"

（4）注意时机和场合。批评时，保育师要注意时机和场合，避免在幼儿情绪激动的时候或在公共场合进行批评，以免对幼儿造成压力。例如：

皮皮在全班幼儿面前犯了错，黄老师把他叫到一边，对他说："你跟我到教室外边来一下。"黄老师对皮皮刚才乱发脾气的行为进行了单独批评和指导。

总之，保育师在使用批评语时，要注意就事论事、控制情绪、提供指导以及注意时机和场合等要求，以达到帮助幼儿认识错误、改正行为的目的。同时，保育师也要注意，在批评的过程中，不要伤害幼儿的自尊心和自信心。

3. 批评语的使用技巧

（1）弱化语势。在批评幼儿时，保育师需要考虑幼儿的心理承受能力，应淡化贬抑的感情色彩，使严厉的批评变成一种可接受的解说，同时注意用较慢的语速和较平稳的语调、语态说话。

案 例

　　一次，保育师正组织幼儿进行"认识螃蟹"的活动，许多幼儿开心得手舞足蹈，活动室里的气氛一下子沸腾起来了，幼儿争先恐后地想看螃蟹。此时，保育师并没有因势利导地满足幼儿的好奇心，而是沉下脸来厉声呵斥道："你们要干什么？快回到位置上去！你们看飞飞多好，坐在自己的位置上没有离开。"

　　评析：案例中，保育师"厉声呵斥"式的批评会吓到幼儿，抹杀幼儿的好奇心和求知欲，不利于幼儿身心的健康发展。同时，对于在活动中表现出"无所谓"态度的幼儿（飞飞），保育师却给予了赏识和表扬，并将其视为"榜样"，这样的表扬会误导幼儿。

（2）巧用暗示。在批评幼儿时，有时不必把话挑明，而是可以根据幼儿的认知水平进行积极的暗示，这样同样可以达到教育的目的，收到良好的效果。例如，有的幼儿很聪明，平时能够积极参加各种活动，自尊心极强，但是自制能力差，与其他幼儿的关系不好，经常和他人吵嘴，在班上比较孤立。对于这样的幼儿，保育师若采取面对面直接批评的方式，容易挫伤幼儿的自尊心，长此以往，易使其产生逆反心理。然而，若保育师采取语言暗示的方式对幼儿进行批评，效果就大不一样了。保育师既要肯定幼儿的聪明之处，保护其自尊心，又要使他认识到自己的不足之处。保育师可以把问题的危害性、重要性转化为轻松活泼的语言，或利用相关的故事、笑话、轶闻等对幼儿进行教育暗示。

案 例

　　小朋友洗手不认真一直是不好解决的问题。道理讲过了，方法教过了，最初几天他们还洗得挺认真的，可时间长了就又开始敷衍了事了。为此，保育师对幼儿进行了暗示性的教育。

　　保育师："兰兰的小手真白，老师看见你每次洗手都很认真。来，给老师闻一闻，真香！"

　　幼儿："老师，你闻闻我的手香不香。"

　　幼儿："老师，今天我的手也很香，你闻闻！"

　　从此以后，孩子们便渐渐养成了认真洗手的好习惯。

评析：当保育师发现幼儿洗手不认真时，并没有严厉地批评他们，而是采用迂回的方式，即表面是在表扬兰兰，实际则是在批评那些不认真洗手的幼儿，借此暗示其他幼儿也应该向兰兰学习。幼儿都渴望得到保育师的认可和夸奖，于是他们争相把手洗干净。保育师的巧妙暗示有效地达到了教育目的。

（3）学会宽容。苏霍姆林斯基曾说："宽容所引起的道德震动比惩罚更强烈。"因此，在对幼儿进行批评教育时，保育师应理解和原谅幼儿的缺点与错误，让幼儿体会到保育师的关切与期待，从而缓解幼儿因犯错误而产生的紧张感和拘束感，减少抵触心理。

（三）疏导语

1. 疏导语的含义及其作用

疏导语是保育师通过摆事实、讲道理以及循循善诱的方式，采用委婉、巧妙的语言来引导幼儿的行为或情感，使幼儿愉快地接受规劝的教育用语。

▶ 疏导语

疏导语在保育师的工作中具有重要的作用，可以帮助幼儿缓解负面情绪，建立良好的人际关系，培养良好的生活习惯，以及提高自信心和自我调节能力。

2. 疏导语的类型

（1）说服。说服是保育师通过沟通与交流来影响幼儿原来的思想、情感和态度，从而引导幼儿行为的一种疏导语。运用恰当的方式说服幼儿，不仅可以使教育活动顺利开展，还可以培养幼儿积极的态度和良好的行为方式，避免不良行为的发生。需要注意的是，说服一定要建立在恰当沟通的基础之上进行。保育师在与幼儿对话的时候，可伴以微笑和亲切的动作，从而更有效地说服幼儿。

案 例

在玩游戏时，瑶瑶动手打了琪琪。保育师看到后及时制止了瑶瑶，让瑶瑶看琪琪的受伤处，并告诉瑶瑶，琪琪现在很疼，心里也很难过。随后，保育师又给瑶瑶讲小朋友之间要互让互爱的故事，引导瑶瑶向琪琪道歉。

评析：案例中，保育师并没有强制让瑶瑶道歉，而是通过让瑶瑶亲眼看、亲耳听的方式来理解对方的感受，通过间接说服的办法，让瑶瑶真诚地向琪琪道歉。这种教育方式能让幼儿感同身受，切实地认识到自己的错误，教育的效果会更有效和持久。

（2）劝慰。劝慰是指保育师运用温和、体贴的态度与幼儿进行交流与沟通，从而缓解或消除幼儿的不安、焦虑或悲伤等负面情绪，帮助其恢复心理平衡和积极态度的一种疏导语。幼儿的心智尚不成熟，自控能力差，适应能力弱，对外界的刺激很敏感，有时在托幼机构里可能会产生失望、无助的情绪，甚至会因遭受挫折或感觉委屈而情绪低落、哭闹。

保育师要善于分析幼儿负面情绪产生的原因，并给予恰当的劝慰。对于不同性格的幼儿，保育师要采取不同的劝慰方式。例如：对于性格外向、活泼的幼儿，保育师可以采用吸引注意、转移焦点的方法；对于性格内向、文静的幼儿，保育师应有足够的耐心，以同情和理解的态度给予积极暗示，以乐观的情感带动幼儿走出情绪低谷。

📋 案 例

　　莎莎在与蔷蔷玩游戏的时候，手背不小心被蔷蔷的玩具划了一下，有点痛，莎莎撇着嘴，一副要哭的样子。保育师走过来问道："莎莎，你怎么了？"莎莎指着蔷蔷，不满地说："她把我划伤了。""莎莎真坚强，划痛了也不哭。来，让老师看看。"说着，保育师便把莎莎的手轻轻地托起来，"让老师吹吹，吹吹就不痛了，蔷蔷也来吹吹。"保育师和蔷蔷一起边吹边摸，弄得莎莎感觉痒痒的。莎莎说："老师，我不痛了。"

　　评析：莎莎不是因为手很痛才想哭，而是觉得心里委屈。保育师准确地把握了莎莎的这一心理，对她表示同情和理解，并表扬了她，这使得莎莎反而不好意思哭了。保育师和蔷蔷一起给莎莎吹"划痛处"，消除了莎莎对蔷蔷的不满，让莎莎感受到保育师对她的爱与关注，从而摆脱了因受伤而产生的不愉快感。

3. 疏导语的使用要求

（1）尊重幼儿。疏导语应以尊重幼儿为第一原则。保育师只有尊重幼儿，才能缩短与他们之间的心理距离，尽快了解他们的心理活动，从而进行有效的教育指导。

（2）了解需求和动机。保育师在帮助幼儿疏导情绪时，需要通过细致观察、耐心倾听以及设身处地地感受等方式，深入洞悉幼儿的需求和动机，并在此基础上，适时地给予幼儿支持和帮助。

（3）语速、语态要平稳。在疏导幼儿时，保育师应放慢语速，控制说话音量，保持平和的语态，并使用简单明了的语言，从而更好地与幼儿进行交流，帮助他们疏导情绪。

📋 案 例

　　一个男孩爬到了攀登架的最高处，骑在横杠上下不来。小伙伴们都很惊慌。这时候，一位有经验的保育师走了过来。

　　保育师（镇定而微笑着）："哎哟，这是哪位小朋友呀，这么勇敢，爬得这么高呀。好玩儿吗？"

　　男孩："好玩儿。"

　　保育师："今天这位小朋友真勇敢。不过我们仰着脖子看，脖子已经很酸了，我们还想看看这位小朋友是怎么下来的，因为上去不容易，下来也不容易呀。我们相信这位勇敢的小朋友，不但能爬上去，而且还能稳稳当当地爬下来。你们看，他开始爬下来了，他的手抓得很紧，慢慢地，一步一步地下来，很好……"

评析：这位保育师在紧急关头能够保持冷静，沉着应对，其疏导语充满了智慧，彰显出其丰富的教育经验。保育师先是很有分寸地肯定幼儿的勇敢（不是表扬），满足了他想获得赞许的愿望，然后用"不过"一转，转入劝其下来的建议，并且用"预付"的赞许诱导其稳稳当当地下来。这位保育师的疏导语，成功预防了一场事故的发生。

案例中，如果保育师不疏导幼儿，而仅仅是批评、恐吓幼儿，如说"谁让你上去的，你可真胆大！等你下来，一定要让你好好罚站""赶快下来，再不下来，你今天就别想回家"等话语，则可能会带来更糟糕的后果。可见，使用恰当的疏导语是何等地重要。

4. 疏导语的使用技巧

在托幼机构的工作中，疏导语的使用技巧包括以下五点。

（1）营造积极的沟通氛围。在疏导时，保育师要使用亲切、友善的语言，以表达对幼儿的关注和爱。

（2）倾听和理解幼儿。在交流中，保育师要耐心倾听幼儿的想法和感受，理解他们的需求和困惑。

（3）引导幼儿解决问题。当幼儿遇到问题时，保育师可以使用启发式的问题和引导性的语言，帮助幼儿思考和寻找解决问题的方法。

（4）创造安全和信任的环境。在与幼儿交流时，保育师要保持耐心和冷静，避免使用过于严厉或批评性的语言；要让幼儿感受到被尊重和关爱，从而建立起与幼儿的信任关系。

（5）关注幼儿的个性和需求。每个幼儿都有独特的个性和需求，保育师应细心观察并关注幼儿的特点，采用与其个性相适应的交流方式和语言。例如，对于性格内向或表达有困难的幼儿，保育师应当展现出更多的耐心和理解，给予他们特别的关注和支持。

在与幼儿的交往过程中，保育师要巧妙地运用疏导语，与幼儿建立积极的互动关系，从而有效促进幼儿的成长和发展。

📋 案 例

开学第一天，三岁的小丽被爸爸送到了幼儿园。当她来到陌生的环境，看到陌生的老师和小朋友时，开始大哭起来，吵着要跟爸爸回家。

保育师小王走了过来，抱起小丽，亲切地对她说："小丽，这里是幼儿园，好多小朋友都会来这里玩。你看，那边的小朋友在玩玩具，多开心啊。我们也一起去玩，好吗？"小丽点了点头，但仍然有些害怕。王老师轻轻地拍了拍她的肩膀，说道："没关系，我们在一起多玩一会儿，大家就熟悉了，你会交到很多好朋友。你可以叫我王老师，我会像你的爸爸妈妈一样照顾你。"小丽听后，渐渐地停止了哭泣，开始跟着王老师去和其他小朋友玩。王老师还为她介绍了一些简单的玩具和活动，使她感到很新奇和兴奋。

在接下来的几天里，小丽逐渐适应了幼儿园的生活，并爱上了这里的老师和小朋友。她已经不再害怕上幼儿园了。

评析：小丽因为初到幼儿园，不熟悉这里的老师和同学，所以出现了分离焦虑现象。保育师通过"抱起""拍了拍她的肩膀"等亲近的动作，拉近了与小丽的心理距离，并用玩具转移了她的注意力；同时，用亲切和友善的语言耐心疏导，帮助小丽建立起安全感，使小丽逐渐适应了新环境。保育师对新入园幼儿的关爱与尊重行为，体现了她良好的职业道德，以及较强的沟通、观察与应对能力。

（四）激励语

1. 激励语的含义及其作用

激励语是保育师运用赞美、表扬、鼓励等话语引导幼儿积极进取、奋发向上的教育指导用语。激励语既可以增强幼儿的自信心，调动幼儿积极向上的情绪，发挥幼儿的潜能，又可以帮助幼儿自主调节不良行为，让幼儿自觉放弃消极的想法或改正不良的行为。

▶ 激励语

激励语倾向于鼓励、引导，通常在幼儿遭遇挫折或出现畏难情绪时使用。激励语通常具有鼓动性强、赞扬力度大以及刺激性显著的特点，其应用效果明显。

案 例

果果是一个特别外向的孩子，她平时喜欢在表演区活动。这天，果果和其他几个小朋友在一起表演《三只蝴蝶》，果果扮演红花。当看到表演区内，陆陆续续来了很多小朋友时，果果开始感到了压力。在轮到她出场的时候，她因怯场而不敢上台。旁边的小朋友东张西望，不知怎么回事儿，开始散去了。

保育师马上走了过去，一边唤回走开的幼儿，一边挥着手对果果说："上啊！果果，怎么啦？""每一次都是你演得最好，相信自己，大家都等着呢！""快上去，大家都等着给你加油哟！""我们果果最棒了！"保育师边说边带头为她鼓掌。其他小朋友也心领神会地说："果果最棒！果果最棒！"当听到大家的表扬与鼓励时，果果来劲儿了，对保育师说道："演就演！"说完，她便开开心心地和大家一起表演起来了。

评析：保育师根据幼儿活泼、外向的性格特点，使用了带有"煽动性"的激励语，让幼儿的心理和行为受到正向激励，情绪因此高涨，最终顺利完成了表演活动。这次激励的成功，得益于保育师的细心观察和耐心引导。

2. 激励语的使用要求

（1）态度明确，充分信任。保育师要善于发现幼儿身上的闪光点，肯定幼儿良好的思想和行为表现；用肯定的语气明确地告诉幼儿应该怎么做，让幼儿深切感受到保育师对他们的信任与支持。

气质有差异，激励讲策略

（2）及时激励，富有激情。若想要成功激励幼儿，保育师必须结合具体事件进行及时激励。倘若事后再进行激励，其效果往往会大打折扣，这恰恰体现了托幼机构随机教育中及时性与针对性的重要特点。

（3）因人而异，有针对性。保育师需细心观察，充分了解每一个幼儿的个性特征，讲究激励策略，并以此为基础，有针对性地设计激励语。

3. 激励语的使用技巧

（1）目标激励。保育师运用充满鼓励与期待的话语，为幼儿设定一个既具挑战性又可达成的目标，同时展现出对幼儿的信任，以此鼓舞幼儿为实现目标而努力。

案 例

甜甜是一个性格比较内向的女孩，不喜欢与小朋友交流。今天在表演《小兔乖乖》时，大家都争先恐后地表演小兔子，唯独甜甜呆呆地坐在板凳上，似乎无动于衷。这时候，保育师走了过去，对她说道："甜甜，你学小兔子跳最可爱了，老师最喜欢看你学小兔子跳，相信你一定能表演成功！"甜甜回答道："真的吗？"保育师说："当然啦！"于是，甜甜离开小板凳学着小兔子跳了起来。保育师还带动其他小朋友一起帮甜甜念儿歌："小兔子乖乖，把门开开，快点开开，我要进来……"经过多次训练，甜甜克服了胆怯的心理，能主动上台表演了。

评析：保育师根据幼儿的性格特点，用充满期待的话语，为幼儿设立了一个能够达成的目标，鼓舞幼儿为实现目标而努力。与此同时，保育师以游戏者的身份加入游戏，通过亲身参与和积极互动，让幼儿在正面反馈中逐渐获得自信，最终能够自主参与游戏。

（2）榜样激励。保育师可以通过讲述值得学习和模仿的人或事例来激励幼儿。

案 例

早餐时间，嘉彦拿着餐点来到座位用餐。他来得较早，慢慢悠悠地剥着鸡蛋，一些蛋壳被他丢到了渣盘外，但他并没有理会，继续就着燕麦粥吃。过了一会儿，宛辰小朋友也端着早餐来了，她先是看了看桌面上的蛋壳渣，又看向了嘉彦，但嘉彦并没有理会她，继续吃着。保育师看到宛辰不想坐下来，就对嘉彦说："嘉彦，为什么宛辰不想坐在你的旁边吃饭呢？"嘉彦回答："我也不知道。""你看旁边小朋友们的桌面好干净啊！所以，小朋友们都想去干净的桌面吃饭，如果我们也像他们那样爱干净的话，那是不是也有很多小朋友愿意坐在我们这一桌呢？"嘉彦听了保育师的话，转身去拿毛巾，将蛋壳抹进了渣盘。之后，很快就有小朋友坐在嘉彦身旁吃早餐了。

评析：保育师在发现嘉彦的问题后，根据嘉彦的性格特点，及时地对其进行有针对性的引导，利用身边良好的行为事例来激励他。在整个过程中，保育师语气平和、亲切，为嘉彦营造了一个安全、接纳的交流氛围，促使他学习、效仿着做，从而更好地融入集体生活。这一举措不仅培养了嘉彦良好的卫生习惯和行为规范，还进一步增强了他维护公共秩序的意识。

（3）忠告勉励。保育师可以利用能触动幼儿心灵的忠告或赠言勉励幼儿，以引导其深入思考，奋勇前行。

案例

在绘画活动中，幼儿正在设计小汽车。保育师看到源源趴在桌子上没有动笔，便指了指图画本，说道："源源，你怎么还没有动笔呢？""老师，我不会。"源源说道。保育师看着源源，目光里充满了期待和对源源的喜爱，说："不会没关系，画得不好也没有关系，但我们必须大胆地去尝试！让我们一起来想一想，车子由哪几个部分构成？分别是什么形状的？"源源想了想，开始在纸上画起来。"这画的是车身吧，你画得很好呀，继续加油，把你最喜欢的小汽车画出来吧……"

评析：源源是个比较胆小的孩子，不太愿意尝试新事物，所以每次绘画时都迟迟不动笔。针对这种情况，他需要心理引导，而非单纯的技能指导。为此，保育师想要激发源源的绘画意愿（用笔在空白纸上探索），于是便对他提出忠告："我们必须大胆地去尝试！"此外，源源的绘画造型能力比较弱，还没有建立起"如何去画某个事物"的思路与方法。基于此种情况，保育师耐心地从提高源源的造型能力入手，引导他思考车身的形状，点燃他"我也能"的自信，激发他绘画的欲望。

（4）反话刺激。保育师用反面的话语刺激幼儿，旨在使幼儿的自尊心从自我压抑中解脱出来。例如：针对幼儿的消极状态，保育师直截了当地给予否定的语言刺激，促使幼儿奋起改变现状；或有意识地褒扬其他幼儿，激发幼儿想要超过其他幼儿的决心；或褒扬幼儿过去的优点和成绩，刺激其改变现状。需要注意的是，反话刺激并不适合所有的幼儿（如性格敏感的幼儿），运用时要特别慎重。

案例

户外体育活动开始啦，保育师带着孩子们学习跳马。孩子们一次又一次地跳了过去，只见琪琪跳了一次但没成功，就一直站在队伍的最后面。保育师走了过去，摸着琪琪的头，说道："琪琪，你怎么不继续跳了呢？"琪琪支支吾吾地说道："我累了，先休息一会儿。"保育师微笑着说："好吧，你先休息一会儿，我去看看子爱跳马，她好厉害，试跳了两次就能够轻松跳过去了哦！"琪琪站在队伍后面悄悄地看着子爱，保育师接着说："哎呀，子爱好勇敢，她第一次没有跳过去，第二次也没跳过去，可她没有放弃，比那些在一旁不敢跳的小朋友勇敢多啦！"琪琪听了，着急地跟着队伍往前走，大声说："我也可以的！"接着，琪琪大胆地又去试了一次。这次，琪琪终于跳过去了。

评析：保育师根据琪琪的性格特点——不服输，在她想要放弃游戏的时候给予语言上的刺激，通过对其他幼儿的肯定，激发她超越同伴的决心，帮助她战胜了自己的畏难心理。

三、沟通用语

良好的沟通是处理好人际关系的基础。在托幼机构中，正确地使用沟通用语，是保育师与幼儿、家长、搭班教师之间形成和谐关系的重要保障。按照沟通对象的不同，保育师常用的沟通用语可分为与幼儿的沟通用语、与家长的沟通用语以及与教师的沟通用语等。

（一）与幼儿的沟通用语

1. 与幼儿沟通用语的含义与作用

与幼儿的沟通用语，是保育师与幼儿之间为了交流感想、互通信息，进而达到相互了解、相互信任的目的的一种交谈口语。

通过与幼儿沟通，保育师可以充分了解幼儿的兴趣、需要、性格及心智发展水平，以便更有针对性地对幼儿进行教育；可以了解幼儿的内心世界，发现幼儿的心理变化，以利于及时调整教育方法；可以让幼儿感受到来自保育师的关爱、信任和期望，从而提升幼儿的自信心，增强幼儿表达思想、与人交往的意愿。

2. 与幼儿沟通用语的使用要求

（1）尊重幼儿，平等交流。沟通时，保育师要蹲下身来，眼睛平视幼儿；尊重和理解幼儿，将他们视为在精神层面平等、在人格上独立的个体；在与幼儿沟通的过程中，尽量给幼儿说话的机会，用商量的口吻和讨论的方式与幼儿平等交流，而不是用居高临下、命令式的口吻与之交谈。例如：

□ 与幼儿沟通常用语

① 玲玲刚来幼儿园时，是一个安静的、不爱说话的孩子，两只大眼睛总在关注李老师的表情。李老师马上意识到，这是因为孩子对老师没有信任感和对新环境没有安全感的表现。于是，李老师在晨间接待时，除了面带微笑地向玲玲问候外，还经常以慈爱的目光看着她，让她感受到老师的亲切感和安全感；在活动中，李老师时常蹲下身子平视着玲玲，和她说话和交流；在孩子用眼睛寻求老师回应时，李老师总会给予她鼓励、赞赏的目光。功夫不负有心人，玲玲很快就愿意和小伙伴们一起玩耍，变得活泼起来。

② 当幼儿不愿意帮保育师收整玩具时，保育师可以说："你可以帮我一下吗？"以此来得到幼儿的帮助，而不建议使用命令的口气说："快点，帮老师收拾玩具！"

③ 当幼儿在美工区活动时，为了防止幼儿乱扔纸屑，保育师可以委婉地提醒幼儿："你们需要一个垃圾筐吗？"这样幼儿就会清楚地意识到要把纸屑扔到垃圾筐里，而不能扔在地上。

④ 保育师应常说"你好""请""没关系"等礼貌用语，以及"我们一起来好吗""你说应该怎样做呢""你先试试看，如果需要帮忙就叫我""你可以帮我一下吗"等指导语；避免用"我命令你……""我警告你……""你最好赶快……"等句型，因为这类句型容易让幼儿觉得保育师高高在上，不尊重自己，从而产生畏惧、抵抗的心理。

（2）态度友善，语气亲切。信任和喜爱幼儿，是与他们顺利沟通的前提。如果保育师摆出傲慢的态度，幼儿就会敬而远之，缄口不言。如果保育师说话态度友善，语气亲切柔和，就能让幼儿感受到保育师的关心和爱护，从而更加愿意说出内心的真实感受，接受保育师的建议。例如：

> 让我们为娟娟小朋友的进步拍拍手。
> 娟娟小朋友也会举手发言了，我们大家都为你高兴。

（3）耐心倾听，积极回应。在沟通的过程中，保育师应当暂时放下手头的其他事务，眼睛注视幼儿，耐心倾听幼儿的诉说并给予积极回应。比如，保育师可以亲切地对幼儿微笑，摸摸他的头，拍拍他的肩，让幼儿感受到保育师的关爱。保育师要站在幼儿的角度，接纳并体会他们的想法，保持一颗童心与幼儿交流并适时给予正确的引导。如果保育师因觉得幼儿的想法幼稚可笑而对其不屑一顾或失去耐心，则会挫伤幼儿的自尊心与积极性。例如：

> 保育师微笑并点头，然后用诧异的表情说："是吗，真的是这样吗？"
> "太棒了！这么好玩，这么有趣，我们班的孩子怎么这么棒，太有意思了！"
> "我要是你们也会感到很开心，很幸福。"

（4）思想积极，语言正面。保育师要坚持使用积极、正面的语言，切忌对年龄小的幼儿说反话，以及使用带有讽刺性和恐吓性的消极语言。保育师要告诉幼儿应当做什么，而不是指出不应当做什么，因为幼儿对语言的理解是表面的、直接的，不易理解保育师说反话的真实用意。恐吓性的话语，可能对制止幼儿当下的行为有一定的作用，但会对幼儿的心理产生不良影响；沮丧、失望的话语，可能会让幼儿质疑自己的价值和能力。

📋✓ 案 例

1. 反话

室内游戏结束了，小雯在玩了小布熊后没有把它放回玩具柜，而是将它扔在一边。这时，保育师应该说："小雯，请把小布熊放回玩具柜，好吗？"而不应该说："小雯，你就把玩具扔在地上吧，下次谁也别想玩了。"

保育师准备讲故事了，可是有几个幼儿还在大声吵闹。这时应该说"请安静"，而不应该说"怎么不说大声点"。

2. 恐吓性的话

"你不吃饭,就不要你在我们班了。"

"你不乖,要打人,我们都不要你了。"

"你打人,老师要打电话报警,叫警察叔叔来把你抓走。"

"你再不睡觉,我就要打电话给你妈妈,叫她不要来接你了。"

3. 沮丧、失望的话

"怎么会遇上你这种孩子!"

"这孩子怎么会这样!"

"从未见过像你这样调皮的孩子!"

"你太让我失望了!"

图 6-3-5　保育师在与幼儿亲切沟通

3. 与幼儿沟通用语的使用技巧

(1)熟记姓名,亲切称呼。熟记幼儿的姓名,是与幼儿沟通的第一把钥匙。保育师若能正确叫出幼儿的姓名,会让幼儿觉得亲切、温暖。亲切而恰当地称呼幼儿,可以让他们感到被尊重和重视。例如:

保育师在与幼儿第一次见面或者在还不太熟悉幼儿姓名的情况下,可以称其为"小朋友";待熟悉之后,可以直接称呼幼儿的名字(不加姓),如"天明",还可以重叠名字里的某一个字来称呼,如"明明"。在一些正式场合,特别是需要确认幼儿身份的时候,如打针、吃药等场合,保育师需要称呼幼儿的姓和名,也可以在姓名后面加上"小朋友",如"张天明小朋友"。

▶ 与幼儿沟通用语的使用技巧

(2)把握时机,愉悦沟通。保育师在与幼儿沟通时,应抓住入园、离园、晨间活动等有利时机,愉快地与幼儿沟通,从而拉近与幼儿的心理距离,增进师幼感情,培养幼儿讲礼貌的好习惯,例如:

入园时，保育师可以热情主动地与幼儿打招呼，说"早上好""见到你很高兴"等，或者给幼儿一个温暖的拥抱，让幼儿体会到上幼儿园有老师陪伴的快乐；晨间活动时，可以与幼儿聊一聊来幼儿园的路上看到的事，或者讲一讲前一天晚上在家里做过的游戏、看过的图书或电视节目，还可以与幼儿一起观察班级里自然区角中生长的植物，增进师幼感情；离园前，可以与幼儿谈谈一日生活中有趣的事；在家长接幼儿离园时，应主动与幼儿说"再见"，让幼儿高高兴兴地回家。

（3）尊重差异，个性化沟通。幼儿的性格、发展水平均有差异，他们对语言的接受能力也有差异。因此，保育师的沟通用语不能千篇一律，应该根据幼儿的性格特点和认知发展水平，灵活采取富有针对性的沟通策略。例如：

□ 与不同气质幼儿沟通的策略

对于内向、较为敏感、心理承受能力较差的幼儿，保育师的沟通用语应更多地采用亲切的语调、关怀的语气，以消除幼儿紧张的心理；对于反应较慢的幼儿，保育师要有耐心，适当地放慢语速；对于脾气较急的幼儿，保育师的语调要显得沉稳，语速适中，使幼儿的急躁情绪得以缓解；对于刚入园的托班或小班幼儿，保育师要多使用儿童化、拟人化的语言。

（4）捕捉话题，灵活沟通。保育师要善于发现幼儿表面言行背后所透露的信息，准确把握时机，巧妙捕捉话题，从而将幼儿自然地引入交流与沟通的情境之中。在进入话题后，保育师可以用幼儿能够理解的方式，向他们提供适宜的信息或问题，巧妙引导幼儿把谈话深入下去，以获取幼儿多方面的信息，同时也可以锻炼幼儿的语言表达能力。在适时结束话题后，保育师要让幼儿有满足感，让幼儿感到老师很想听他讲话，只要条件允许，他们随时都有机会向老师倾诉。

案例

幼儿（手上拿了很多树叶，兴高采烈地对实习老师说）："你看，昨天晚上我和爸爸又捡了好多叶子。"

实习老师："昨天捡树叶活动你没捡几片，今天没让你捡，你却捡这么多！快，放到'自然角'去。"（孩子一下子没了兴致，班里的保育师看见了，马上主动与这个孩子打招呼，交谈起来）

保育师："呀！莉莉你又捡了这么多树叶啊！哪儿捡的？"

保育师："这些叶子都一样吗？"

保育师："都有些什么叶子？"

保育师："你真行，能说出这么多树叶的名字！"

（这时，有孩子围了上来）保育师："想不想和我们昨天捡来的叶子比较一下，看看这些叶子之间有什么不同？"

保育师："愿意的小朋友可以和莉莉一起到'自然角'去比比看，一会儿把你们的发现告诉大家，好吗？"

评析：实习老师在与幼儿交谈时，批评、否定多于表扬、肯定，指使、命令多于情感、经验的交流分享，因为实习老师缺乏与幼儿沟通的意识，以及捕捉话题以引发幼儿交谈的技巧。实习老师在沟通契机到来时，未能把握住机会，反而不顾及幼儿的感受，不经意间打击了幼儿的自尊心和对大自然关注的积极性。

需要注意的是，当沟通受阻时，保育师要注意及时调整沟通策略。例如：保育师可以先静听幼儿诉说，然后再运用沟通技巧逐步引导幼儿进入正题。沟通时，保育师要设身处地地为幼儿着想，不能苛求幼儿。当幼儿表达困难，无法把话继续说下去时，保育师可以利用简单的提问，鼓励幼儿把话说完，如"接下来发生什么了""你说得真好，继续"等。

（二）与家长的沟通用语

1. 与家长沟通用语的含义与作用

与家长的沟通用语是指保育师在与家长沟通和交流时所使用的交谈口语。通过使用恰当的沟通用语，保育师可以与家长建立信任关系，争取家长对保育工作的理解、支持和配合，同时也可以更好地了解幼儿的成长环境、在家的表现和需求等，从而为幼儿的成长提供更好的支持，发挥家园共育的最大功效。

与家长沟通常用语

2. 与家长沟通用语的使用要求

（1）了解沟通对象，寻求共同话题。在沟通前，保育师应先了解幼儿家长，针对不同职业、身份、年龄、性格的家长，选择合适的沟通契机，确定共同话题，然后自然、巧妙地转入正题。

（2）肯定幼儿长处，取得家长信任。幼儿在托幼机构中的日常表现、特

家访礼仪

殊情况等都应该主动、及时地向家长反映。在与家长沟通时，保育师应先以表扬为主，肯定幼儿的优点，多谈一些幼儿在园吃饭、游戏、睡觉等各方面的进步表现，在取得家长的信任后，再冷静、客观地指出幼儿存在的问题，这样能让家长更愿意接受保育师的意见。

案 例

豆豆是一个很调皮的男孩子，经常动手打人。一天，他又抓伤了一个小朋友的脸。下午，保育师见到豆豆的家长，便上前与其沟通。

保育师："今天，豆豆能独立吃完自己的一份饭菜，而且画画也很认真。"

家长（高兴）："谢谢老师！"

保育师："不过，他有时会有攻击性行为，不太会和其他小朋友交往。这不，今天他又抓伤人了。咱们一起想想办法，帮他改掉这个不良习惯，这样豆豆就会交到更多的朋友。"

家长："嗯，我一定配合老师！"

　　评析：这位保育师首先肯定了幼儿在幼儿园的积极表现，让家长感受到保育师对幼儿的关注，接着委婉地指出幼儿的问题，并以积极的态度向家长表达了希望其配合教育的意愿，以期共同解决幼儿存在的问题。

　　（3）态度谦和诚恳，语言委婉亲切。在与家长沟通时，保育师切记不可使用训斥的语气，而应采用商量的口气。保育师的态度要谦和诚恳，语气要平稳，语言表达要委婉，语音语调要具亲和力，使家长感受到温馨与亲切。

　　（4）尊重体谅家长，平等自信沟通。保育师要一视同仁地对待每位家长，多虚心听取家长的合理建议；在交流时，尊重家长，切忌指责家长；注意保护幼儿及其家庭的隐私；能够换位思考，多体谅家长的爱子之心，尝试从家长的角度去体会他们的心情和需求。在双方相互配合的基础上，家园携手共同完成保教任务。

　　保育师与家长之间是平等合作的关系。在与家长沟通时，保育师既要坚持自己的保教主张，又要善于倾听家长的意见。一方面，保育师要用自己的专业知识指导家长，言语自信、不卑不亢，不随便附和家长的不当言辞。另一方面，保育师对家长的态度要平实、亲切，多倾听家长的意见，努力创造平等的沟通氛围。例如以下这篇保育师教育手记：

　　记得在我曾带过的班里，有一个孩子很淘气，他的父亲有轻微残疾。每天接送孩子时，家长总是避开老师的视线，然后立即离开。在开家长会时，家长也总是悄悄地躲在一个角落，生怕被老师发现。我想，这样自卑的家长怎么能培养出自信的孩子呢？于是，我更加关注这个孩子，并格外尊重他的家长，每天主动与家长交谈，且谈话的内容多是孩子又有了什么进步。渐渐地，家长放松了心情。新年联欢会上，我特意为这位家长找好座位，并让孩子表演了一个精心准备的节目。同时，我在全体家长、小朋友面前表扬了这个孩子的进步。他们父子俩第一次露出了喜悦的笑容。

图6-3-6　保育师在和家长沟通幼儿情况

3. 与家长沟通用语的使用策略

　　（1）展现真诚接纳的态度。与家长的有效沟通，需要建立在和谐的家园关系的基础之上。保育师通过言语、表情、姿态等所表现出的真诚、接纳家长的态度，能够促进家长对保育师产生信任感，从而愿意与保育师进行沟通。

（2）客观反映幼儿的情况。在反映幼儿的在园表现时，保育师应先说优点再说缺点，不要表现出厌烦、敷衍的态度。比如，保育师在向家长反映幼儿在园的"调皮"行为时，可以先和家长交流幼儿进步的地方，对幼儿的整体表现进行表扬，然后再顺势提出"调皮"的小问题，从而获得家长的理解。另外，在反映幼儿情况时，应尽量使用客观的描述性语言，少用评价性语言，更不要表现出对幼儿反感、不耐烦的情绪。

与家长沟通的策略

（3）耐心、细心地对待隔辈家长。保育师要尽可能地了解隔辈家长的需求和困难，并采取适当的方法来帮助他们更好地理解和参与家园活动。比如，隔辈家长可能会有看不清文字、听不清声音，或者在需要借助手机、电脑等设备进行家园活动时，出现操作慢或不会操作的情况。这时，保育师不能表现出不耐烦的情绪，而应更加细心、耐心地询问隔辈家长是否需要帮助，以消除他们的紧张情绪。

（4）针对不同类型的家长，突出不同的沟通重点。在与家长沟通时，保育师应当秉持因人而异的原则，深入了解家长的教育方式，明确沟通的重点，并使用恰当、科学的沟通用语。

根据不同的分类维度，可将家长分为不同的类型。例如：根据家长职业的不同，可以分为经商家长、企业职工家长等；根据性格的不同，可以分为暴躁冲动型家长、多疑敏感型家长、沉默寡言型家长等；根据教养方式的不同，可以分为民主型家长、包办型家长、溺爱型家长、放任型家长、严厉型家长和忽视型家长等。这里主要介绍在面对不同教养方式的家长时，保育师可采用的沟通策略。

① 与民主型家长的沟通。民主型家长拥有正确的教育观念，愿意与孩子共同成长，对孩子有合理的期望。因此，该类型家长通常会与孩子建立平等的沟通关系。他们尊重孩子的意见和感受，并与孩子一起制定规则。他们会关注孩子的全面发展，强调孩子的自主性和自我管理能力，同时也会提供必要的指导和支持。这有助于孩子建立自信，更加顺利地适应社会和生活，获得全面发展。

在与这类家长沟通时，保育师的重点在于：关注幼儿的个性和兴趣；强调对幼儿的合作及共同参与意识的培养；及时反馈幼儿的学习和生活情况；鼓励家长参与教育活动；注重培养幼儿的沟通技巧和语言表达能力；等等。例如：

"我们需要与您合作，共同引导孩子遵守规则和纪律，培养他的自我控制和自我管理能力。"

"您的孩子有自己的个性和兴趣，您尊重他的选择，鼓励他尝试新事物，充分发挥他的潜力，我很赞成。"

"您对孩子的教育方式比较宽松，这有利于孩子的自由发展和良好个性的培养。"

"您的孩子需要接受适度的指导和帮助，这样才能更好地发展和成长。我们应该给予他一定的自由度，同时也需要引导他遵守一定的规则和要求。"

② 与包办型家长的沟通。包办型家长总是担心孩子做不好或无法达到他们期望的标准，养育目标没有随着孩子的发展而调整，或觉得包办代替更高效省事，因此总是会忍不住想要去帮助孩子完成一些事情。家长的包办代替会制约孩子独立能力的发展，让孩子产

生严重的依赖心理。在这种环境下成长的孩子，往往缺乏做事的主动性，承受挫折和困难的能力也相对较差。

在与这类家长沟通时，保育师的重点在于：帮助他们掌握科学的教养方式，以培养幼儿的独立性；鼓励他们放手锻炼幼儿的自理能力。例如：

"您可以让孩子先试一试，看看他有没有新发现。"

"您对孩子真是关心，但是孩子也需要学习自己照顾自己。"

"您担心孩子的安全和健康，我完全理解。但是孩子也需要逐渐学会自己处理问题，这样他才能更好地适应未来。"

"您孩子有自己的想法和兴趣，我们应该尊重他的选择，给予他更多的自主权。"

"我们应该相信孩子的能力，给予他更多的机会去尝试新事物，发挥自己的潜力。"

③ 与溺爱型家长的沟通。由于对孩子心存愧疚或受到补偿心理的影响，或为了确保自己在孩子心中的地位，或隔代养育等，溺爱型家长在生活中会过度保护和迁就孩子，对孩子百依百顺，照顾得过于细致，包庇或无条件原谅孩子的不良行为。被溺爱的孩子容易形成凡事依赖、自私自利、骄横乖张的个性品质，通常经受不了挫折，不懂礼貌礼节，不会为他人着想，也易养成挑食、暴饮暴食等不健康的生活方式。

在与这类家长沟通时，保育师的重点在于：指出溺爱对幼儿成长的危害，耐心热情地帮助和说服家长，鼓励家长让幼儿学会独立；引导家长实事求是地反映幼儿在家的情况，不要袒护自己的孩子。沟通时，保育师应先肯定幼儿的长处，对幼儿的良好表现予以真挚的赞赏，同时向家长表达理解其爱孩子的心情。例如：

"您对孩子的爱和关心是非常重要的，但过度的溺爱可能会阻碍孩子的成长和发展。"

"孩子需要一定的自由和空间来探索和学习，同时也需要承担一些责任和义务，这样可以培养他的独立性和自我管理能力。"

"过度的溺爱可能会让孩子变得依赖性强、自我中心，合作和沟通能力弱。"

"让我们一起为孩子的成长和发展努力，给予他适度的爱和关心，让他能够在自由和责任中找到平衡，健康快乐地成长。"

④ 与放任型家长的沟通。由于工作繁忙，或不重视幼儿期的教育，或认为放养就是最好的教育等，放任型家长在孩子的言行上往往采取放任自流的态度，缺乏必要的约束与引导，任其自由行动、自由成长。家长的放任态度会导致孩子错过从他律到自律的关键期，容易让孩子变得散漫、任性，无视纪律和社会规范，甚至难以分辨是非。

在与这类家长沟通时，保育师的重点在于：引导家长在教养的过程中，辩证地把握自由与规则的关系，关注幼儿自我控制能力的培养，并将幼儿的个性发展与社会性培育有机融合。沟通时，保育师需要维持心态的平衡，保持中立立场，避免对家长的教育方式加以评价，以免与家长发生争执。保育师应就事论事，一事一议，逐渐引导家长改变态度。例如：

"您对孩子的教育方式比较宽松，这有利于孩子的自由发展和个性表达。但过度的放任可能会让孩子缺乏规则意识和纪律意识。"

"让孩子自由发展自己的兴趣爱好并不意味着一切放手不管，我们需要根据孩子的特点和潜力，给予他适当的支持和引导。"

"让我们一起为孩子的成长和发展努力，相信他们的能力，同时也给予他们必要的指导和帮助。"

⑤ 与严厉型家长的沟通。由于对孩子的期望非常高，或秉持严格的教育观念，或为避免孩子像家长自己那样遭遇挫败等，严厉型家长在对待孩子时往往要求苛刻且回应较少。他们要求孩子必须按父母的指令做事，否则就会受到严厉惩罚。这类家长较少考虑孩子的情感与需求，很少跟孩子沟通，在孩子面前总是一副高高在上的姿态。这种教育方式主要会对孩子产生两方面的负面影响：一方面，可能会使孩子形成压抑的性格，产生自卑心理，遇事唯唯诺诺，缺乏独立性；另一方面，可能会使孩子模仿家长的行为模式，逐渐发展出粗暴、冷酷的性格特征。

在与严厉型家长沟通时，保育师的重点在于：引导家长认识到每个幼儿都有自己的长处，也有自己的短处，应多观察、了解幼儿的表现，发展幼儿的优势智能；通过与家长沟通，促使家长调整原有观念，设立科学的期望值，以免增加幼儿的负担，影响幼儿的健康成长。例如：

"您对孩子的期望很高，希望他能够出类拔萃，但过度的严厉可能会让孩子感到压抑和焦虑。"

"孩子有自己的个性和兴趣，我们应该尊重他的选择，鼓励他尝试新事物，发挥自己的潜力。"

"过度的严厉可能会让孩子失去自信心，我们应该给予他更多的鼓励和支持。"

"让我们建立良好的沟通与合作关系，一起为孩子的成长和发展努力。"

另外，保育师应帮助这类家长掌握正确的教养方式。例如，引导家长直接说出"爸爸爱你""你是妈妈最亲的宝贝"等话语，或用拥抱、亲吻脸颊等方式直接表达自己对孩子的爱。

⑥ 与忽视型家长的沟通。忽视型家长因工作繁忙、离异等多种因素，往往对孩子缺乏关注和关心，对孩子的要求也较低，同时常会忽视孩子的情感需求和成长需求，不积极参与孩子的教育和成长过程，展现出对孩子的不负责任和忽视的态度。这种教养方式对孩子的身心健康和智力发展均有一定的负面影响。长期被家长忽视的孩子，会因感受不到家长的关心与爱而自暴自弃；长大成年后，则可能会强烈地渴望被关注、被理解、被爱，进而表现出过度的依赖心理和攻击性行为。

在与忽视型家长沟通时，保育师的重点在于：引导家长积极地关注幼儿，促进亲子沟通，给予幼儿需要的爱与关怀，从而促进其健康成长。例如：

"由于种种原因，您可能未能充分关注孩子的学习和生活，这会对孩子的成长和发展造成负面影响。"

"孩子需要来自父母的关注和支持，我们应该彼此合作，共同促进孩子的成长和发展。"

"忽视孩子可能会导致他在学习和生活中出现问题，如缺乏自信、自我封闭、学习兴趣下降等。"

"让我们一起为孩子的成长和发展努力，给予他更多的关注和支持，让他能够在爱和关心中健康成长。"

4. 与家长沟通用语的使用技巧

（1）找准沟通的切入点。幼儿的在园表现是家长格外关心的问题，因此，保育师在与家长沟通时，可以幼儿在园的表现细节为切入点，有针对性地围绕幼儿展开话题。例如，小班幼儿的家长关心生活方面的事多一些，如吃饭、午睡、换衣穿鞋等。中、大班幼儿的家长则更为关注幼儿的发展和学习，如今天学了什么、学得怎么样，以及幼儿今天有哪些进步等。因此，在托幼机构一日生活中，保育师要特别注意幼儿的一举一动，对每个幼儿的一日生活情况都应了如指掌，能够清晰描述出幼儿在园的基本表现情况，以便与家长交流时能言之有物。

（2）注意选择沟通地点。恰当的沟通地点，既能方便沟通，又能体现保育师对幼儿的重视。通常情况下，保育师与家长之间的常见沟通时机是家长接送孩子的时候，一般可以在托幼机构的走廊或活动室进行沟通。但需注意的是，有些负面的或涉及隐私的事情，如孩子拿了别人的东西、午睡经常尿床、总咬手指等情况，保育师应单独与家长沟通，地点可以在接待室、办公室等；个别严重的问题，如孩子有攻击性行为、自伤行为等，宜选择在所有幼儿离园后或利用节假日，在办公室或幼儿家里等不受干扰的地方与家长进行沟通。

（3）称呼要恰当。恰当的称呼是开启顺畅沟通的关键。保育师在称呼幼儿和家长时，要体现出对他们的尊重。在与家长第一次见面，或者在不清楚是哪位幼儿家长的时候，可以直接称呼其"家长"，或说"家长，您好""请问这位家长，有什么需要帮忙的吗"等。在与经常见面的家长沟通时，可以用幼儿的昵称结合家长与幼儿的关系来称呼，如"萍萍妈妈""鑫鑫爷爷"等。这样称呼的好处在于：一是容易分辨，二是家长也能从该称呼中体会到保育师对幼儿的熟悉程度。另外要注意的是，对隔辈家长要用尊称。此外，在特定场合或与特定家长沟通时，可以使用更为正式的称呼，如"李佳宁的父亲（母亲）"等。如果知道家长的职业，也可以按职业来称呼家长，如"王医生""黄律师"等，但应避免按职位称呼幼儿家长，如"李经理""张院长"等。

（4）招呼要热情。保育师应当主动、热情、亲切地向家长打招呼，让家长感受到保育师对自己工作的热爱以及对幼儿的喜爱。需要注意的是，在向家长打招呼后，不要忘了接着跟幼儿打招呼，如"斌斌妈妈您好！斌斌好！我是七彩班的张老师"。

（5）多用第一人称，拉近沟通距离。在与家长沟通时，宜使用"我、咱们、我们"等显得亲切的人称代词来谈论幼儿，避免过多使用"你、他"等可能产生距离感的人称代词。使用第一人称，能够让沟通双方更加亲近和自然。例如：

"小明妈妈，我发现咱们小明在画画方面很有天赋。"

"珊珊爷爷，我们大家都想想办法，帮珊珊克服爱吃零食的不良习惯。"

"感谢您对我们工作的支持和配合，希望我们能够继续合作，共同促进孩子的成长。"

5. 与家长沟通用语的类别

保育师与家长沟通的方式有很多，如个别沟通、电话沟通、网络沟通、书面沟通，以及家访和家长会上的沟通等。这里主要介绍晨晚迎送幼儿时的沟通用语、个别接待沟通用语、家访沟通用语和家长会沟通用语。

▶听音如面
——电话
沟通

（1）晨晚迎送幼儿时的沟通用语。一早一晚迎送幼儿的时刻，是保育师与家长进行面对面沟通交流的好机会，也是家园相互传递信息的最为便捷的时刻。若能抓住这一机会与家长进行沟通，可显著增强家园同步教育的有效性。

① 迎接幼儿时，与家长的沟通用语。早晨迎接幼儿，是托幼机构一日活动的开端。首先，保育师要主动、亲切地与每一位幼儿及其家长打招呼。打招呼时，要准确地说出幼儿的名字和接送家长的称呼，这是让家长放心的重要一步，可为之后的沟通打下良好的基础。在与家长短暂沟通时，保育师可向家长反映幼儿在园中的表现；同时检查幼儿的精神状态、仪容仪表，观察幼儿是否有异常情况，如有要及时与家长沟通。其次，保育师可以利用这一时间向家长了解幼儿在家的一些情况，向家长提出一些配合教育的要求。例如：针对新入园的幼儿，保育师可以向家长反映幼儿的生活情况，了解幼儿在家的生活自理情况。当幼儿在托幼机构中度过了一段集体生活的时光后，保育师可以向家长反映幼儿的语言发展以及与同伴的交往情况。同时，保育师可以向家长提出家园共育的要求，比如，请家长回家多问问孩子在园与小伙伴玩了什么游戏、听老师讲了什么故事、谁是他（她）的好朋友等，以发展幼儿的语言表达能力。最后，当家长离开时，保育师可以引导幼儿与家长告别，提醒幼儿洗手、放书包等。

在整个沟通过程中，保育师的态度要热情，要选择重点内容进行沟通，同时注意控制沟通的时间。保育师要牢记幼儿的特殊情况，如当幼儿有需要服药、物品交接等情况时，应准确记录，不可遗漏。

② 送别幼儿时，与家长的沟通用语。下午的离园工作是托幼机构一日活动的结束曲。在协助带班教师送别幼儿前，保育师需要检查幼儿的仪表，提醒并帮助幼儿整理自己的衣物、玩具等，稳定幼儿的情绪，总结、分享当天活动中的快乐时光并预想第二天的活动。具体注意事项有：一是招呼家长。保育师要主动招呼家长，对幼儿当天的情况做一个简单的概括说明，并与每位幼儿道别，提醒他们带好自己的物品。二是与家长进行简短的交流。保育师可以与个别需要沟通的家长进行礼貌而简短的交流，或者与他们另外约定交谈的时间，以确保在交流过程中不疏忽对其他幼儿的监护。

> **案 例**
>
> 家长："老师，我来接琪琪了！"
> 保育师："琪琪妈妈好。琪琪，过来，妈妈来接你了。"
> 家长："琪琪今天表现怎么样？"
> 保育师："琪琪今天在手工课上学习了折小狗，自己独立折好了，而且折得特别

棒！回家后教一教妈妈，好吗？"

　　幼儿："这是我折的小狗！"

　　家长："真的很棒！谢谢老师，琪琪和老师说再见！"

　　幼儿："老师再见！"

评析：保育师将幼儿表现良好的地方一语点出，既鼓励了幼儿，又激励了家长。

　　③迎送环节沟通用语的一般要求。一是要热情沟通，客观描述。保育师要投入充分的热情，真诚地对待每一位家长，并与他们耐心沟通；不要用命令式的口气与家长对话，要用平实客观的语言描述幼儿在园的情况。在幼儿有不良表现时，保育师要让家长清楚这一情况，并请家长配合自己共同对幼儿开展教育。二是不贴"标签"，委婉表达。幼儿在成长期会犯各种各样的错误，保育师不能因此就给他们贴"标签"，将幼儿定性为诸如懒惰的孩子、爱打架的孩子、不听话的孩子等。在与家长沟通时，保育师不可使用带有负面定性评价的话语，要顾及家长的面子，委婉地表达，使家长更易接受，从而达到良好的沟通效果。三是关注全体，平等相待。保育师在面对家长时要平等相待，不能厚此薄彼。对于很少与自己沟通的家长，保育师要积极主动地联系他们，了解幼儿的家庭生活状况、家庭教育情况等，以更好地对幼儿开展有针对性的教育。

📋 案　例

　　芳芳从小跟着爷爷奶奶长大，爸爸妈妈则在外地工作。每个月，爸爸妈妈会回来看一次孩子。这天，爸爸来幼儿园接孩子了。

　　保育师："芳芳爸爸你好，今天来接芳芳了！"

　　爸爸："老师好，好久没来接芳芳了，芳芳表现得还好吧？"

　　保育师："芳芳这段时间有很大的进步。她原来吃饭只能吃小半碗，现在能把一整碗吃完，而且吃菜也多了起来。午睡后也能自己利索地穿好衣服了。"

　　爸爸："这些都是老师的功劳，谢谢您了，您为孩子辛苦了！"

　　保育师："芳芳已经基本适应幼儿园的生活了。我很关注芳芳，因为您和芳芳妈妈不在她身边。我发现，芳芳和老师说话时还是怯怯的，不敢大声，也不太愿意和小朋友一起玩，人一多，她就往后退。上课提问时，她也不常举手，下课后我问她这些问题会不会，她说会，可就是不愿举手回答。"

　　爸爸："芳芳从小胆子就小，又害羞。"

　　保育师："我也觉得是这样。恐怕孩子胆小与父母不在身边也有一定的关系。你们可不可以多抽出些时间来陪陪孩子？"

爸爸："真的很惭愧。以后我们会尽量多抽出一些时间陪芳芳，也麻烦老师多表扬、多肯定芳芳，让她能够胆子大一些、自信一些。"

保育师："我们一起努力吧！"

评析：平时，这位家长因为工作忙，很少与保育师沟通，因此保育师利用这次机会，与家长进行了较为深入的沟通。保育师先表扬了幼儿的进步，家长听后很高兴，然后进一步指出幼儿的问题及一些解决办法，同时了解了幼儿的家庭生活状况和家庭教育情况。

（2）个别接待沟通用语。个别接待包括家长一般性来访接待和突发性来访接待两种。

① 一般性来访接待沟通用语。在接待家长的一般性来访时，保育师要对家长的到来表示感谢，并热情地接待他们。在交流中，保育师应保持言语礼貌，尽量用简洁明了的语言回答家长的问题，并清晰、有条理地叙述相关信息。例如：

▶ 小场合，大形象——来访接待

"您好，倩倩妈妈，我是保育师张丽，有什么我可以帮助您的吗？"

"您有什么困惑或者问题，都可以告诉我，我会尽力帮助您解决。"

"您的意见和建议对我们非常重要，这有助于我们改进并提供更好的保教服务。"

"感谢您抽出时间来与我交流。我会尽力关注孩子的情况，并及时与您联系。"

"请放心，我们会关注孩子的健康和安全。如果有任何问题，我会立即与您联系。"

"感谢您对我们工作的信任和支持。我们会确保孩子在这里得到良好的照顾。"

案例

在孩子的午休时间，田田的家长来到幼儿园，希望和保育师交流一下。保育师马上安排好手头工作，与家长来到了办公室。

家长："老师，我家田田在幼儿园的表现如何？"

保育师："田田在幼儿园爱动脑筋，聪明活泼。"

家长："但是，田田有个缺点，不会自己玩，也不会自己做事。回家后总是缠着我们，叫我们跟他玩。这样一来，我们整个业余时间都被他占去了，我们想学习但抽不开身。您看这怎么办？"

保育师："是啊，这是这个阶段孩子的特点。他们缺乏自控能力，对父母有依恋情感，所以回到家总在你们身边活动，这是可以理解的。你们不要表现出不耐烦，更不要呵斥他。我建议你们可以给他布置一些任务，让他尝试独立完成，完成后就表扬他。"

家长："对，我们还要跟他商量，田田长大了，可以自己玩了。爸爸妈妈不打扰田田画画、看书、玩玩具。田田也不打扰爸爸妈妈学习，比比看谁能安安静静地做事。老师看这样行不行？"

保育师："好，这样很好！"①

评析：这位家长的到访是带着问题来的，保育师态度热情、有礼貌，话语简洁，并从专业的角度，有针对性地给家长分析了问题产生的原因，以商量的口气帮家长出了主意。同时，保育师并未直接说出自己的观点，而是巧妙地运用沟通技巧自然地引导家长表达他们的想法，从而实现彼此交流、互为补充的目的。家长找到了解决问题的办法，保育师也了解了幼儿在家的表现。

② 突发性来访接待沟通用语。在接待家长质疑性的突发来访，或保育师突发性邀请家长来访时，双方的关系容易紧张，如果保育师处理不当，易发生矛盾甚至冲突。因此，在进行这类沟通时，保育师务必做到平静、诚恳而又不卑不亢。首先，保育师要让家长充分表达意见和看法，而自己则在旁耐心、专心地倾听。随后，保育师要找到家长关注的核心问题，有针对性地调整沟通策略，并保证谈话的内容在自己的控制之下，使双方在协同合作的良好氛围中顺畅交流，从而有效解决问题。例如：

"您好，欢迎您来到幼儿园。我理解您可能有疑问或担忧，让我们一起坐下来慢慢解决。"

"请告诉我更多关于您的疑虑，我会尽力解答。"

"我会关注孩子的情况，并及时与您联系。"

"感谢您对我们工作的反馈。我们会认真对待您的意见并努力改进。"

"我会尽力解决您的问题，并与您合作，共同促进孩子的成长和发展。"

"请相信我们的目标是相同的，都是为了孩子的成长和进步，让我们携手合作，共同实现这个目标。"

案例

活动室里，保育师正在指导小朋友画画。突然，保育师看见李岚小朋友的妈妈气冲冲地走了过来。这是上班时间，家长来幼儿园肯定是有急事。于是，保育师主动迎了上去。

"老师，请问哪个是大宝和小宝（班级里的一对双胞胎）？麻烦你把她们喊出来一下！"还没等保育师开口，家长便语气生硬地直入主题。

"您有什么事吗？"从家长不友好的态度可以看出她很生气，于是，保育师决定

---

① 王素珍.幼儿教师口语训练教程［M］.上海：复旦大学出版社，2006：161.

先了解情况，然后再满足家长的要求。

"李岚回家老是说大宝和小宝打她，我今天特意来看看，哪两个是大宝和小宝，我要告诉她们，下次再打李岚的话，我就对她们不客气了。"

考虑到家长的这种态度会吓着孩子，而且即使大宝、小宝确实打了李岚，也应该由班级的老师来处置，怎么能由家长来训斥呢？孩子间发生了冲突，家长在了解后，不引导孩子及时报告老师，而是自己出面处理，这样显然不对。于是，保育师镇定又果断地拒绝了家长。

"对不起，您这种状态我不能叫孩子过来，有什么事您直接跟我说好了。"

保育师的拒绝让李岚妈妈有那么一丝难堪，她开始转述自己从孩子那里听到的事情经过。（家长在向老师陈述时，眼睛居然红红的，能看得出这是一位爱子心切且很冲动的妈妈，她在处理孩子间的矛盾时过于敏感和较真）

于是，保育师一边耐心地倾听家长诉说，一边陈述自己对这件事情的处理态度和意见："首先，我不知道这件事情，一是因为孩子没报告，二是我也没有观察到，这是我工作的失误，请您多谅解。其次，如果真有此事，我绝不会袒护哪一个孩子，孩子犯了错误应该接受批评和教育，等一下我会详细了解这件事情，然后再和您交流，您看可以吗？"

听了保育师这样的话，家长的情绪有所缓和，不再坚持要见打人的孩子了。保育师继续开导："孩子间若发生冲突，我们应该引导孩子自己解决，在孩子自己解决不了的情况下要学会求助老师。也许这一次你能帮她解决，但你不可能永远都在她身边。作为大人，重要的是要教会孩子处理问题的方法，这样才能从根本上解决问题。"

家长开始点头认同，保育师进一步以关怀的语气说："如果我刚才答应了你的要求，让你气势汹汹地训斥那两个小孩，别的家长又会怎么看你呢？他们又会怎么对待你的孩子呢？"

家长似乎有点不好意思了，保育师见状微笑着说："我知道您是因为孩子受了委屈，所以刚才才会那么冲动。平时您工作很忙，很少看见您接送孩子，李岚在幼儿园是一个很乖的孩子……"保育师借势向家长反馈了李岚的近期表现，并诚恳地提出一些教育建议，希望家长平时多抽时间陪伴孩子，多和老师交流。

评析：在面对家长的临时到访时，案例中的保育师首先是热情接待。在面对家长不友好的态度时，保育师的态度是礼貌、冷静的，并耐心倾听家长的陈述，由此缓和了家长激动的情绪。保育师在了解了家长的来意后，果断拒绝了家长的要求，阐明了自己对事情的处理态度，而且进一步分析道理给家长听，最终抚平了家长的情绪。

③ 个别接待沟通用语的一般要求。保育师在与个别家长进行沟通时，需要注意以下几点：一是倾听和关注。保育师需要认真倾听家长的意见和建议，并关注家长的需求和问题。在回答家长的问题时，保育师要耐心细致，避免敷衍塞责。二是表达意见。保育师可

以适当地表达自己的意见和看法，但需要注意语气和方式，避免过于强硬或固执己见。三是避免冲突。保育师需要避免与家长发生冲突和争吵，尤其是在处理敏感问题的时候。如果遇到意见不合的情况，保育师可以尝试用一些实例或者数据来阐释自己的观点，并保持耐心和理解的态度。

▶最真诚的
沟通——
登门访晤

（3）家访沟通用语。家访的目的是与幼儿家长互通情况，交流有关幼儿的各方面信息。它不仅能加深师幼之间的感情，解决一些在托幼机构中难以处理的问题，而且能使幼儿家长了解并支持保育师的工作，形成教育合力。

① 家访沟通的主要内容。一是了解幼儿的家庭情况，如幼儿的家庭成员、家庭氛围、家庭教育方式等，以便更为全面地把握幼儿的生活环境和成长背景。二是交流幼儿的在园表现，包括学习活动、行为习惯、社交能力等方面的情况，同时听取家长对幼儿在园表现的意见和建议。三是宣传托幼机构的教育理念，如办学思路、办学策略等，让家长了解托幼机构的教育目标和教育方式。四是指导家长掌握科学育儿的方法，即根据对幼儿的观察和了解，向家长提供一些科学、合理的育儿建议，指导家长正确地教育和引导幼儿。五是宣传幼儿安全知识，包括防火、防骗、防汛、防溺水、防交通事故等安全防范措施，增强家长的安全意识。

案例

情境：第一次到新生家中进行家访。

保育师面带笑容进门，亲切地向笑笑小朋友问好，并与家长礼貌地打招呼。接着，保育师蹲下来做自我介绍，与小朋友交流：宝宝小名叫什么？你希望上幼儿园以后老师叫你哪个名字？宝宝最喜欢做什么事情？喜欢什么物品或玩具？有没有去过幼儿园？最喜欢幼儿园的什么大型玩具？上幼儿园以后，老师带你去玩好吗？最后，保育师表扬小朋友愿意回答老师的提问，并在幼儿额头贴上一朵小红花作为鼓励。

之后，保育师向家长了解了如下信息：上幼儿园后，家里谁负责接送孩子？在家里，谁和孩子相处的时间最多？孩子上幼儿园以后有什么担心的问题？孩子哪些方面比较突出？有没有什么特殊的习惯和要求？此外，保育师还从不同侧面细致了解了孩子的入园准备情况及其个性特点、生活习惯，如孩子是否能够独立吃饭、大小便能否自理、是否会正确洗手、午睡习惯如何以及能否独立穿（脱）鞋和衣裤等。最后，保育师向家长介绍了班级开学及日常的注意事项，如开学前几天作息时间的安排、家长要配合准备的物品等。①

评析：保育师利用家访的机会，不仅了解到了幼儿及其家庭的基本情况，还把幼儿入园之后可能出现的情况，以及需要家长配合的注意事项等向家长介绍清楚，避免发生因生疏或信息不对称而导致的误会和冲突。

---

① 朱水莲 . 相逢是首歌——做好家长工作的八个秘诀［J］. 早期教育（教师版），2011（1）：28—29.

② 家访沟通用语的一般要求，包括以下七个方面的内容。

明确目的：明确家访的目的，表达出自己的意图和期望。

用语简洁：使用简洁清晰的语言，避免使用专业性强和复杂的语句。

表达关注：在谈话中应该表达出对幼儿的关注和关心。

尊重家长：在谈话中应表达出对家长所提意见和想法的尊重与理解。

积极倾听：在谈话中应积极倾听家长的意见和建议，并给予回应。

控制话题：在谈话中应尽量避免转移话题，保持话题的集中和连贯。

礼貌告别：结束时应礼貌告别，表达对家长的感谢和再见的意愿。

案　例

　　乐乐在幼儿园和小朋友打架，还抓伤了小朋友。妈妈严肃地教育了乐乐，并决定不让他参加幼儿园的春游活动，以此作为他这次打人的惩罚。保育师为此进行了家访。

　　保育师笑着说："拿咱们做饭来说，如果做煳了一锅饭，就不再做饭了吗？我们大人做事不是也会失手吗？"乐乐妈妈听后笑了。保育师又语气温和地分析了乐乐在幼儿园的表现，说服家长不要带着怨气教育孩子。①

　　评析：保育师的家访沟通从通俗的比喻引入话题，用语浅显，寓意颇深。此次家访增进了师幼之间的感情，成功说服了家长对幼儿园活动的支持，同时对家长的教育方法也做了暗示性的指导。

（4）家长会沟通用语。在家长会上，通过与家长的沟通和交流，可以增强家园之间的信任，更好地促进家园合作。家长会一般是以班级为单位组织的，全体幼儿家长及带班教师、保育师都要参加。因此，保育师要做好充分的准备，与家长进行公开交流，向家长说明幼儿在园生活的情况，并回复家长的问题。

① 家长会沟通的主要内容。保育师与家长之间的沟通内容应该围绕幼儿的全面发展和家庭教育的需要展开，主要包括以下内容。

第一，幼儿生活自理能力的培养。保育师可以向家长介绍幼儿在园的生活自理情况，包括饮食、穿衣、如厕等；分享一些在家庭中也可以进行的幼儿自理能力的培养方法，以更好地帮助幼儿适应园内生活。

第二，幼儿健康与安全。保育师可以向家长介绍幼儿在园的健康与安全情况，包括身体状况、疫苗接种、安全教育等；提醒家长注意幼儿在家中的健康与安全，如饮食、休息、交通安全等。

第三，幼儿教育方法。保育师可以向家长介绍一些幼儿教育的方法和技巧，包括如何引导幼儿学习、如何培养幼儿的良好行为习惯等；回答家长关于幼儿教育方面的疑问，并

---

① 万里，张锐.教师口语（试用本）[M].北京：语文出版社，1994：206.

提供一些建议和意见。

第四，家庭教育资源。保育师可以向家长介绍一些家庭教育资源，包括亲子阅读、亲子游戏、家庭教育讲座等。

② 家长会沟通的一般要求。一是平等礼貌。在家长会上，保育师应使用礼貌用语，如"请""谢谢""对不起"等，少用"必须""应该"等。这类用语可以展现出保育师的专业素养和亲和力，让家长感受到被尊重和关注。二是正面反馈。在谈及幼儿在园的表现时，保育师要从正面表达入手，家长会不是"告状会"，保育师应多表扬幼儿的优点；对于幼儿存在的问题，可以匿名提出，以引起家长的关注。三是关注全体。在家长会上，幼儿的表现是每位家长共同关注的焦点，因此，保育师需要全面考虑并顾及所有家长和幼儿的感受。四是积极回应。保育师需要积极回应家长的反馈和建议，让家长感受到自己是被关注和重视的。同时，保育师也需要对家长的疑虑和困惑进行耐心的解释和说明。

（三）与教师的沟通用语

在托幼机构中，班级是幼儿生活与学习的最小单元，托幼机构的教育理念和目标最终需要通过班级的各项教育活动具体落实到每一个幼儿身上。保育师必须与带班教师（包括主班教师和配班教师）建立良好的沟通关系，通过通力合作管理好整个班级。

1. 与教师沟通的内容

（1）了解班级计划和要求。保育师需要了解带班教师制定的班级计划和具体要求，以便更好地协助他们完成教学任务。

（2）介绍幼儿的基本表现。保育师需要关注幼儿的学习和生活动态，并及时与带班教师交流幼儿的表现情况。

▶ 与教师沟通案例

案 例

保育师正在与负责下午活动的配班教师沟通，她说道："午睡时，其他小朋友都陆陆续续睡着了，唯独盼盼翻来覆去睡不着，于是我就悄悄问盼盼怎么了。盼盼说她上午在扮演'小花精'时，踩到淘淘的脚了，淘淘说下午要找盼盼算账，所以焦虑得无法入睡。我安慰盼盼并答应帮助她做淘淘的工作，让他们与之前一样做好朋友，盼盼这才放松心情慢慢睡着了。请你下午关注一下盼盼的情绪。"

评析：保育师和带班教师之间的沟通对幼儿的教育和保育工作至关重要。通过协同工作，他们可以更好地关注和照顾幼儿，确保幼儿的安全和健康，并为幼儿提供更加全面和有效的照料。这种沟通也有助于提高团队协作能力，为幼儿提供良好的成长环境。

（3）协调教学活动。保育师需要与带班教师协调教学活动，如组织户外活动、游戏活动等。保育师需要协助带班教师准备活动所需的材料和设备，并确保活动的安全和顺利进行。

（4）分享教育经验和资源。保育师应积极与带班教师展开交流，共享个人在幼儿保教方面积累的宝贵经验和资源。例如：可以围绕本班幼儿的兴趣点，分享一些富有创意和趣味性的保教活动，以及开展活动的策略和方法；也可以推荐并分享适合本班幼儿年龄特点与认知水平的图画书、手工材料等资源。

（5）关注幼儿的身心健康。保育师需要关注幼儿的身心健康，包括饮食、睡眠、卫生等。如果幼儿出现身体不适的症状或情绪问题，保育师需要及时与带班教师沟通，并采取相应的措施。

2. 与教师沟通用语的一般要求

（1）建立良好的沟通机制。保育师与带班教师之间需要建立良好的沟通机制，包括定期的会议、讨论和交流，以了解彼此的想法和需求。通过这种沟通机制，双方能够相互尊重、信任和理解，从而更高效地协调班级保教工作。

（2）明确职责和角色。保育师应深刻理解自身的工作范畴与职责所在，同时，带班教师需对保育师所具备的专业知识和实践经验给予充分的认可与尊重。双方需秉持相互尊重与信任的原则，共同为建立稳固而有效的沟通机制奠定坚实的基础。

📖 与教师沟通常用语

（3）及时解决问题。保育师需要关注幼儿的学习和生活情况，并及时与带班教师沟通，共同解决问题。

（4）充分协商与合作。保育师需要与带班教师充分协商与合作，如一起组织户外活动、游戏活动等，确保活动的安全性和顺利进行。

📋 案 例

表 6-3-1 户外活动中保育师与带班教师沟通合作的案例

活动环节	带 班 教 师	保 育 师
活动前	教师对幼儿进行安全教育	1. 与主班教师提前沟通活动流程和活动所需材料 2. 提前准备材料，并检查材料、场地是否安全 3. 提前准备好幼儿的汗巾和装衣物的篮子
活动中	1. 教师让幼儿自主摆放轮胎和油桶，引导他们想一想可以怎么摆放 2. 为提升幼儿的运动技能，教师创设了一个闯关大冒险的场景（让幼儿从障碍物上通过）。两位教师分别站在不同的位置对幼儿进行看护与观察，而幼儿则积极地进行挑战。有的幼儿胆子比较大，会站在上面行走，而有的幼儿则胆子比较小，只能坐着慢慢往前挪动。在活动进行了一段时间后，教师开始让幼儿及时补充水分，让一些出汗多的幼儿进行休息	1. 照顾个别幼儿以及体弱儿、肥胖儿 2. 关注幼儿的活动量，及时为他们增减衣物及垫汗巾 3. 活动中的应急事项：如厕、蚊虫叮咬、受伤等的处置 4. 协助带班教师指导和帮助幼儿活动 5. 引导幼儿积极参与闯关大冒险活动 6. 照顾幼儿饮水 7. 引导个别顽皮的幼儿选择合适的休息方式 8. 给出汗的幼儿垫汗巾，关注出汗多的幼儿

续 表

活动环节	带班教师	保育师
活动后	教师引导幼儿对活动器材进行整理归位	1. 引导幼儿完成活动器械和场地的整理，做到材料、物品归位 2. 帮助幼儿擦汗，穿好活动过程中脱下的衣物。若幼儿出汗过多，应及时为他擦去背部、头部的汗水，并视情况更换衣物 3. 协助指导幼儿如厕；关注幼儿自主喝水的情况，并对个别饮水少的幼儿进行引导 4. 根据季节和气候，调整幼儿的护理方法

任务训练

一、思考题

（1）生活活动保育指导用语的使用要求有哪些？

（2）批评语的使用技巧有哪些？

（3）疏导语有什么作用？

（4）与幼儿沟通用语的使用要求有哪些？

（5）与家长沟通用语的使用技巧有哪些？

二、综合实践题

（1）阅读案例，设计职业用语，然后在组内展示。

① 午睡起床环节，小洪走到保育师跟前，说："老师，我不会系鞋带。"保育师见了，帮小洪系好鞋带并说道："你要么回家学系鞋带，要么下次就不要穿系鞋带的鞋了。"你认为保育师的话语合适吗？保育师应该怎样正确使用指导语来帮助幼儿学系鞋带呢？

② 中班的君君吃饭磨蹭，经常东张西望，有时还跑来跑去，玩一会儿才吃一口，甚至还要保育师喂，但他思维敏捷，想象力非常丰富，能够大胆发言。请根据君君的特点，设计与家长的谈话内容。

③ 琛琛中午吃饭有进步了，比上周吃得多，也愿意多吃蔬菜了。你觉得应该怎样表扬他？

④ 方方感冒了，他的妈妈在早上入园时交给张老师一包药，托付张老师在午餐后给方方喂药。张老师带领方方妈妈找到保健医生，按照园所的给药流程做好登记，并将药品交给保健医生。午餐后，保健医生让方方服药，但方方不愿意，张老师见状走了过来。假如你是张老师，你打算怎样说服方方？

⑤ 琪琪是个多才多艺的孩子，但她的性格较为内向。六一儿童节要到了，保育师想请琪琪表演舞蹈，锻炼一下她的胆量。如果你是保育师，你会如何激励她参加表演？

⑥ 田田今天心情不好，一直闷闷不乐地坐着。其他小朋友都开始玩玩具，可他还是一动不动，保育师发现了，便走过去了解情况。如果你是保育师，你会怎么疏导田田呢？

（2）在以下案例中，保育师的生活活动指导用语用得好吗？为什么？尝试说一说这些指导用语，体会其妙处，并注意运用恰当的语音和态势语技巧。

旺旺是个挑食的孩子，这也不吃，那也不吃。

这天的午餐，旺旺又不吃黄瓜了。保育师走到旺旺身边，贴着他的耳朵故作神秘地说："我有个秘密只告诉你一个人哦，今天的黄瓜有特异功能呢！"旺旺立刻扭过头，一脸诧异地看着保育师。保育师接着说："你不知道吧？今天的黄瓜会唱歌，你把它放进嘴巴里嚼两下就能听见'咯吱咯吱'的声音呢，要不你试一试？"旺旺将信将疑地吃了一口，说："好像是唉。"保育师又说："你少放点，它就小声地唱歌。你多放点，它会大声地唱歌，你要不要试一试？"

听了保育师的话，旺旺又继续玩黄瓜唱歌的游戏，一转眼，一大半的黄瓜就被他吃掉了。他一边吃还一边说："这个会唱歌的黄瓜还是蛮好吃的。"

（3）根据以下游戏活动保育场景，任意选择其中一个片段，设计一段保育指导语。

游戏活动结束时，保育师协助带班教师召集四散游戏的幼儿返回活动室，并为幼儿擦汗，更换吸汗巾，组织幼儿洗手、如厕、饮水。

（4）根据以下场景设计疏导语，并模拟保育师角色进行练习。

午睡时，盈盈突然哭了起来。保育师上前询问得知，盈盈的妈妈出差好几天了，盈盈想妈妈了。

（5）根据以下教育情境，设计恰当的教育指导用语，并在班上进行模拟练习。

① 小朋友们在看书，蒙蒙拿了一大摞书，不让别的小朋友看，其他小朋友来向保育师告状。

② 田田午睡时，总是爱说话。

③ 午睡时，明明尿裤子了，坐在床上哭，其他幼儿也被他吵醒了。

④ 午餐的时候，两个孩子突然吵起来了，声音越来越大，都快动手打起来了。原来是俊俊吃饭时撞到了灿灿，灿灿把汤洒了。灿灿要俊俊道歉，俊俊认为自己不是故意的，不愿道歉。

（6）根据下列情境，设计沟通用语，并在组内进行模拟练习。

① 新学期转园来的美美，出现了与同伴交流困难的情况。

保育师："美美，我们要开始做游戏了，你快去找你的好朋友。"

美美："我没有朋友。"

保育师："你旁边的顺顺呢？这样吧，谁是美美的好朋友呀，快去拉她的手。"

　　这时，有两个幼儿走过去拉她的手，只见美美勉强地与同伴拉着手，不情愿地动了两下，然后又回到自己的座位上了。接下来的一段时间，美美只和保育师交流，并且喜欢一个人独自玩耍。

　　问题：面对这样的情况，你将如何与美美沟通。

　　② 晨晨上幼儿园不到两个星期就学会了自己吃饭、自己喝水，但是一回到家就等着爸爸妈妈、爷爷奶奶喂。保育师对晨晨的家长说："对于孩子自己能做的事情，家长不要包办代替，以免影响孩子独立性的发展。"晨晨的家长告诉保育师："孩子在幼儿园听老师的话，可是回家就不听话了，不喂就不吃，不吃饭可是会影响孩子健康的。再说，孩子长大了，一定能自己吃饭，就再辛苦两年吧。"

　　问题：假如你是晨晨班上的保育师，面对这种情况，你该怎样与晨晨的家长沟通？

　　③ 小三班的姗姗在运动时总是"放不开"，不敢单独走平衡木，也不敢爬攀爬架。

　　问题：针对这一情况，作为保育师的你会如何与家长进行沟通呢？

模块四

拓展训练

○ 项目七　普通话水平测试指导

项目七　普通话水平测试指导

项目导读

　　普通话作为我国的通用语言，是文化传承和交流的重要载体。普通话水平测试是一项大规模的国家通用语言测试。通过普通话水平测试，可以使推广、普及普通话工作走向规范化、制度化、科学化、法治化。普通话水平测试的推行对维护国家主权和民族尊严，促进社会文明进步具有重要意义。教育部在《普通话水平测试管理规定》（2021 年版）中明确规定："师范类专业、播音与主持艺术专业、影视话剧表演专业以及其他与口语表达密切相关专业的学生应当接受测试。"这为相关专业学生接受测试提供了基本依据，也为《职业教育专业简介（幼儿保育）》中要求的培养学生"良好的语言表达能力和沟通合作能力"提供了重要保障。

　　本项目的主要内容包括普通话水平测试介绍、读单音节字词应试指导、读多音节词语应试指导、朗读短文应试指导和命题说话应试指导。这些理论和技能，将有助于提升保育师的普通话水平，进而提高保教质量。

学习目标

- 了解普通话水平测试的国家政策和基本要求，认识保育师参加普通话测试的重要性。
- 能正确朗读单音节字词、多音节词语和短文，以及准确、流畅地完成命题说话，普通话达到二级乙等及以上的水平。
- 热爱祖国语言文字，树立语言规范意识，增强推广和使用普通话的责任感和使命感，推动中华文化的传承与发展。

任务一　普通话水平测试介绍

任务导入

　　幼儿保育专业的兰兰学习"保育师口语与沟通"这门课程已经一个学期了，对于即将到来的普通话水平测试，她既兴奋又紧张，她很想通过测试检验自己的普通话等级水平。当得知普通水平测试是机器测试且要求严格时，她犯了难：普通话水平测试是文化水平考试吗？测试内容和流程是怎样的呢？如何才能取得较好的测试成绩呢？

普通话水平测试工作依据《普通话水平测试实施办法（试行）》和《普通话水平测试等级标准》中的有关规定进行，旨在对应试人运用普通话的标准程度进行检测和评定，一律采用口试，分为有文字凭借和无文字凭借两种方式。只有经过积极的准备、科学的训练，才能顺利通过普通话水平测试。

 学习支持

普通话水平测试是促进国家通用语言文字推广普及和应用的重要举措。为贯彻落实党的二十大精神，加大国家通用语言文字的推广力度，国家语委根据《普通话水平测试管理规定》（2021 年版）的要求，修订了《普通话水平测试规程》，自 2023 年 4 月 1 日起施行。同时，国家语委普通话与文字应用培训测试中心印发通知，公布《普通话水平测试实施纲要（2021 年版）》（以下简称《新版纲要》），自 2024 年 1 月 1 日起正式实施。《新版纲要》的实施，将进一步提升普通话水平测试的科学化、规范化水平，促进普通话推广普及和高质量发展。

▶ 普通话水平测试介绍

一、测试办法

普通话水平测试以口试的方式进行。目前，普通话水平测试主要采用计算机辅助测试的形式。计算机辅助普通话水平测试是指计算机评测系统借助语音识别技术，部分代替人工评测，对应试人在普通话水平测试第一项"读单音节字词"、第二项"读多音节词语"和第三项"朗读短文"的语音标准程度进行辨识和评测。而第四项"命题说话"则由测试员通过网络听取应试人录音进行评分。

二、测试内容

普通话水平测试的内容包括普通话语音、词汇、语法，具体题型有读单音节字词、读多音节词语、选择判断[①]、朗读短文和命题说话。

（1）读单音节字词（100 个音节）。目的：测查应试人声母、韵母、声调读音的标准程度。

（2）读多音节词语（100 个音节）。目的：测查应试人声母、韵母、声调和变调、轻声、儿化读音的标准程度。

（3）朗读短文（1 篇，400 个音节）。目的：测查应试人使用普通话朗读书面作品的水平。在测查声母、韵母、声调读音标准程度的同时，重点测查连读音变、停连、语调以及

---

① 说明：部分地区已取消此题型，下文不再具体介绍。

流畅程度。

（4）命题说话（单项命题说话1个）。目的：测查应试人在无文字凭借的情况下说普通话的水平，重点测查语音标准程度、词汇语法规范程度和自然流畅程度。

三、测试等级 ①

普通话水平等级分为三个级别，每个级别内划分甲、乙两个等次，即三级六等。它是普通话水平测试中评定应试人普通话水平等级的依据。

（一）一级（标准的普通话）

一级甲等（测试得分为97分及其以上）：在朗读和自由交谈时，语音标准，词汇、语法正确无误，语调自然，表达流畅。

一级乙等（测试得分为92分及其以上但不足97分）：在朗读和自由交谈时，语音标准，词汇、语法正确无误，语调自然，表达流畅。偶有字音、字调失误。

（二）二级（比较标准的普通话）

二级甲等（测试得分为87分及其以上但不足92分）：在朗读和自由交谈时，声韵调发音基本标准，语调自然，表达流畅。少数难点音有时出现失误。词语、语法极少有误。

二级乙等（测试得分为80分及其以上但不足87分）：在朗读和自由交谈时，个别调值不准，声韵母发音有不到位现象。难点音失误较多。方言语调不明显。有使用方言词、方言语法的情况。

（三）三级（一般水平的普通话）

三级甲等（测试得分为70分及其以上但不足80分）：在朗读和自由交谈时，声韵调发音失误较多，难点音超出常见范围，声调调值多不准。方言语调较明显。词汇、语法有失误。

三级乙等（测试得分为60分及其以上但不足70分）：在朗读和自由交谈时，声韵调发音失误多，方音特征突出。方言语调明显。词汇、语法失误较多。

根据各行业的规定，有关从业人员的普通话水平达标要求如下：

（1）中小学及幼儿园、校外教育单位的教师，普通话水平不低于二级，其中语文教师不低于二级甲等，普通话语音教师不低于一级；高等学校的教师，普通话水平不低于三级甲等，其中现代汉语教师不低于二级甲等，普通话语音教师不低于一级；对外汉语专业的教师，普通话水平不低于二级甲等。

（2）报考中小学、幼儿园教师资格的人员，普通话水平不低于二级。

（3）师范类专业以及各级职业学校的与口语表达密切相关专业的学生，普通话水平不低于二级。

（4）国家公务员，普通话水平不低于三级甲等。

---

① 国家语委普通话与文字应用培训测试中心．普通话水平测试实施纲要（2021年版）[M]．北京：语文出版社，2022：3.

（5）国家级和省级广播电台、电视台的播音员、节目主持人，普通话水平应达到一级甲等。

（6）话剧、电影、电视剧、广播剧等表演、配音演员，播音、主持专业和影视表演专业的教师、学生，普通话水平不低于一级。

四、测试流程

（一）候测

应试人在测试当天携带身份证和准考证，在工作人员的安排下进入候测室（迟到30分钟以上者，原则上应取消当次测试资格）。随后，工作人员采集应试人的身份证信息、照片作为本次测试的认证信息，采集的照片还将用于制作普通话水平测试等级证书。

（1）身份证信息采集。应试人将身份证放置于终端设备相应的位置上进行身份信息验证。

（2）照片现场采集。应试人坐到工作人员指定的位置上采集照片。

（3）系统抽签。采集照片后，系统自动将考试机号随机分配给应试人，应试人应记住自己的考试机号。

（二）测试

（1）登录。应试人根据自己的考试机号进入对应的测试机房，在规定时间内，面部正对屏幕，完成人脸识别验证。

（2）核对信息。在人脸识别验证通过后，电脑上会弹出应试人的个人信息，应试人应仔细核对，确认无误后点击"确定"按钮，进入下一个环节。

（3）佩戴耳机。应试人按照屏幕提示戴上耳机，并将麦克风调整到距离嘴边2—3厘米的位置，准备试音。

（4）试音。当进入试音页面后，系统会提示"现在开始试音"。在听到"嘟"的一声后，应试人须用适中的音量和语速朗读文本框中的本人信息。系统会提示试音是否成功。若试音失败，页面会弹出提示框，请点击"确认"按钮重新试音。若试音成功，页面会弹出提示框："试音成功，请等待考场指令！"实测时，请保持试音时的音量，音量过低可能会导致测试失败。实测时，请不要触碰麦克风，以免录入杂音，考场中轻微的环境音不会影响录音效果。

（5）实测。当系统进入第一题时，应试人会听到系统的提示语："第一题，读单音节字词，限时3.5分钟，请横向朗读。"在听到"嘟"的一声后，应试人就可以朗读试卷的内容了。

第一题：读单音节字词。① 应试人在提示语结束并听到"嘟"的一声后，再开始朗读。② 应试人务必横向朗读。试题中的蓝、黑字体是为了分行，防止考生读串行。应试人应逐字、逐行朗读，注意语音清晰，防止添字、漏字、改字。③ 若提前完成该项测试，应试人可单击屏幕右下角的"下一题"按钮，进入下一项试题。

第二题：读多音节词语。① 应试人在提示语结束并听到"嘟"的一声后，再开始朗读。② 若提前完成该项测试，应试人可单击屏幕右下角的"下一题"按钮，进入下一项试题。

第三题：朗读短文。① 应试人在提示语结束并听到"嘟"的一声后，再开始朗读。

② 朗读时保持音量稳定，音量大小与试音音量一致，音量过低会导致评测失败。③ 若提前完成该项测试，应试人可单击屏幕右下角的"下一题"按钮，进入下一项试题。

第四题：命题说话。① 应试人在说话前应按系统提示音要求，从两个话题中选择一个，并读出所选择的话题名称。部分地区第四题话题的选择方式是：在规定时间内用鼠标选定作答题目；测试时根据考试界面及系统提示音进行操作。② 说话内容须符合所选话题，离题或无效话语均会导致丢分。③ 严禁携带纸质或电子文字材料进入测试室，应试人若在本项测试中朗读文字材料将被取消测试资格。④ 本题必须说满 3 分钟，应试人可以参考主屏下方的时间提示条来把握时间。⑤ 说满 3 分钟后，系统会弹出相应提示框："考试完成，请摘下耳机，安静离开考场。"

（三）测试中的注意事项

1. 测试操作注意事项

应试人要正确戴上耳机，并根据提示音进行试音；测试结束离开座位时，注意摘下耳机；在进行测试的过程中，手不要触摸麦克风，同时避免麦克风与面部接触；在读完每一题后，应点击"下一题"进入下一部分的测试，以免录入太多的空白杂音。

2. 朗读注意事项

试音时，要以适中的音量朗读试音文字。测试试题为横向排列，应试人在朗读时要注意横向读，不要漏行。在第一题"读单音节字词"和第二题"读多音节词语"中，若个别字词读错，可以即刻将该字词重新读一遍，计算机可以识别，评分以第二次读音为准。但在第三题"朗读短文"中，重新读会导致在流畅程度方面失分。在测试的过程中，应试人不要说与测试无关的内容，以免影响测试成绩。

3. 命题说话注意事项

第四题说话部分由人工评分，请应试人注意不要离题、不要背稿，内容不能雷同；必须说满 3 分钟，若说话不足 3 分钟，评分时会按缺时扣分，说话满 3 分钟后，即可停止答题，结束测试。

任务训练

训练资源

一、思考题

（1）简要说明普通话测试的意义。

（2）简要说明普通话测试的内容。

（3）简要说明普通话测试的等级水平及其要求。

二、填空题

在普通话测试中，正式测试的五个环节为：登录→（　　　　）→（　　　　）→（　　　　）→实测。

三、模拟测试 🔊

普通话水平测试样卷

第一题：读单音节字词（100个音节，共10分，限时3.5分钟）。

苗 箭 溯 澜 哞 甘 申 揉 蹴 谈

情 蜜 藿 春 高 始 司 早 峡 饿

净 蓉 留 忿 粑 摘 弛 耍 掀 法

棵 灭 屯 姜 够 争 剜 霜 讯 架

夸 墨 肮 瞪 烘 知 宣 她 块 伤

粉 坪 窝 合 帕 矩 依 谎 坑 毕

娇 诊 寇 耳 臀 埂 弱 床 内 充

钛 槽 喘 松 扰 袜 融 北 寻 绑

十 点 瑟 吃 国 均 窜 压 最 丢

向 拟 坏 凝 聘 恩 丑 康 勺 字

第二题：读多音节词语（100个音节，共20分，限时2.5分钟）。

部分 脑儿 沉默 枕芯 遵循 岗楼 阿姨 请命 山药 铁笔

全能 此后 逻辑 人才 礼堂 内角 速度 冷却 仍然 欢迎

猥琐 存在 语法 那会儿 刷洗 岔道儿 因而 球队 侧面 优秀

存留 上午 按钮 佛教 新娘 逗乐儿 全面 包括 不用 培养

编纂 扎实 推测 吵嘴 均匀 收成 然而 满口 怪异 听话

第三题：朗读短文（400个音节，共30分，限时4分钟）。

聪明在于学习，天才在于积累（节选）

华罗庚

有的人在工作、学习中缺乏耐性和韧性，他们一旦碰了钉子，走了弯路，就开始怀疑自己是否有研究才能。其实，我可以告诉大家，许多有名的科学家和作家，都是经过很多次失败，走过很多弯路才成功的。有人看见一个作家写出一本好小说，或者看见一个科学家发表几篇有分量的论文，便仰慕不已，很想自己能够信手拈来，妙手成章，一觉醒来，誉满天下。其实，成功的作品和论文只不过是作家、学者们整个创作和研究中的极小部分，甚至数量上还不及失败作品的十分之一。大家看到的只是他们成功的作品，而失败的作品是不会公开发表出来的。

要知道，一个科学家在攻克科学堡垒的长征中，失败的次数和经验，远比成功的经验要丰富、深刻得多。失败虽然不是什么令人快乐的事情，但也决不应该因此气馁。在进行研究时，研究方向不正确，走了些岔路，白费了许多精力，这也是常有的事。但不要紧，可以再调换方向进行研究。更重要的是要善于吸取失败的教训，总结已有的经验，再继续前进。

根据我自己的体会，所谓天才，就是坚持不断的努力。有些人也许觉得我在数学方面有什么天分，//①其实从我身上是找不到这种天分的。我读小学时，因为成绩不好，没有拿到毕业证书，只拿到一张修业证书。初中一年级时，我的数学也是经过补考才及格的。但是说来奇怪，从初中二年级以后，我就发生了一个根本转变，因为我认识到既然我的资质差些，就应该多用点儿时间来学习。别人学一小时，我就学两小时，这样，我的数学成绩得以不断提高。

一直到现在我也贯彻这个原则：别人看一篇东西要三小时，我就花三个半小时。经过长期积累，就多少可以看出成绩来。并且在基本技巧烂熟之后，往往能够一个钟头就看懂一篇人家看十天半月也解不透的文章。所以，前一段时间的加倍努力，在后一段时间能收到预想不到的效果。

是的，聪明在于学习，天才在于积累。

第四题：命题说话（请在下列话题中任选一个，共40分，限时3分钟）。

（1）假日生活；（2）劳动的体会。

任务二　读单音节字词应试指导

 任务导入

　　面对即将到来的普通话测试，大部分同学都认为，第一题单音节字词的分值为10分，应该是最容易的部分。然而，同学们在实践学习中逐渐意识到，单音节字词不仅数量多（有100个），而且要求声韵调均须标准规范。因此，要想在这一项测试中取得好成绩是很不容易的。那么，怎样才能攻克单音节字词测试中的难点呢？

有研究表明，单音节字词项的失分仅次于命题说话项，是应试人失分较多且普遍感觉较难的测试项。单音节字词测试有难度的原因在于：一是要求精准，二是要能识字。我们日常所见汉字都是在具体语境中出现的，比较容易读出来，而这一题的测试，是把某个字单独呈现出来，所以读起来会觉得难。但是，只要我们采取正确的方法发准声母、韵母和声调，精准记忆并多加练习，单音节字词测试就能顺利通过。

---

① "//"为400个音节结束的标志。

普通话水平测试的第一题是读单音节字词，限时 3.5 分钟完成，共计 10 分，占总分的 10%。在 100 个音节中，有 70% 选自《普通话水平测试用普通话词语表》中的"表一"，有 30% 选自"表二"。

▶ 读单音节字词应试技巧训练

一、测试目的

该考题的目的是测查应试人普通话声母、韵母、声调读音的标准程度，不考查多音字。

在 100 个音节里，每个声母的出现次数一般不少于 3 次，方言里缺少的或容易混淆的声母酌量增加 1—2 次；每个韵母的出现一般不少于 2 次，方言里缺少的或容易混淆的韵母酌量增加 1—2 次。声母或韵母相同的字要隔开排列，使相邻的音节不出现双声或叠韵的情况。

二、测试要求

发音要正确、饱满。正确是指字音要读准，饱满是指字音要读好。

（一）声母发音要注意发音部位及正确运用发音方法

例如，声母 zh 是舌尖上翘，抵住或接近硬腭前部而形成的音。构成阻碍的部位是舌尖和前硬腭（硬腭的最前部），发音的两个部位完全闭塞，慢慢地打开两个完全闭塞的部位，让气流透过，摩擦成声。

（二）韵母发音要注意舌位与唇形的圆展

例如，在发单韵母 a 的音时，口自然张大，不圆唇，舌头居中央，舌面中部略隆起，舌尖位于下齿龈，声带振动，软腭上升，关闭鼻腔通路。复韵母的发音动程要准确，即舌位、唇形变化的过程要准确、圆润。例如，在发 iao 的音时，舌位的动程是"前上→央下→后央"，唇形的动程是"扁→大开→圆"；iao 中的 a 是韵腹，发音要响亮，发音动作要到位，而韵头与韵尾的发音则要短促。此外，鼻韵母的发音归音也要到位。例如，在发 eng 的音时，发音位置应由 e 的发音位置逐渐归向软腭、舌根的位置。

（三）声调的调值要读准

注意要将普通话四个声调的调值读完整，既要清楚地读出平、升、曲、降的区别，又要掌握好高低升降的程度。特别是上声调值，调值 214 的降升调要完全呈现出来。若只有下降的读音（调值 211），而没有上升的读音，这种发音不饱满的情况容易失分。

三、评分标准

（1）读音错误，每个音节扣 0.1 分。错误是指没有将字音读正确，即把甲声韵调读成乙声韵调。比如：将"声 shēng"读成"sēng"，这是声母错误；将"听 tīng"读成

"tīn"，这是韵母错误；将"穴 xué"读成"xuè"，这是声调错误。

（2）语音缺陷，每个音节扣 0.05 分。缺陷是指字音虽然没有读错，但是没有读准确。例如，声母缺陷主要是指声母的发音部位不正确（并非把某一类声母读成另一类声母），如将舌面音（舌面前音）j、q、x 读得太接近 z、c、s；或者把某一类声母的正确发音部位用较接近的部位代替，如在读舌尖后音声母 zh、ch、sh、r 时，舌尖接触或接近上腭的位置过于靠后或靠前，但还没有完全错读为舌尖前音 z、c、s 等。又如，韵母读音的缺陷多表现为合口呼、撮口呼的韵母圆唇度明显不够，语感差；开口呼的韵母开口度明显不够；复韵母舌位动程明显不够。

（3）成系统的声调读音缺陷，每个调类扣 0.5 分。声调调形、调势基本正确，但调值明显偏低或偏高，特别是四声的相对高点或低点明显不一致的，判为声调读音缺陷。这类缺陷一般是成系统的，每个调类按 5 个单音错误扣分。

（4）超时 1 分钟以内，扣 0.5 分；超时 1 分钟以上（含 1 分钟），扣 1 分。需要注意的是，一个字可读两遍，即应试人发觉第一次读音有口误时可以改读，这种情况按第二次读音评判。

四、应试建议

（1）打好普通话基础，读准声母、韵母、声调。了解自己语音中存在的问题，有的放矢地进行练习；掌握正确的发音方法，提高学习效率；勤于练习，多听多说，反复纠正与巩固。

（2）第三声的单音节字词，如"好 hǎo"，要把第三声读完整。

（3）掌握好读单音节字词的速度，避免过快或过慢。

（4）每个字读一遍，如个别字词读错，可以即时将该字词重读一遍，评分以第二遍读音为准（多读不计）。

五、考前练习

（1）熟读《通用规范汉字表》中的 3 500 个一级汉字和部分二级汉字。

（2）注意异读词的规范读音。异读词是指同一个书写形体，意义相同，却有多个读音。异读词经过我国审音委员会审定后，已经确定其中一个为规范读音。例如，"械"原有 xiè、jiè 两个读音，审定后只有 xiè 这个读音是正确的。下面列举几个普通话中常见的异读词，括号内标注的是异读音。

亚 yà（yǎ）　　　　醛 jiào（xiào）　　　　室 shì（shǐ）　　　　暂 zàn（zǎn）

（3）认准字形，避免认错字、读错音。汉字的形体很多是相近或相似的，在单独认读时，稍不注意很容易读错。例如："崇 chóng"和"祟 suì"，"门 mén"和"闩 shuān"。

（4）速度要快慢适中。有的应试人因担心时间不够而快速强读，故未能将字读准，降低了准确度，因而被扣分。还有的应试人三字一顿，五字一停，容易超时，这也是不可取的。正确的做法是语速适中，一个字一个字地断开读，切忌拖泥带水，前后相连。

练一练

靳	瞒	伊	名	割	吻	攻	指	月	踪
豆	娘	踹	友	课	染	艘	闯	桃	汪
迎	窘	而	免	捏	灵	必	滑	燥	株
润	冷	勺	孝	局	欢	绥	蜜	寻	凑
梗	迟	洒	柔	括	宅	故	胸	聊	孔
蹿	撑	抓	铁	郑	叠	掐	炉	缺	选
掉	全	腿	费	灸	运	法	层	奶	次
淌	戳	饱	份	砥	赞	颇	神	胚	竞
白	夏	呆	四	规	昂	膘	嫩	梁	滨
槐	末	偏	去	鹅	鼠	撞	萎	枪	晌

任务训练

训练资源

一、朗读下列形近字，注意读准声、韵、调 🔊

拔——拨——钹　　　凶——卤——囱　　　戍——戌——戊

簿——礴——溥　　　篡——纂——攥　　　撂——擦——螺

媛——嫒——援　　　孑——孓——子　　　炸——蚱——砟

坏——胚——怀　　　璠——蟠——潘　　　假——瑕——遐

二、朗读单音节字词，注意读准声、韵、调 🔊

（一）

半	坡	封	斋	次	葱	臊	约	院	云
蹦	门	执	诏	仕	憎	醋	桑	歪	翁
爬	爹	飘	遮	胀	陕	凿	阒	厌	永
美	听	订	葡	薛	扯	晌	贼	餐	仰
馆	骆	你	夺	妙	绪	痴	霜	灾	丝
乎	课	女	扭	顿	面	癣	醇	柔	自
浸	话	开	耕	您	叹	鸣	雄	疮	融
券	捐	嫁	口	果	龙	糖	发	先	啥
权	躯	诀	谢	跨	怪	留	踢	拂	瞎
裙	蕊	缺	腔	纠	厚	贵	令	铁	愤

（二）

信	多	风	房	纱	远	根	反	米	条

裙	迅	玄	劫	倦	掘	屈	冼	皇	却
降	厅	添	锌	临	柳	裒	偕	票	虾
铁	让	围	卖	而	视	德	制	车	于
棍	遵	愧	族	翠	犬	曳	槐	郭	夸
嫁	斯	披	容	扭	丛	诚	赏	绳	忍
末	控	波	伐	毛	补	包	常	外	痘
佐	花	幻	孤	窘	琼	辆	伶	翔	碾
沉	潘	探	艘	凑	曹	屎	搔	债	镁
迎	冬	悦	整	真	产	吃	烁	既	刀

三、朗读下列文章，注意读准声、韵、调 🔊

麻雀（节选）

屠格涅夫

我打猎归来，沿着花园的林阴路走着。狗跑在我前边。

突然，狗放慢脚步，蹑足潜行，好像嗅到了前边有什么野物。

我顺着林阴路望去，看见了一只嘴边还带黄色、头上生着柔毛的小麻雀。风猛烈地吹打着林阴路上的白桦树，麻雀从巢里跌落下来，呆呆地伏在地上，孤立无援地张开两只羽毛还未丰满的小翅膀。

我的狗慢慢向它靠近。忽然，从附近一棵树上飞下一只黑胸脯的老麻雀，像一颗石子似的落到狗的跟前。老麻雀全身倒竖着羽毛，惊恐万状，发出绝望、凄惨的叫声，接着向露出牙齿、大张着的狗嘴扑去。

老麻雀是猛扑下来救护幼雀的。它用身体掩护着自己的幼儿……但它整个小小的身体因恐怖而战栗着，它小小的声音也变得粗暴嘶哑，它在牺牲自己！

在它看来，狗该是多么庞大的怪物啊！然而，它还是不能站在自己高高的、安全的树枝上……一种比它的理智更强烈的力量，使它从那儿扑下身来。

我的狗站住了，向后退了退……看来，它也感到了这种力量。

我赶紧唤住惊慌失措的狗，然后我怀着崇敬的心情，走开了。

是啊，请不要见笑。我崇敬那只小小的、英勇的鸟儿，我崇敬它那种爱的冲动和力量。

爱，我∥想，比死和死的恐惧更强大。只有依靠它，依靠这种爱，生命才能维持下去，发展下去。

四、三分钟命题说话练习（请在下列题目中任选一个）🔊

（1）我喜爱的植物；（2）自律与我。

任务三　读多音节词语应试指导

任务导入

读一读下列多音节词语，思考多音节词语与单音节字词在朗读上有什么不同之处。

外省	频率	人群	挎包	儿童
漂亮	引导	盘算	创伤	疟疾
持续	柔和	碎步儿	从中	欣赏

和单音节字词相比，多音节词语虽然没有严苛的字正腔圆的要求，但除了需要正确辨读声母、韵母、声调外，还要注意由音节间的相互影响而产生的轻声、儿化等音变现象，以及音节中的轻重强弱。在读多音节词语时，需要准确把握音变，以及词语念读的轻重和节奏，并进行反复练习。

 学习支持

普通话水平测试的第二题为读多音节词语，共 100 个音节，限时 2.5 分钟，共 20 分。在 100 个音节中，有 70% 选自《普通话水平测试用普通话词语表》中的"表一"，有 30% 选自"表二"。

▶读多音节
词语应试
技巧训练

一、测试目的

该考题的目的是测查应试人声母、韵母、声调和变调、轻声、儿化读音的标准程度。在 100 个音节中，声母、韵母、声调出现的次数与读单音节字词的要求相同。此外，上声与上声相连的词语不少于 3 个，上声与非上声相连的词语不少于 4 个；轻声不少于 3 个；儿化不少于 4 个（应为不同的儿化韵母）。词语的排列要避免同一测试要素连续出现。

二、测试要求

（1）掌握普通话常用词语的声母、韵母、声调的准确读音。
（2）识别一些生僻词语的读音。
（3）掌握语流音变的规律，读准儿化词、轻声词和上声词。
（4）掌握词语轻重格式的读音。

三、评分标准

此题成绩占总分的 20%，即 20 分。读错一个音节的声母、韵母或声调扣 0.2 分。读音有明显缺陷的，每个音节扣 0.1 分。超时 1 分钟以内扣 0.5 分，超时 1 分钟以上（含 1 分钟）扣 1 分。读音缺陷除有与第一题"读单音节字词"所述相同的方面以外，儿化韵读音明显不符合要求的也需列入。

四、应试建议

（1）掌握变调、轻声、儿化词的发音要领，了解自己存在的语音问题，并进行有针对性的练习。

（2）在训练和考试时，要注意按词连读，不要将词语拆读为单个字。

（3）如个别词语读错，可以即时将该词语重新读一遍，评分以第二遍为准（多读不计）。

（4）多音节词语的最后一个音节是第三声的，注意要将第三声读完整。

五、考前练习

（一）掌握规律

注意掌握语流音变的规律，加强轻声、儿化的发音练习，直到读准、读自然为止。

1. 轻声词

掌握轻声规律，熟读《普通话水平测试用必读轻声词语表》。

阴平＋轻声：巴掌	答应	亲戚	舒服	休息	知识
阳平＋轻声：裁缝	眉毛	活泼	人家	云彩	学生
上声＋轻声：本事	姐夫	晚上	嘴巴	码头	点心
去声＋轻声：大方	动静	相声	月饼	故事	自在

2. 儿化词

掌握儿化词的变读规律，熟读《普通话水平测试用儿化词语表》。

瓣儿：花瓣儿	蒜瓣儿	豆瓣儿酱	橘子瓣儿	一瓣儿蒜
碴儿：碗碴儿	玻璃碴儿	冰碴儿		
兜儿：裤兜儿	衣兜儿	网兜儿		
点儿：差点儿	快点儿	晚点儿	有点儿	
角儿：丑角儿	名角儿	配角儿	捧角儿	主角儿

3. 变调音节

掌握上声、"一"和"不"的变调规律。

上声＋非上声：野心	火车	场合	可怜	演练	普遍
上声＋上声：演讲	粉笔	雨水	美好	理想	海藻
"一"＋非去声：一天	一般	一直	一时	一宿	一览
"一"＋去声：一个	一对	一次	一定	一粒	一瞬
"不"＋非去声：不说	不听	不止	不回	不好	不悔
"不"＋去声：不去	不干	不累	不谢	不笑	不是

（二）掌握轻重读法

应试人需要掌握普通话词语轻重格式的读法，培养自然的语感。普通话语音在词语结构中并非都读得一样重，各音节的轻重分量、强弱程度不尽相同，大致可以分为四级，即重、中、次轻、轻。

1. 双音节词语的轻重格式

"中+重"：　花草　　清澈　　流水　　远足　　田野　　教室

"重+次轻"：巴望　　编辑　　意义　　意志　　质量　　天气

"重+轻"：　东西　　后头　　记号　　萝卜　　事情　　喜欢

📖 普通话水平测试用必读轻声词语表

2. 三音节词语的轻重格式

"中+次轻+重"：百分比　　博物馆　　差不多　　电话线　　电信局　　病虫害

"中+重+轻"：　爱面子　　不在乎　　胡萝卜　　看样子　　老大爷　　老太太

"重+轻+轻"：　出来了　　姑娘家　　看起来　　伙计们　　顾不得　　先生们

3. 四音节词语的轻重格式

"重+次轻+中+重"：二氧化碳　　高等学校　　各行各业　　公用电话

"中+轻+中+重"：　坑坑洼洼　　嘻嘻哈哈　　哆哆嗦嗦　　迷迷糊糊

✏️ **练一练**

贫穷	盗贼	佛学	纪律	崩溃	税收	昆虫	苟且	利索	石子儿
采访	阳光	爱情	红外线	差别	煤炭	老头儿	航海	飘荡	繁荣
战略	夸张	黄色	镇压	核算	印刷	人口	电磁场	奔波	儿童
特务	干脆	大伙儿	增加	能源	需求	描写	拐弯儿	疲倦	享用
将军	谬论	群体	补丁	按照	生日	富翁	热闹		

💬 **知识链接**

必读轻声词中的重点轻声词[①]

🎧 必读轻声词中的重点轻声词

爱人	巴结	巴掌	白净	帮手	棒槌	包袱	本事	比方	扁担	
别扭	薄荷	簸箕	补丁	部分	财主	裁缝	苍蝇	差事	柴火	
称呼	出息	除了	畜生	窗户	伺候	刺猬	凑合	奔拉	答应	
打扮	打点	打发	打量	打算	打听	大方	大爷	大意	大夫	耽搁	耽误
道士	灯笼	提防	滴水	嘀咕	地道	地方	弟兄	点心	东家	东西	动静

---

① 这里的重点轻声词是指在《普通话水平测试用必读轻声词语表》中，除以"子、头、们、气"四字结尾的词、叠音词以及将"得"字读作轻声的词之外的其他轻声词。

动弹　豆腐　嘟囔　端详　队伍　对付　多么　哆嗦　耳朵　废物　风筝　富余
甘蔗　干事　高粱　膏药　告诉　疙瘩　胳膊　工夫　功夫　姑娘　故事　寡妇
怪物　关系　官司　棺材　规矩　闺女　哈欠　蛤蟆　含糊　行当　合同　和尚
核桃　红火　厚道　狐狸　胡琴　葫芦　糊涂　护士　皇上　活泼　火候　伙计
机灵　记号　记性　家伙　架势　嫁妆　见识　将就　交情　叫唤　结实　街坊
姐夫　戒指　芥末　精神　开通　咳嗽　口袋　窟窿　快活　拉扯　喇叭　喇嘛
唠叨　老婆　老实　老爷　累赘　篱笆　厉害　利落　利索　痢疾　连累　凉快
粮食　铃铛　溜达　啰唆　萝卜　骆驼　麻烦　麻利　马虎　买卖　忙活　冒失
眉毛　媒人　门道　眯缝　迷糊　苗条　名堂　名字　明白　模糊　蘑菇　木匠
那么　难为　脑袋　能耐　念叨　娘家　奴才　暖和　女婿　疟疾　牌楼　盘算
朋友　屁股　便宜　漂亮　婆家　铺盖　欺负　亲戚　勤快　清楚　亲家　热闹
人家　认识　扫帚　商量　晌午　上司　烧饼　少爷　什么　生意　牲口　师父
师傅　石匠　石榴　时辰　时候　实在　拾掇　使唤　世故　似的　事情　试探
收成　收拾　首饰　舒服　舒坦　疏忽　爽快　思量　算计　岁数　踏实　特务
挑剔　跳蚤　铁匠　头发　妥当　唾沫　挖苦　娃娃　外甥　晚上　尾巴　委屈
为了　位置　温和　稳当　窝囊　稀罕　媳妇　喜欢　下巴　吓唬　先生　乡下
相声　消息　笑话　歇息　心思　行李　兄弟　休息　秀才　学生　学问　衙门
哑巴　胭脂　烟筒　眼睛　秧歌　养活　吆喝　妖精　钥匙　衣服　衣裳　意思
应酬　冤家　冤枉　月饼　月亮　云彩　在乎　早上　怎么　扎实　眨巴　栅栏
张罗　丈夫　丈人　帐篷　招呼　招牌　折腾　这个　这么　芝麻　知识　指甲
主意　转悠　庄稼　壮实　状元　自在　字号　祖宗　嘴巴　作坊　琢磨　做作
打招呼　胡萝卜　老太太

普通话水平测试用儿化词语表

板擦儿　刀把儿　没法儿　找碴儿　打杂儿　号码儿　戏法儿　壶盖儿　名牌儿
鞋带儿　加塞儿　小孩儿　包干儿　快板儿　脸蛋儿　门槛儿　蒜瓣儿　笔杆儿
老伴儿　脸盘儿　收摊儿　栅栏儿　赶趟儿　香肠儿　瓜瓤儿　药方儿　掉价儿
豆芽儿　一下儿　半点儿　坎肩儿　聊天儿　冒尖儿　馅儿饼　心眼儿　一点儿
雨点儿　差点儿　拉链儿　露馅儿　扇面儿　小辫儿　牙签儿　有点儿　照片儿
鼻梁儿　透亮儿　花样儿　大褂儿　马褂儿　小褂儿　牙刷儿　麻花儿　脑瓜儿
笑话儿　一块儿　茶馆儿　大腕儿　拐弯儿　火罐儿　打转儿　饭馆儿　好玩儿
落款儿　打晃儿　天窗儿　蛋黄儿　包圆儿　绕远儿　手绢儿　杂院儿　出圈儿
人缘儿　烟卷儿　刀背儿　摸黑儿　把门儿　大婶儿　高跟儿鞋　后跟儿
老本儿　纳闷儿　小人书　压根儿　走神儿　别针儿　刀刃儿　哥们儿
花盆儿　面人儿　嗓门儿　杏仁儿　一阵儿　脖颈儿　夹缝儿　钢镚儿

提成儿	半截儿	小鞋儿	旦角儿	主角儿	耳垂儿	跑腿儿	一会儿	墨水儿
围嘴儿	走味儿	冰棍儿	光棍儿	没准儿	砂轮儿	打盹儿	开春儿	胖墩儿
小瓮儿	瓜子儿	石子儿	没词儿	挑刺儿	记事儿	墨汁儿	锯齿儿	垫底儿
玩意儿	肚脐儿	针鼻儿	脚印儿	有劲儿	送信儿	打鸣儿	花瓶儿	门铃儿
图钉儿	蛋清儿	火星儿	人影儿	眼镜儿	毛驴儿	小曲儿	痰盂儿	合群儿
挨个儿	打嗝儿	逗乐儿	模特儿	唱歌儿	单个儿	饭盒儿	泪珠儿	没谱儿
媳妇儿	梨核儿	碎步儿	有数儿	抽空儿	果冻儿	胡同儿	门洞儿	酒盅儿
小葱儿	小熊儿	半道儿	红包儿	绝着儿	口罩儿	手套儿	灯泡儿	叫好儿
口哨儿	蜜枣儿	跳高儿	豆角儿	开窍儿	跑调儿	火苗儿	面条儿	鱼漂儿
个头儿	门口儿	纽扣儿	小丑儿	衣兜儿	老头儿	年头儿	线轴儿	小偷儿
顶牛儿	棉球儿	加油儿	抓阄儿	被窝儿	大伙儿	绝活儿	邮戳儿	出活儿
火锅儿	小说儿	做活儿	耳膜儿	粉末儿				

任务训练

一、朗读多音节词语，读准声、韵、调以及上声变调、儿化韵和轻声 🔊

🔲 训练资源

（一）

刀把儿	赔款	表示	大夫	腊味	怪罪	比拟	门口	旦角儿
娘胎	海港	下课	碎步儿	拼命	蘑菇	渗透	开学	留念
繁荣	丢人	旅行	锅贴儿	春天	儿女	内行	沥青	成功
窘况	伺候	一会儿	巡逻	强化	捐赠	操场	批准	绕远
宿舍	沿用	日期	军装	掐算	爪子	润泽	佛教	厕所
噪声	生长	母亲	快餐	描写				

（二）

热爱	群众	宣传	暖和	场所	空儿	扑灭	佩服	抢修
藏掖	榜样	聊天儿	认真	光辉	齿轮	学问	聘用	耳朵
瓜分	怪异	讨伐	责令	军队	许可	穷困	撒腿	耍弄
悲愁	此外	默定	小孩儿	狮子	假定	渔民	彩霞	鹁鸪
爽快	全体	展览	酿造	迥然	搜身	觉得	好玩儿	偏差
起码	绷带	举行	流寇	整风				

二、朗读以下作品，读准上声变调、儿化韵和轻声 🔊

中国的宝岛——台湾（节选）

中国的第一大岛、台湾省的主岛台湾，位于中国大陆架的东南方，地处东海和南海之间，隔着台湾海峡和大陆相望。天气晴朗的时候，站在福建沿海较高的地方，就可以隐隐约约地望见岛上的高山和云朵。

台湾岛形状狭长，从东到西，最宽处只有一百四十多公里；由南至北，最长的地方约有三百九十多公里。地形像一个纺织用的梭子。

台湾岛上的山脉纵贯南北，中间的中央山脉犹如全岛的脊梁。西部为海拔近四千米的玉山山脉，是中国东部的最高峰。全岛约有三分之一的地方是平地，其余为山地。岛内有缎带般的瀑布，蓝宝石似的湖泊，四季常青的森林和果园，自然景色十分优美。西南部的阿里山和日月潭，台北市郊的大屯山风景区，都是闻名世界的游览胜地。

台湾岛地处热带和温带之间，四面环海，雨水充足，气温受到海洋的调剂，冬暖夏凉，四季如春，这给水稻和果木生长提供了优越的条件。水稻、甘蔗、樟脑是台湾的"三宝"。岛上还盛产鲜果和鱼虾。

台湾岛还是一个闻名世界的"蝴蝶王国"。岛上的蝴蝶共有四百多个品种，其中有不少是世界稀有的珍贵品种。岛上还有不少鸟语花香的蝴//蝶谷，岛上居民利用蝴蝶制作的标本和艺术品，远销许多国家。

三、3 分钟命题说话练习（请在下列题目中任选一个）🔊

（1）生活中的诚信；（2）对团队精神的理解。

任务四　朗读短文应试指导

⏰ 任务导入

先读一读以下短文，再聆听范读音频，思考在朗读该短文时有哪些基本要求。

我的老师（节选）

魏　巍

最使我难忘的，是我小学时候的女教师蔡芸芝先生。

现在回想起来，她那时有十八九岁。右嘴角边有榆钱大小一块黑痣。在我的记忆里，她是一个温柔和美丽的人。

她从来不打骂我们。仅仅有一次，她的教鞭好像要落下来，我用石板一迎，教鞭轻轻地敲在石板边上，大伙笑了，她也笑了。我用儿童的狡猾的眼光察觉，她爱我们，并没有存心要打的意思。孩子们是多么善于观察这一点啊。

在课外的时候，她教我们跳舞，我现在还记得她把我扮成女孩子表演跳舞的情景。

在假日里，她把我们带到她的家里和女朋友的家里。在她的女朋友的园子里，她还让我们观察蜜蜂；也是在那时候，我认识了蜂王，并且平生第一次吃了蜂蜜。

她爱诗，并且爱用歌唱的音调教我们读诗。直到现在我还记得她读诗的音调，还能背诵她教我们的诗：

圆天盖着大海，黑水托着孤舟，

远看不见山，那天边只有云头，

也看不见树，那水上只有海鸥……

今天想来，她对我的接近文学和爱好文学，是有着多么有益的影响！

像这样的教师，我们怎么会不喜欢她，怎么会不愿意和她亲近呢？我们见了她不由得就围上去。即使她写字的时候，我们也默默地看着她，连她握铅笔的姿势都急于模仿。

朗读，是把文字作品转化为有声语言的创作活动，也就是朗读者在理解作品的基础上用自己的语音塑造形象、反映生活、说明道理、再现作者思想感情的再创造过程。在普通话水平测试中，朗读是对应试人普通话综合运用能力的一种检测形式。应试人要准确把握普通话水平测试中的朗读要求并进行考前练习，把握测试难点，减少失误，以更好地发挥自身的水平。

学习支持

普通话水平测试的第三题是朗读短文，共400个音节，限时4分钟完成，共计30分。短文从《普通话水平测试用朗读作品》（共50篇作品）中选取。

▶ 朗读短文应试技巧训练

一、测试目的

该考题的目的是测查应试人使用普通话朗读书面作品的水平，重点测查语音、语流音变（上声变调、"一"和"不"变调等）、停连、语气、语调及流畅程度等项目。

二、测试要求

（1）正确。朗读须使用普通话，注意不读错字音、不丢字、不重复、不颠倒、不吃字，要读得字字响亮。

（2）流利。在做到正确朗读之后，朗读的速度要适中，口齿要清晰，要读得从容不迫、自然流畅。

（3）有感情。在正确理解文章的主题思想、感情基调的基础上，做到读得真挚自然，不矫揉造作。

三、评分标准

（1）此项成绩占总分的30%（共计30分）。对每篇材料的前400字（不包括标点）做累积计算，音节错误每处扣0.1分，漏读或增读1个音节扣0.1分。声母或韵母的系统性语音缺陷，视程度扣0.5分、1分；语调偏误，视程度扣0.5分、1分、2分；停连不当，视程度扣0.5分、1分、2分；朗读不流畅（包括回读），视程度扣0.5分、1分、2分。

（2）限时：4分钟。超时扣1分。

（3）说明：由于各篇朗读材料（1—50号）的字数略有出入，为了做到评分标准的一致性，测试中对应试人所读材料的前400个字（每篇材料的400字之处均有"//"标志）的失误做积累计算；但对语调、语速的考查会贯穿全篇。从测试的要求来看，应试人应将50篇作品视作一个整体，并在应试前通过练习来全面把握这些篇目的朗读。

四、应试建议

（1）发音要准确清晰，避免漏字、添字、错字。在朗读时，若不忠于原作，如有自行添字、漏字、错读等情况，都会导致失分。

（2）注意流畅，避免回读。在测试时，应尽量避免因某个语音错误，或心理过于紧张而重复朗读短文中的字、词、句的情况。因为回读会造成朗读不连贯，在流畅程度方面失分。

（3）重视停连，避免停连不当。在测试时，应试人可能会为了把字音读准，而将文章内容割裂为不连续的字或词，即朗读时有"字化"或"词化"现象。这种朗读方式会破坏文章的整体性，会因"停连不当"而失分。例如，在朗读《麻雀》中的"我赶紧唤住／惊慌失措的狗，然后／我怀着崇敬的心情，走开了"这句时，应在标"/"的位置有所停顿。

（4）语速要适中，不能过慢或过快。当应试人对短文不熟悉时，语速通常会过慢，易造成在流畅程度或停连方面失分；当应试人心情紧张时，则常会出现语速过快的情况，易引起漏字、添字和吃字等问题。因此，应试人在参加测试前要熟悉作品篇目，测试时注意保持适中的语速，不要紧张。

（5）将"//"（400个音节结束的标志）所在的句子读完整。虽然朗读作品的评分范围为前400个音节，但在朗读时应将"//"所在的句子（或分句）读完整。对于"//"后面的部分，即便有语音错误，也不会被扣分。

五、考前练习

（1）注意"一、不、啊"等字的音变，以及轻声、儿化的读法。例如：

山是一层比一层深，一叠比一叠奇，层层叠叠，不知还会有多深多奇。

失败虽然不是什么令人快乐的事情，但也决不应该因此气馁。

在它看来，狗该是多么庞大的怪物啊！

论吃的，苹果、梨、柿子、枣儿、葡萄，每样都有若干种。

（2）注意停连、语气、节奏，以及长句要断句。例如：

浪潮越来越近，犹如千万匹白色战马齐头并进，浩浩荡荡地飞奔而来；那声音如同山崩地裂，好像大地都被震得颤动起来。

在一千六百多米长的崖壁上，凿有大小洞窟七百余个，形成了规模宏伟的石窟群。其中四百九十二个洞窟中，共有彩色塑像两千一百余尊，各种壁画共四万五千多平方米。

（3）停连得当，朗读流畅自然。在朗读时，要严格忠于作品，不回读、漏读、添读、改读，并且要根据标点及句子的语意来处理停连。若对作品感到陌生或不理解，极可能引发回读、漏读、添读、改读等问题，影响朗读的流畅程度。若停连不当，轻者会影响语言节律，导致语义不连贯，重者则会造成语意偏误，割裂词语或句子的意思。测试时，应尽量不磕巴、不回读，语速相对统一，不要过快或过慢，也不可忽快忽慢。一般而言，1分钟读200—240个音节比较合适。

任务训练

训练资源

一、朗读短文，注意字音、语流音变、语气、语调及流畅程度等测试要求 🔊

当今"千里眼"（节选）
王　雄

当高速列车从眼前呼啸而过时，那种转瞬即逝的感觉让人们不得不发问：高速列车跑得那么快，司机能看清路吗？

高速列车的速度非常快，最低时速标准是二百公里。且不说能见度低的雾霾天，就是晴空万里的大白天，即使是视力好的司机，也不能保证正确识别地面的信号。当肉眼看到前面有障碍时，已经来不及反应。

专家告诉我，目前，我国时速三百公里以上的高铁线路不设置信号机，高速列车不用看信号行车，而是通过列控系统自动识别前进方向。其工作流程为，由铁路专用的全球数字移动通信系统来实现数据传输，控制中心实时接收无线电波信号，由计算机自动排列出每趟列车的最佳运行速度和最小行车间隔距离，实现实时追踪控制，确保高速列车间隔合理地安全运行。当然，时速二百至二百五十公里的高铁线路，仍然设置信号灯控制装置，由传统的轨道电路进行信号传输。

中国自古就有"千里眼"的传说，今日高铁让古人的传说成为现实。

所谓"千里眼"，即高铁沿线的摄像头，几毫米见方的石子儿也逃不过它的法眼。通过摄像头实时采集沿线高速列车运行的信息，一旦 // 出现故障或者异物侵限，高铁调度指挥中心监控终端的界面上就会出现一个红色的框将目标锁定，同时，监控系统马上报警显示。调度指挥中心会迅速把指令传递给高速列车司机。

一粒种子造福世界

刘 畅

二〇〇〇年，中国第一个以科学家名字命名的股票"隆平高科"上市。八年后，名誉董事长袁隆平所持有的股份以市值计算已经过亿。从此，袁隆平又多了个"首富科学家"的名号。而他身边的学生和工作人员，却很难把这位老人和"富翁"联系起来。

"他哪里有富人的样子。"袁隆平的学生们笑着议论。在学生们的印象里，袁老师永远黑黑瘦瘦，穿一件软塌塌的衬衣。在一次会议上，袁隆平坦言："不错，我身价二〇〇八年就一千零八亿了，可我真的有那么多钱吗？没有。我现在就是靠每个月六千多元的工资生活，已经很满足了。我今天穿的衣服就五十块钱，但我喜欢的还是昨天穿的那件十五块钱的衬衫，穿着很精神。"袁隆平认为，"一个人的时间和精力是有限的，如果老想着享受，哪有心思搞科研？搞科学研究就是要淡泊名利，踏实做人"。

在工作人员眼中，袁隆平其实就是一位身板硬朗的"人民农学家"，"老人下田从不要人搀扶，拿起套鞋，脚一蹬就走"。袁隆平说："我有八十岁的年龄，五十多岁的身体，三十多岁的心态，二十多岁的肌肉弹性。"袁隆平的业余生活非常丰富，钓鱼、打排球、听音乐……他说，就是喜欢这些//不花钱的平民项目。

二〇一〇年九月，袁隆平度过了他的八十岁生日。当时，他许了个愿：到九十岁时，要实现亩产一千公斤！如果全球百分之五十的稻田种植杂交水稻，每年可增产一点五亿吨粮食，可多养活四亿到五亿人口。

纸的发明

造纸术的发明，是中国对世界文明的伟大贡献之一。

早在几千年前，我们的祖先就创造了文字。可那时候还没有纸，要记录一件事情，就用刀把文字刻在龟甲和兽骨上，或者把文字铸刻在青铜器上。后来，人们又把文字写在竹片和木片上。这些竹片、木片用绳子穿起来，就成了一册书。但是，这种书很笨重，阅读、携带、保存都很不方便。古时候用"学富五车"形容一个人学问高，是因为书多的时候需要用车来拉。再后来，有了蚕丝织成的帛，就可以在帛上写字了。帛比竹片、木片轻便，但是价钱太贵，只有少数人能用，不能普及。

人们用蚕茧制作丝绵时发现，盛放蚕茧的篾席上，会留下一层薄片，可用于书写。考古学家发现，在两千多年前的西汉时代，人们已经懂得了用麻来造纸。但麻纸比较粗糙，不便书写。

大约在一千九百年前的东汉时代，有个叫蔡伦的人，吸收了人们长期积累的经验，改进了造纸术。他把树皮、麻头、稻草、破布等原料剪碎或切断，浸在水里捣烂成浆；再把浆捞出来晒干，就成了一种既轻便又好用的纸。用这种方法造的纸，原料容易得到，可以大量制造，价格又便宜，能满足多数人的需要，所//以这种造纸方法就传承下来了。

我国的造纸术首先传到邻近的朝鲜半岛和日本，后来又传到阿拉伯世界和欧洲，极大地促进了人类社会的进步和文化的发展，影响了全世界。

二、3 分钟命题说话练习（请在下列题目中任选一个） 🎧

（1）我的一天；（2）对亲情（或友情、爱情）的理解。

任务五　命题说话应试指导

 任务导入

幼儿保育专业的学生兰兰准备普通话水平测试已经有一段时间了，对于前三题的朗读部分，她很有信心，可唯独最后一题的命题说话，她心里很没底。她觉得，既要按照主题说话，又要语音标准且表达流畅自然，实在太难了。她很担心这次测试，因为最后一道题分值最高。那么，兰兰应当怎样准备才能顺利通过这一关呢？

新版《普通话水平测试规程》已于 2023 年 4 月 1 日起实施，新规取消了备测时间和备测室，同时《新版纲要》中的普通话水平测试用话题总数由 30 例增至 50 例，这无疑加大了普通话测试的难度。测试时，系统会随机提供两个话题，应试人选择其中一个话题即可。在正式答题前，系统会给 30 秒的准备时间。命题说话的话题范围均已公开发布，应试人可以在考前做好充分的准备。

学习支持

普通话水平测试的第四部分为命题说话，要求应试人根据命题说话不得少于 3 分钟，是分数占比最大的一题，共计 40 分，占总分的 40%。[①]

▶ 命题说话应试技巧训练

一、测试目的

该考题的目的是测查应试人在没有文字凭借的情况下说普通话的水平，重点测查语音标准程度、词汇语法规范程度和自然流畅程度。这不仅是对应试人语言水平的考查，也是对应试人心理素质的考验。

---

① 说明：目前，大部分省市（自治区、直辖市）的语言文字工作部门，已根据本地区的实际情况免测"选择判断"测试题，因此"命题说话"测试题的分值由 30 分调整为 40 分。

二、测试要求

普通话测试的话题从《普通话水平测试用话题》中选取，由应试人从给定的两个话题中选定一个话题，连续说一段话。需要注意的是，在进行该题测试时，系统会显示两个话题供应试人选择，应试人需要在 10 秒内用鼠标点击所选择的题目。若超过 10 秒未做选择，将默认选择第一个话题。

测试话题共 50 例，大致可以分为记叙类、说明类和议论类等。无论选择哪一类话题作答，都要求做到紧扣题目、条理清晰、内容充实、普通话发音准确。

三、评分标准

（1）语音标准程度，共 25 分。分六档：

一档：语音标准，或极少有失误。扣 0—2 分。

二档：语音错误在 10 次以下，有方音但不明显。扣 3—4 分。

三档：语音错误在 10 次以下，但方音比较明显；或语音错误在 10—15 次，有方音但不明显。均扣 5—6 分。

四档：语音错误在 10—15 次，方音比较明显。扣 7—8 分。

五档：语音错误超过 15 次，方音明显。扣 9—11 分。

六档：语音错误多，方音重。扣 12—14 分。

（2）词汇语法规范程度，共 10 分。分三档：

一档：词汇、语法规范。不扣分。

二档：词汇、语法偶有不规范的情况（1—2 次）。每次扣 1 分。

三档：词汇、语法屡有不规范的情况。扣 3—4 分。

（3）自然流畅程度，共 5 分。分三档：

一档：语言自然流畅。不扣分。

二档：语言基本流畅，口语化较差，有背稿子的表现。扣 0.5—1 分。

三档：语言不连贯，语调生硬。扣 2—3 分。

（4）说话不足 3 分钟，酌情扣分：缺时 1 分钟以内（含 1 分钟），扣 1—3 分；缺时 1 分钟以上，扣 4—6 分；说话不满 30 秒（含 30 秒），本测试项成绩计为 0 分。

（5）离题、内容雷同，视程度扣 4 分、5 分、6 分。

（6）无效话语按累计占时酌情扣分：累计占时 1 分钟以内（含 1 分钟），扣 1—3 分；累计占时 1 分钟以上，扣 4—6 分；有效话语不满 30 秒（含 30 秒），本测试项成绩计为 0 分。

四、应试建议

（1）说自己熟悉的内容。话题主要分为记叙类、说明类、议论类三个类型。不论是哪类，都要从自己熟悉的内容说起，讲自己的故事，说自己的看法，以免出现无话可说的情况。不过，我们不建议应试人说容易引起情绪波动的话题。因为应试人若情绪波动过大，会造成思路不连贯、发音不准确等情况。

（2）语速适中。一般人的正常说话速度大概为每分钟 200 到 220 个字，3 分钟大概是 600 到 700 个字。如果语速太快，易出现语音、词汇、语法等问题。

（3）少说书面语和新词新语。这里的少说书面语并非指运用日常生活中的口语。命题说话虽然测试的是口语表达能力，但和日常生活交际中的口语表达还是有一定差别的。在考试的场景下，应试人说话不能过于随意，而应保持自然朴实、不做作的风格，无须追求辞藻华丽和新奇讨巧。总之，应试人应尽量少用书面语色彩强烈的词汇和表达方式，也不要使用网络语言、外语词汇和新词新语。

（4）准备提纲。在准备话题时，不建议应试人写下完整的稿子并死记硬背。应试人可以先从两个题目中选择一个自己更有感触、能产生共鸣的话题，再考虑说话的思路，将打算讲述的几个关键点列成提纲，并写上关键词，以提醒自己先说什么、再说什么，同时注意提纲中应包含可以展开的细节。测试时，应试人只需坚持说下去，直到系统提示结束为止，而不用担心说话没有结尾，因为说话的完整性不是测查内容。

五、考前练习

（1）对说话题目进行构思，理清思路，确定提纲，并多加练习。命题说话题要求说 3 分钟。应试人要想在 3 分钟内有话可说，则需要根据主题，对说话内容进行选择和组织，确定说话的提纲。提纲一般可以按照总分总的三段式结构，即从是什么、为什么、具体怎么样这三个方面来拟定。例如：

尊敬的人

我最尊敬的人是我的爸爸。原因有三：一是他脾气特别好，从来不打骂我。记得在我上小学的时候，有一天我不小心把他的手表弄坏了，他也只是教育我。二是他勤奋好学，从一个只有初中毕业文凭的工人，成了一名注册会计师。记忆中爸爸晚上总是在办公室看书学习。三是他对自己特别节俭，但是对亲人和朋友却总是很大方。他的衣服袜子坏了，也只是缝缝补补又穿上了，舍不得买件新的。

根据"尊敬的人"这个主题，应试人确定了说话的提纲及大致的内容。考试时，只需要对"有一天我不小心把他的手表弄坏了，他也只是教育我""爸爸晚上总是在办公室看书学习"等事例进行具体展开，就可以达到在 3 分钟内表述完整的要求。

（2）说话过程中要注意语音标准、语法规范。在测试中，由于受母语的影响，在没有文字凭借的情况下，应试人很容易说出方音，甚至出现方言词汇及方言语法。例如：

我喜欢的美食

我是一个典型的吃货，哪儿有好吃的，我都想去尝尝。有一次我回老家，吃过一种雪条，超好吃！上面有绿豆、巧克力。奶奶给五十块钱我，我一次就买了五条，吃得特别过瘾。

在上面的说话内容中，要注意"型、吃、尝尝、次"等后鼻音、翘舌音、平舌音字词的发音，还要注意"哪儿、一次、一种"等词语的音变；其中"雪条"属于方言词，应改为"冰棍儿"或"冰激凌"；"奶奶给五十块钱我"属于方言语法，应改成"奶奶给我五十块钱"。

（3）语调要自然，说话要流畅。所谓自然，就是指说话要口语化，避免带有读书腔。为了使说话更加流畅，应试人应做好充分的准备，并注意以下几点：多用短句，少用长句；多用单句，少用复句；多用口语和儿化词，少用书面语；语速应适中，不要过快。例如：

家 乡

我的家乡是一个风景优美、民风淳朴、物产丰富的位于祖国西南的一个与越南接壤的边陲小镇。

这句句子说着特别绕口，建议改为："我的家乡在中国的西南，与越南接壤，是一个边陲小镇。这里风景优美，民风淳朴，物产丰富。"

▶ 知识链接

普通话水平测试用话题

（1）我的一天

（2）老师

（3）珍贵的礼物

（4）假日生活

（5）我喜爱的植物

（6）我的理想（或愿望）

（7）过去的一年

（8）朋友

（9）童年生活

（10）我的兴趣爱好

（11）家乡（或熟悉的地方）

（12）我喜欢的季节（或天气）

（13）印象深刻的书籍（或报刊）

（14）难忘的旅行

（15）我喜欢的美食

（16）我所在的学校（或公司、团队、其他机构）

（17）尊敬的人

（18）我喜爱的动物

（19）我了解的地域文化（或风俗）

（20）体育运动的乐趣

（21）让我快乐的事情

（22）我喜欢的节日

（23）我欣赏的历史人物

（24）劳动的体会

（25）我喜欢的职业（或专业）

（26）向往的地方

（27）让我感动的事情

（28）我喜爱的艺术形式

（29）我了解的十二生肖

（30）学习普通话（或其他语言）的体会

（31）家庭对个人成长的影响

（32）生活中的诚信

（33）谈服饰

（34）自律与我

（35）对终身学习的看法　　　　（43）对幸福的理解

（36）谈谈卫生与健康　　　　　（44）如何保持良好的心态

（37）对环境保护的认识　　　　（45）对垃圾分类的认识

（38）谈社会公德（或职业道德）（46）网络时代的生活

（39）对团队精神的理解　　　　（47）对美的看法

（40）谈中国传统文化　　　　　（48）谈传统美德

（41）科技发展与社会生活　　　（49）对亲情（或友情、爱情）的理解

（42）谈个人修养　　　　　　　（50）小家、大家与国家

任务训练

一、读一读下列普通话测试命题说话例文，谈一谈其中哪些内容值得你借鉴

⊙ 训练资源

印象深刻的书籍（或报刊）

学习之余，我最喜欢读书了。在书籍的海洋里遨游，真是一件惬意的事情，这不仅可以使我忘却身边的烦恼，而且还可以增长知识。上学以来，我看了很多的书：有李白和杜甫的诗歌，也有名家的散文。但我独独喜欢小说，每当自己买回一本新的小说后，总会迫不及待地翻开它，一动不动地读起来，遇到感人的情节时，也会感动掉泪。小说读了不少，包括《钢铁是怎样炼成的》《红与黑》这样的国外名著。要说最喜欢的，还属《西游记》《红楼梦》等中国古典小说。

《西游记》汇聚了神话小说的离奇和武侠小说的精彩，满足了读者的好奇心，因此也深受我的喜爱。《西游记》塑造了个性鲜明的人物形象：唐僧的善良、孙悟空的机智、猪八戒的狡猾和沙僧的忠厚，都给我留下了深刻的印象。我现在仍然清晰地记得孙悟空与各类妖怪打斗的场面，佩服他的勇敢与机智，同时也为唐僧的顽固不化感到不理解。后来，我有机会把《西游记》又读了几遍。当然，每次都有新的收获。慢慢地，我也读懂了唐僧的良苦用心，也被他的菩萨心肠所感动！是啊，"佛海无边，回头是岸"！

《红楼梦》也是我喜爱的一部小说。记得我第一次读《红楼梦》的时候，正值青春萌动时期。最初完全是着迷于作者笔下缠绵的男情女爱，对"贾雨村"之类的"荒唐言""辛酸泪"，并无太多感觉。与《西游记》一样，在多读几遍之后，我深刻感受到一个家族在由盛而衰的变迁，以及在这个过程中年轻男女的情感命运，同时也读懂了那个社会变革的历史背景。中华文化博大精深，在历史的长河中也留下了许多经典的小说给后人，所以在以后的生活与学习中，我将更加努力地读书，多读好书。

我喜欢的美食

在现今这个社会，如果说你不懂得什么好吃，那么你就很落伍了。今天我就来谈谈我

喜欢的美食，介绍我们身边的美食。

　　我并不是一个美食家，但是我是一个对吃很讲究的人。我从不乱吃东西，我吃东西都是从健康的角度来考虑的。也就是说，只要是对身体健康有利的东西，不管是好吃还是不好吃，我都要吃。我在饮食的过程中，会注意各种膳食的合理搭配，比如：肉类与素菜的搭配、水果与杂粮相配合等。令人欣喜的是，现在许多人都在追求所谓的绿色食品，这表明人们对美食的要求已经上升到了对健康有利的概念了。

　　我吃东西也讲求变化，因为就算是再好吃的美食，要是天天重复吃，也不会觉得好吃了。有些东西难得吃上一两回的时候才算好吃，毕竟物以稀为贵吧。

　　再就是活到老，吃到老，当然也要学到老。学习什么？学习的是吃，边吃边学，边学边研究。有些人吃食无讲究，只讲求填饱肚子就行了，或者只要是味道好就什么都吃，我觉得这样吃只能饱口福，而并不算是会善待自己。因为这样吃东西根本不能合理满足身体各方面的营养需要，只有那些四处奔波劳碌，只图一日三餐吃饱的人才会这样吃。不过，也有些人一味追求色、香、味俱全的美酒佳肴，常常把自己吃得大腹便便，到头来还弄得周身是病，这样又何苦呢？我觉得美食是一种文化，一种学问，只有研究着吃东西，才能吃出健康的身体来。这些就是我对美食的一些独特的见解。

二、从以下话题中任选一个，拟定说话提纲，并进行说话训练 🎧

　　（1）我喜欢的节日；（2）对垃圾分类的认识；（3）谈个人修养；（4）谈社会公德（或职业道德）；（5）小家、大家与国家。

三、从以下话题中任选一个进行说话练习，要求说满3分钟，语音标准，词汇语法规范，表达自然流畅 🎧

　　（1）谈谈卫生与健康；（2）过去的一年；（3）科技发展与社会生活；（4）如何保持良好的心态；（5）对幸福的理解。

主要参考文献

[1] 人民教育出版社中学语文室.听话和说话（第一册）[M].北京：人民教育出版社，2013.

[2] 人民教育出版社中学语文室.听话和说话（第二册）[M].北京：人民教育出版社，2014.

[3] 卓萍，程娟.普通话与幼儿教师口语（第二版）[M].北京：高等教育出版社，2019.

[4] 隋雯，高昕.幼儿教师口语（第四版）[M].北京：高等教育出版社，2022.

[5] 人民教育出版社中学语文室.幼儿文学[M].北京：人民教育出版社，2005.

[6] 国家语委普通话与文字应用培训测试中心.普通话水平测试应试指导[M].北京：语文出版社，2023.

[7] 张秀梅，王田，麦珮琳.保育员口语与沟通[M].长沙：湖南师范大学出版社，2022.

[8] 胡剑红，李玲飞.做会沟通的幼儿教师[M].北京：中国轻工业出版社，2019.

[9] 卢云峰，杨毅，王艳冰，赵倩.幼儿教师的沟通与表达[M].北京：北京理工大学出版社，2017.

[10] 赵晓丹.幼儿教师的沟通与表达[M].北京：北京师范大学出版社，2013.

[11] 晏红.幼儿教师与家长沟通之道（第二版）[M].北京：中国轻工业出版社，2018.

[12] 段滨.幼儿教师与家长沟通的33个技巧[M].北京：中国轻工业出版社，2017.

[13] 买艳霞.幼儿教师故事讲述训练[M].上海：华东师范大学出版社，2016.

[14] 苑望.保育员口语与沟通[M].北京：高等教育出版社，2021.

[15] 邓萌，莫竹浪，刘江瀚.新编幼儿教师口语[M].北京：语文出版社，2018.

[16] 吴雪青.幼儿教师口语[M].上海：华东师范大学出版社，2012.

[17] 马宏.幼儿教师口语[M].北京：北京师范大学出版社，2011.

[18] 赵京立.演讲与沟通实训（第三版）[M].北京：高等教育出版社，2021.

[19] 汪秋萍，陈琪.家园沟通实用技巧[M].上海：华东师范大学出版社，2013.

[20] 张海钰，李洋.幼儿教师口语（第二版）[M].北京：北京理工大学出版社，2022.

[21] 万里，张锐.教师口语训练手册（修订本）[M].北京：首都师范大学出版社，2003.

[22] 姜振宇.微表情：如何识别他人脸面真假？（黄金修订版）[M].武汉：长江文艺出版社，2016.

[23] 国家语委普通话与文字应用培训测试中心.普通话水平测试实施纲要（2021年版）[M].北京：语文出版社，2022.

[24] 吴弘毅.实用播音教程（第1册）：普通话语音和播音发声[M].北京：中国传媒大学出版社，2002.

[25] 潘建明，谢玉琳，马仁海.幼儿照护职业技能教材·初级[M].长沙：湖南科学技术出版社，2020.